台灣全景圖

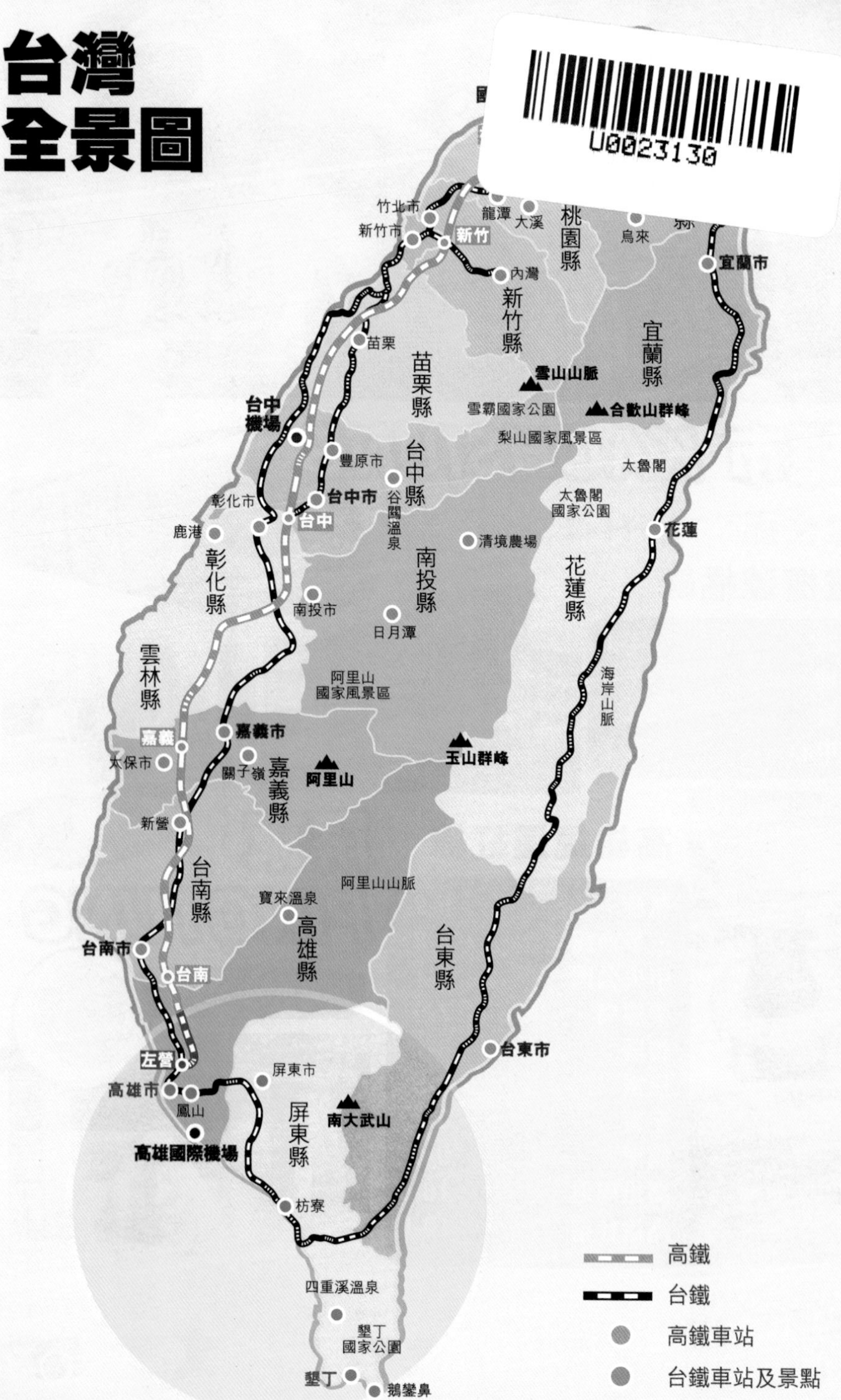

竹北市
龍潭
大溪
桃園縣
烏來
新竹市
新竹
內灣
宜蘭市
新竹縣
宜蘭縣
苗栗
苗栗縣
雪山山脈
雪霸國家公園
合歡山群峰
台中機場
梨山國家風景區
豐原市
台中縣
太魯閣
彰化市
台中市
谷關溫泉
太魯閣國家公園
台中
鹿港
清境農場
花蓮
彰化縣
南投縣
花蓮縣
南投市
日月潭
雲林縣
阿里山國家風景區
海岸山脈
嘉義
嘉義市
太保市
關子嶺
嘉義縣
阿里山
玉山群峰
新營
台南縣
阿里山山脈
寶來溫泉
高雄縣
台東縣
台南市
台南
左營
台東市
屏東市
高雄市
鳳山
南大武山
屏東縣
高雄國際機場
枋寮
四重溪溫泉
墾丁國家公園
墾丁
鵝鑾鼻
高鐵
台鐵
高鐵車站
台鐵車站及景點

高雄市 KAOHSIUNG

屏東 PINGTUNG

景點標誌索引：

書內將景點分類，一眼分辨食、買、玩等類別，方便讀者尋找景點。

餐廳/小吃 

購物/手信 

玩樂/體驗

遊覽/景觀 

墾丁 KENTING

動物園/水族館/動物Cafe　博物館/美術館/藝術　酒店/旅館/民宿　溫泉/溫泉旅館　交通工具　寺廟　教堂　神社

壽山動物園
西子灣1-6

大港橋
鹽埕埔2-2

棧貳庫 KW2
鹽埕埔2-3

高雄貢多拉船遊河
市議會3-3

逍遙園
文化中心4-2

SKM Park Outlets 高雄草衙
凱旋5-3

墨凡・美麗島商場
美麗島7-1

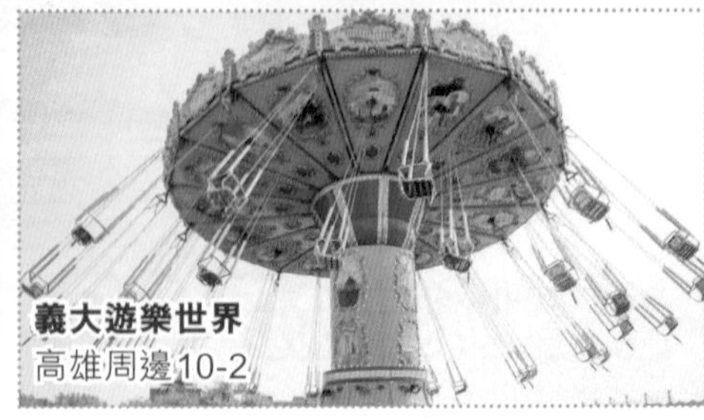
義大遊樂世界
高雄周邊10-2

人氣景點快搜

人氣景點快搜

墾丁3大潛水勝地
墾丁-1

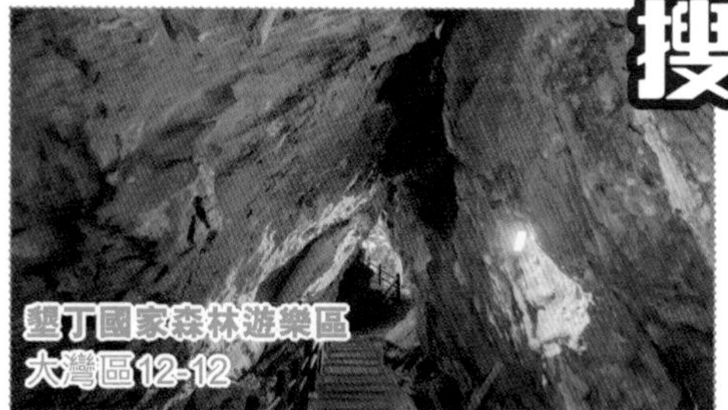
墾丁國家森林遊樂區
大灣區12-12

鹿境梅花鹿生態園區
恒春鎮13-4

台電南部展示館
後壁湖16-4

船帆石
船帆石17-2

四重溪溫泉
四重溪18-6

鵝鑾鼻燈塔
鵝鑾鼻19-3

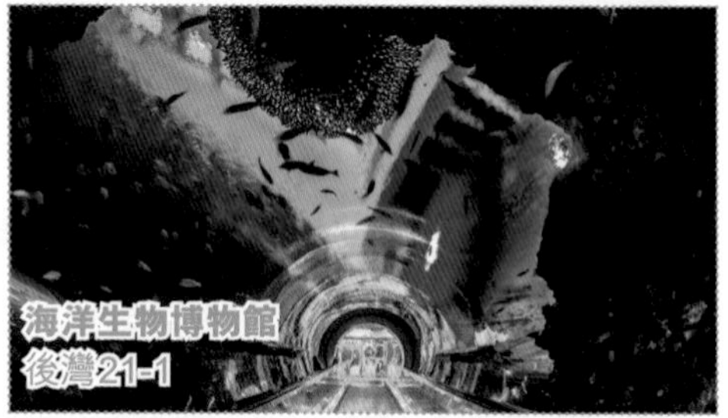
海洋生物博物館
後灣21-1

高雄・屏東新事

高雄市新地標 MAP 5-12

高雄港旅運中心

高雄輕軌旅運中心站下車即達

旅運中心坐落於高雄港19至20號碼頭，大樓高79公尺，包括地下2層及地上15層；外形宛如一隻巨鯨，是全台唯一3D曲面帷幕建築。旅運中心目前採階段式開放，1至3樓設戶外觀景台、海岸步道和海韻藝術廣場，可以飽覽高雄港和市區的景色，也有大型樂器造型的裝置藝術。未來正式啓用後，將可以同時停泊兩艘22.5萬噸的大型郵輪，提供國外遊客出入境大廳、免稅店及餐飲服務。

2023 年 9 月開放戶外觀景台

新地標有著仿鯨魚的曲線外型。

地址：高雄市苓雅區海邊路 5 號

2023 年 12 月開幕

animate

進駐高捷站 MAP 7-0 D1

高雄駅一番街

高捷高雄車站 2 號出口

高捷公司重新打造捷運R11高雄車站商場，由墨凡公司負責規劃和經營，成為南台灣首座以ACG動畫、漫畫、電子遊戲）為主題的商場。樓層分為B2美食街和B3主題電玩街，結合餐飲、動漫選物、扭蛋遊戲等，提供一站式服務。由日本最大的漫畫、遊戲連鎖店「安利美特」打響第一炮，於9月開始營業。此外，商場還引進了女僕餐廳「萌鍋貓又」、NX樂園、盲盒與玩具選物店等，打造地下街遊樂天堂。

地址：高雄市三民區建國二路 320 號南側站體地下三層
電話：886-7-236-0320
時間：周一至五 12:00nn-8:00pm、周六及 11:00am-9:00pm

整個一番街涵蓋台鐵高雄車站的地下二、三層。

海景透明玻璃屋 2023 年 11 月重新開幕

鼓山魚市場 MAP 1-1 B4

高捷西子灣站 1 號出口步行約 6 分鐘

高雄市第一座現代化的魚市場，鄰近鼓山輪渡站，因高雄漁業重心轉移至前鎮漁港，讓這座漁市逐漸沒落。鼓山魚市場經整修活化，轉型為複合式商場，提供各種水產品、農漁伴手禮，並規劃假日魚貨拍賣市集。當中「津漁聚物所」是一間生鮮超市，有各種海鮮食材、火鍋菜盤、刺身餐盒，可以請店家幫忙料理或自己動手烹調。

地址：高雄市鼓山區濱海一路 109-1 號
電話：886-7-521-0776 **時間：**11:30am-8:30pm
FB: https://www.facebook.com/Gushanfishmarket/

工業風文創新地標 2023 年 1 月正式開放

台塑王氏昆仲公園

高捷獅甲站 1 號出口步行約 4 分鐘

園內提供導覽，各景點也設有解說牌，吸引遊客駐足拍照。

豆荳伊の菓與烤醬糰子，是日式和菓子專賣店。

店內裝潢充滿日式風情，並設有榻榻米座位。

台塑王氏昆仲公園原為台塑企業的第一家工廠，也是台塑創辦人王永慶的發跡之地。工廠於2014年停產，經修復後於2023年正式開放。園區佔地2.5公頃，保存了13座建築物，包括創辦人辦公室、故居、倉庫及眷屬宿舍，以及30米高的燃煤鍋爐煙囪等。園內綠地廣闊，還有多間特色商店如烤糰子店、日式茶室、火鍋店等進駐，成為高雄市的新興文創景點。

地址：高雄市前鎮區中山三路 39 號 **電話：**886-7-333-1101
時間：園區 9:00am-5:00pm；周一公休；商店 11:00am-8:00pm；周二公休
網頁：https://www.formosawangbrotherspark.com/

台版山手線 2024 年 1 月 1 日全線通車

高雄輕軌 C24站至 C32站

高雄輕軌全長22.1公里，設有38個車站。第一階段工程早於2015年通車，第二階段亦於2024年元旦日開通，連接了C24愛河之心站和C32凱旋公園站，形成了一條環繞南、北高雄的環狀路線。輕軌全新的乘車收費共設NT20、NT25、NT30、NT35等四種票價，首5公里以內票價為NT20，每增加2公里增收NT5，按照里程數計費。

時間：6:30am-10:00pm（每 10 至 15 分鐘一班） **費用：**單程 NT20-35
網頁：https://www.krtc.com.tw/KLRT/

園區大升級 祈願の千野村

MAP 10-0

2023 年 10 月全新改版

入園可享免費一小時和服體驗，配件需另收費。

台鐵岡山火車站乘 8008 或 8020 高雄客運至燕巢區公衛所，再轉乘公車式小黃至燕巢區金山國小，步行約 8 分鐘即達

南台灣最大日式主題園區「祈願の千野村」重新改版後再回歸，原本只有兩三家攤位，現在打造成一整條千野町。入園除可免費體驗穿和服1小時之外，還可以參加免費手作活動，例如手繪風鈴、扇子及搗麻糬體驗。園區內有神社、燈籠牆及櫻花步道等日系打卡場景，夜間更有水上飄飄燈許願儀式，讓人有如置身於日本的小村落、享受日本風情。

地址：高雄市田寮區七星路 80 之 20 號　**電話：**886-909-263-105　**時間：**2:00pm-9:00pm；周六及日 9:00am-11:00pm
費用：成人 NT300，門票可折抵 100 元園區內消費　**網頁：**https://senyavillage.com/

近距離互動 鹿兒島水豚生態園區

MAP 15-6

2023 年 1 月開幕

台鐵岡山火車站乘 8008 或 8020 高雄客運至燕巢區公衛所，再轉乘公車式小黃至燕巢區金山國小，步行約 8 分鐘即達

墾丁打卡新景點，以水豚為主題的生態園區，位於屏東縣恆春鎮的北面。此處為全台唯一可以和水豚共游的地方，遊客可以穿上潛水衣和水豚一起在水裡互動及打卡，感受水豚的可愛和親近。園區同時還有梅花鹿、瑞士黑面羊等動物明星駐場。園區的入口處有一座紅色的豚門，仿造日本雷門的風格，非常適合拍照。

園區提供全台唯一的水豚共游體驗。

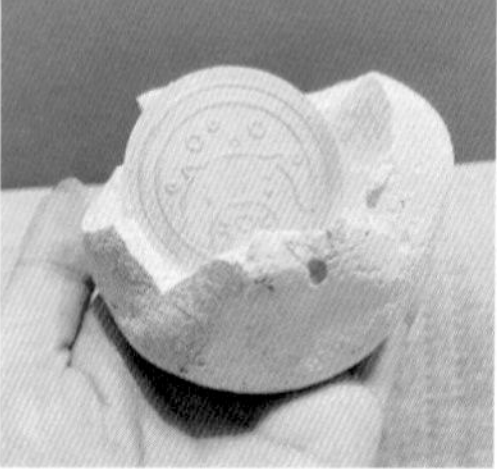

地址： 屏東縣恆春鎮省北路 275 號
電話：886-978-613-572　**時間：**10:00am-5:30pm
費用：門票 NT200、水豚共游 NT800（預約制）
IG：poc.kenting

海生館 01 MAP 21-0

恆春鎮轉乘的士約20分鐘

海生館全名國立海洋生物博物館，是南台灣最受歡迎的親子遊樂景點。海生館分為四大展館，包括台灣水域館、珊瑚王國館、世界水域館及鯨典展示館。近年海生館更定期舉辦「夜宿海生館」活動，招待大人細路在海生館住宿一宵。住客不但可與海洋生物大被同眠，還可以深入海生館內部，在大洋池餵食，是人生難得的體驗。

一般參觀：

地址：屏東縣車城鄉後灣村後灣路 2 號
電話：886-8-882-5678
費用：成人 NT450，小童 NT250
時間：9:00am-5:30pm ; 7-8 月 9:00am-6:00pm
網頁：http://www.nmmba.gov.tw/

夜宿海生館：

時間：4:00pm- 翌日 10:00am，不定期舉行
費用：6 歲或以上 NT2,680/ 位，3-6 歲 1,340/ 位，未滿 3 歲免費

墾丁水世界 02 MAP 17-1

墾丁大街乘的士約5分鐘

到墾丁當然是與陽光海灘玩遊戲，不過怕曬又嫌海灘太單調，一定要到福華水世界這個墾丁最著名的水上樂園。佔地達3,000坪的水世界，內含12項刺激飆水設施，要喪玩的有漂漂河、人造浪及滑水道，要hea嘆的又有各式養生水療池，一家大細各適其適都保證滿意。如果入住隔籬的福華度假飯店，一家人連入場費都慳埋，仲唔玩番夠本！

地址：屏東縣恆春鎮墾丁路 2 號
網頁：https://ww.uukt.com.tw/
費用：水世界門票成人 NT500，小童 NT400 (7 至 8 月票價)
電話：886-8-886-2323

悠活兒童旅館 03

酒店於海生館、恆春鎮、南灣及墾丁大街皆有接駁巴士，詳情請於網站查詢

全館以34個有趣的故事來串聯68間主題家庭客房，充滿了童話色彩。這裡的客房最少可住3人，甚至有6人的家庭套房。館內加入3D 科技，閱讀、環保等健康元素，並設有專業的指導教師提供興趣小組課程，透過各種遊樂方法來激發孩子們無限的創新潛能，讓度假之餘兼具學習意義。

地址：屏東縣恆春鎮萬里路 27-8 號　**電話**：886\-8-886-9999
費用：雙人房 NT3,960 起　**網頁**：https://www.yoho.com.tw/zh-tw

阿信巧克力農場 04

悠活渡假村對面

巧克力(朱古力)是全世界最多人喜愛的食物，但很多人連巧克力的原材料可可也一無所知。巧克力農場就是透過有趣生動的方法令大人小朋友對巧克力有更深入了解。遊客除了參觀農場，這裡也提供了可可生態DIY、香草精油DIY 及小農夫DIY 三種親子DIY 班。此外，農場也創立了自家品牌Uncle CHOCO，各種朱古力每日新鮮製造，朱古力Fans一定不可錯過。

近年遊人更可選擇在巧克力露營，設備由農場提供，順道欣賞 CNN 票選全球十大最美夕陽「關山夕照」。

除了可可樹，農場內亦種植了大量不同品種的植物。

地址：恆春鎮萬里路 27-8 號　**時間**：9:00am-6:00pm　**電話**：886-8-886-9696
費用：NT200 (含農場抵用券 NT80)　**網頁**：www.taiwanchoco.com.tw/

童趣親子歡樂園區 05 MAP 14-1/C2

恆春鎮乘的士15分鐘即達

進入童趣親子歡樂園區，甚有荔園的時光倒流感覺，與這一代小朋友去開的主題樂園大有分別。這裡的遊戲比較low-tech，不過勝在不用排長龍，大人小朋友都玩得甚投入。園區最受歡迎的遊戲，竟然是人人扮Bob the Builder揸BB鏟泥車。據説這些鏟泥車操作與真正的機械相近，雖然只在小沙池上堆堆沙，已令人樂在其中。其他遊戲包括小型電動車，時速達15-20公里，就算大人玩也會感到刺激。

地址：屏東縣恆春鎮南灣路 888 號（和風會館旁）
費用：免費入場，遊戲每項 NT100 起
時間：9:00am-6:00pm
網頁：https://thappy.uukt.com.tw

水蛙窟生態社區 06

墾丁大街乘的士20分鐘即達

水蛙窟是個純樸的小部落，部落人口數不到100人，位於龍磐草原一帶。在地居民曾從事捕魚及務農，在二十多年前又轉植牧草，因此演變為目前遼闊無際的草原生態景觀。水蛙窟生態社區設有多項戶外體驗活動，包括觀賞野生梅花鹿、漁撈體驗、草地星空體驗及草地音樂會等，都是城市人難得的經歷，也是和小朋友極佳的大自然全接觸。

地址：恆春鎮鵝鑾里風沙路 500 巷 10 之 5 號
費用：每項 NT399 起
時間：所有活動皆要預約，聯絡 email：shuiwaku@gmail.com
網頁：https://uukt.com.tw/kenting/16356
電話：886-909-013-928

海底觀光半潛艇 07 MAP 16-1/D2

恒春鎮乘的士20分鐘即達

墾丁的水上活動多采多姿，其中潛入水底一窺神秘的海洋世界，特別令人神往。對於不諳水性的朋友，海底觀光半潛艇便能實現他們的心願。在恒春半島的後壁湖及紅柴坑，都有半潛艇開航，其中海世界的半潛艇航行於後壁湖附近海域，大堡礁、小堡礁、海底珊瑚礁公園、海洋生態保護區，除了可觀賞五彩繽紛海底綺麗世界，還可走上甲板觀賞貓鼻頭及南灣等沿岸景緻。透過特殊玻璃窗欣賞綺麗的海底世界，觀察各色各樣軟、硬珊瑚和珊瑚礁熱帶魚群，既夢幻又令人陶醉。

海世界：
地址：恒春鎮大光里大光路 79~57 號（乘船處位於後壁湖魚港碼頭） **FB**：https://www.facebook.com/hiworld.idv/
電話：886-8-886-6938 **時間**：9:00am-5:00pm，航行時間約 40-50 分鐘 **費用**：成人 NT380，小童 NT300

鹿境梅花鹿生態園區 08

恒春鎮西門步行10分鐘即達

想和梅花鹿作親密接觸，不用跑到日本奈良。原來墾丁曾是梅花鹿的天堂，但因為過度捕捉而頻臨絕跡。2014年，鹿境開始了梅花鹿保育計畫，至今在生態園已飼養了超過40隻梅花鹿。在云云鹿群中，有一隻沒有梅花點的水鹿名叫「大王」，是鹿境的明星，到訪時看看能否碰上「參拜」。除了觀賞梅花鹿，了解牠們的生態，與及近距離餵飼牠們，這裡還有一系列別致的小鹿精品，既可作伴手禮留念，也是對保育計畫的支持。

地址：恒春鎮恒公路 1097 之 1 號
費用：NT200，飼料每包 NT50
FB：https://www.facebook.com/hoteldedeer/
電話：886-8-888-1940 **時間**：10:00am-4:00pm

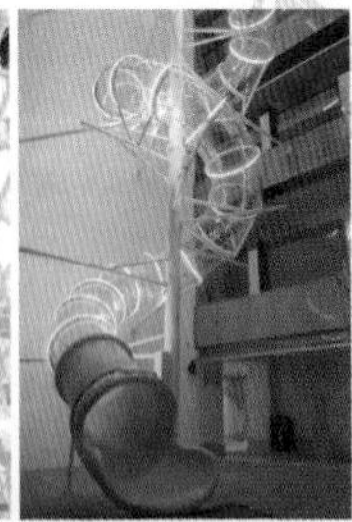

墾丁怡灣渡假酒店 09

恆春鎮乘的士5分鐘即達

MAP 13-1/A1

位於恆春鎮附近的墾丁怡灣渡假酒店，主要吸引家庭客，所以添置大量新奇好玩的設施吸引一眾「小老闆」。酒店其中一個綽頭，就是一條高5層樓的飛天彩虹滑梯。就算是成年人，也未必有膽量一試。其他合家啱玩的項目包括空中攀岩、空中吊橋及超大型室內遊樂場。連泳池都闢有兒童戲水池，方便隨時打水戰。

地址：恆春鎮恆公路 998 號
電話：886-8-889-9968
費用：2 人房 NT3,400/ 晚起
網頁：http://grandbay-resort.com.tw/

Wooderful Life 10 MAP 2-0/D5

高捷鹽埕埔站1號出口步行10分鐘；高雄輕軌駁二蓬萊站出站即達

Wooderful Life 木育森林繼台北及台中後，再在高雄駁二藝術特區開設旗艦店，繼續貫徹寓環保教育於玩樂的宗旨。Wooderful Life 駁二店樓高兩層，有超過 40 個動腦益智、驚險刺激的遊戲關卡，等待大小朋友來挑戰，包括全台唯一的室內空中飛人，乘客安坐椅上由索道滑下，既刺激又安全。樂園內還有保齡球、搖擺平衡木等大型遊戲，又有釣魚、陀螺、親子積木桌等經典項目，雖然cyber感欠奉，卻有一種回歸傳統的趣味，足夠大人小朋友現足半天。

空中飛人雖然是「小兒科」，卻足以令小朋友感到刺激。

木育森林使用的都是永續林業的木材，減少對自然環境的傷害。

玩到累還有吊床及木馬讓人休息。

地址：高雄市鹽埕區大義街 2-2 號大義倉庫 C8-19
電話：886-7-521-2454
時間：11:00 am-6:00pm
費用：NT400
網頁：http://www.jeancard.com/
註：未滿 3 歲或身高 90 公分以下免費入場

鈴鹿賽道樂園  11 MAP 5-3

高捷草衙站2號出口即達

SKM Park Outlets 高雄草衙是一個集購物、美食、文創與娛樂於一身的大型主題商場。最特別的是引入日本獨家的「鈴鹿賽道樂園」，以及十多種親子遊樂設備，絕對是最hit的親子樂園。「鈴鹿賽道樂園」是按日本鈴鹿車場以10：1縮細比例建成。除了鈴鹿小型賽車道外，樂園還設有很多親子或兒童向的駕駛遊戲，如越野大冒險、甩尾小車手等十多款設施，都是頗具挑戰性的遊戲，啱晒小車神大顯身手。

地址：高雄市前鎮區中安路 1 之 1 號
時間：11:00am-9:30pm
電話：886-7-796-9999
網頁：https://www.suzukacircuitpark.com/

義大遊樂世界 12

高捷左營站1號出口至公車第五號站牌，轉搭義大客運前往

以希臘式的場景打造成的義大樂園，建有六大園區，包括能夠感受立體動感的4D 動感影院；以當明星為主題的小明星夢工場；超刺激恐怖的萬聖鬼屋；有如進入立體世界的3D 畫館；擁有透明景觀冷氣車廂的摩天；與及耗資十億全台唯一媲美國家級劇院的義大皇家劇院。園內機動遊戲區多達50項，包括高達55公尺的「天旋地轉」，落差33公尺的「飛越愛情海」，愛好刺激的朋友應該會樂在其中。

地址：高雄市大樹區學城路一段 10 號
電話：886-7-656-8080
時間：樂園 9:00am-5:30pm、周六營業至 8:00pm；

購物中心 11:00am-10:00pm、周六及日 10:00am 開始營業
費用：全票 NT899，小童 NT580
網頁：www.edathemepark.com.tw

FUN BUS 13

左營火車站步行5分鐘

FUN BUS號稱溜滑梯親子主題民宿，每個房間當然都要配備滑梯。民宿有四間親子套房，分別為海洋、蘑菇、龍貓和城堡。當中可愛的龍貓最受歡迎，不過論到設計的心思，首選海洋套房。房間設計成潛水艇，還有一條海底隧道，更有活生生的魚兒及珊瑚供欣賞。每間房有66平方米，設兩張雙人床，一家四口入住都綽綽有餘。

地址：左營區新莊一路 138 號
費用：雙人房 NT5,900 起
電話：886-968-322-070
網頁：https://funbus.business.site

溜滑梯雖然長但速度卻不太快

最高點離地有30多公尺，畏高者要有心理準備。

登山街60巷 14 MAP 1-1/B2

高捷西子灣站2號出口，轉乘哈馬星觀光巴士至武德殿，下車步行5分鐘

登山街60巷其實是高雄鼓山區的古道，整個山頭布滿了由清朝、日治到戰後的歷史遺跡，包括古道、硓咕石排水道、展望道、防空壕以至機槍堡等。就 算對歷史沒興趣，這裡的「時空廊道滑梯」都應該可以吸引你的小朋友。這條全長79公尺，亦是全台第二長滾軸式溜滑梯，沿著山坡高低跌盪，40秒的旅程不但刺激緊張，也是另類的方法經歷百年歷史。不過為了pat pat著想，玩時記得用座墊，否則逞一時之快後有排你「後欄」難受。

如果有時間可以參加埋導賞團，玩樂之餘長知識。

地址：高雄市鼓山區登山街 60 巷
電話：886-911-728-000
網頁：https://dengshan60.nsysu.edu.tw/
時間：周二至五定時導覽 10:30am、3:30pm（預約制）
費用：導賞團 NT100(包括溜滑梯)
註：必須先行於網上預約

由朝食到晚 興中夜市

高捷三多商圈 6 號出口走約 5 分鐘　**MAP KH-9**

不是所有夜市都只有在晚上才出現，在三多商圈內的興中夜市就是唯一一個朝早就已營業的「夜市」，街內美食一籮籮，真的總有一款合心意。當中，最多當地人推薦的店有用料十足的珍粥道、龍記滷味麻辣燙、那個甘草芭樂、孖味香菇肉羹等，滿滿的古早台灣風味，是令人一試難忘的好滋味。

地址：高雄市苓雅區三多三路與文橫二路口　**電話**：886-7-333-8993　**時間**：4:00pm- 翌日 2:30am

那個甘草芭樂

這家店在興中夜市中非常有名，每到傍晚便成人龍小店，店家只賣甘草芭樂，有小、中、大的份量可選，價格分別是NT 50、80及100，亦算抵食。店家會現切芭樂，再加入甘草或甘梅調味粉，味道更加開胃。

小份甘草芭樂，NT 50

地址：高雄市苓雅區文橫二路 7 號　**時間**：11:00am-11:00pm

珍粥道

招牌粥，NT 80。

台灣的粥與香港的稍為不同，除了米粒的口感不同之餘，用料配菜也比香港的粥品多很多。而珍粥道的招牌粥則用上了粟米、肉鬆、粟米、火腿粒、肉粒、油炸鬼、蔥花、蛋花等配料，口感豐富，味道也鮮甜可口。

地址：高雄市苓雅區文橫二路 46 號　**電話**：886-7-536-2341　**時間**：10:00am-9:30pm

孖味香菇肉羹

香菇肉羹加米粉，NT 40。

這間店已有40多年歷史，店內主打香菇肉羹，湯頭還加入扁魚、白菜及香菇等食材熬製，味道鮮甜。另可加配米粉、麵或飯，是簡單又古早的地道美食。

地址：高雄市苓雅區文橫二路 1-1 號　**電話**：886-7-331-6773　**時間**：11:00am-11:00pm

古早級國際觀光夜市 六合夜市

MAP KH-9

高捷美麗島站 11 號出口走約 2 分鐘

六合國際觀光夜市，是高雄最早的國際級觀光夜市，前身是大港埔夜市，也曾有市內最具代表性的夜市之美譽。雖然攤販種類不復以往的多元化，不過仍是旅客喜愛到訪的著名夜市。店家如莊家六合夜市海產粥、鄭老牌木瓜牛奶、東山鴨頭、烤肉之家、布袋名產蚵仔包等，都是夜市的招牌小食，大家不妨試試。

地址：高雄市前金區六合路　**電話**：886-7-285-6786　**時間**：5:00pm-12:00mn

鄭老牌木瓜牛奶

單看鄭老牌的招牌上有那麼多不同的簽名，就知道這家店有多久的歷史及名氣有多大了，不少旅客都慕名而來，一嘗他的木瓜牛奶。除了招牌的木瓜牛奶，香蕉牛奶、布丁奶茶及苦瓜汁都廣受好評，可以一試。

木瓜牛奶，NT 60。

地址：高雄市新興區六合二路 1 號

蔡家烏魚子

MAP 1-1/B5

説到六合夜市的名產店，就會想到蔡家烏魚腱，一整攤的烏魚子總是吸引不少來者的眼球，生意也特別好。除了可以買整條烏魚子回去做手信，店家還有提供即場食用的烏魚子串，一串 NT 50，未試過的朋友可以即場試吃。

地址：高雄市新興區六合二路與自立二路交叉口

盛奕大腸包小腸

由糯米腸夾住香腸加上黃芥末、蒜頭、小黃瓜、薑片等，炭火烤熟後食用，很香口開胃。米腸有九層塔、藜麥、咖喱及紅麴等四種口味，每份只售NT50。

地址：高雄市新興區六合二路 73 號

當地人力推老牌夜市 瑞豐夜市

高捷巨蛋站下車，沿著三民家商前的裕誠路走約 5 分鐘即達

MAP KH-9

瑞豐夜市已有20多年的歷史，最輝煌的時期攤位還超過千多檔，除了地道的美食外，流行服飾、遊戲攤都能找到，果然食、買、玩一律齊備。當中較有人氣的小食有香酥雞、鐵板麵、小籠包、大腸包小腸、木瓜牛奶、麵線、狀元糕等，都是高雄人愛吃的宵夜選擇。

地址：高雄市左營區裕誠路　**電話**：886-986-554-866　**時間**：周二、四至日 4:00pm-1:00am

沖繩酥炸大魷魚

開業近20年的炸魷魚攤，選用阿根廷魷魚比一般魷魚大3倍，一隻重達一斤。魷魚外皮酥脆，內裡的肉鮮嫩多汁，帶有淡淡的海洋風味。

酥炸大魷魚每隻售NT110、130。

位置：瑞豐夜市第 2 排後段，近停車場入口

曾氏福建炒麵

來自星馬的福建炒麵，由豬五花、海鮮、牛奶芽菜、高麗菜等配料，加上特製麵條和醬汁大火快炒而成，最後用造型特殊的餐盒承裝。辣的炒麵麻辣香氣十足，不辣的炒麵則有炙烤豬肉的香氣。店內還有提供椒麻小卷、冷萃飲茶等小菜和飲料。

位置：瑞豐夜市第一排

石記臭豆腐

專賣臭豆腐和炸豆皮的攤位，臭豆腐和炸豆皮都是現點現炸，外皮酥脆、內裡鬆軟，搭配自製的醬料和泡菜，味道鮮香。店內還有提供綜合拼盤，可以一次品嘗多種炸物。

位置：高雄市鼓山區裕誠路 1128 號

美食天堂 苓雅夜市

高捷三多商圈站 7 號出口走約 12 分鐘　**MAP KH-9**

苓雅夜市，又稱自強夜市，位置大約在自強三路與苓雅二路之間。入夜後，兩旁便會出現很多地道的美食攤，例如脆而不膩的鹽酥雞、香味四溢的滷味、消暑清涼的冷凍芋、抵食勁量的鐵板牛扒，還有老牌白糖粿、南豐魯肉飯、苓雅水餃大王等，全都是不得不吃的美食之選。

地址：高雄市苓雅區自強三路與苓雅二路之交會處　**時間**：5:00pm- 翌日 1:00am

地道的魚羹是南部必食的小食，可配搭米粉、麵或飯，一碗才NT 50起。

50年老店的陳家白糖粿是人龍店，很多人一買就是一打，有芝麻及花生味兩款，一件NT 25。

南北匯聚 光華觀光夜市

MAP KH-9

高捷三多商圈站轉乘 70 號公車，於光華路口（光華夜市）站下車

光華觀光夜市經營至今已有40多年，夜市內匯集了南北方特色小吃，如鹽水意麵、碳烤三明治、林家水餃、阿木關東煮等，琳瑯滿目。其中阿木關東煮是老字號攤位，湯頭清甜鮮美，關東煮料種類豐富，一串約NT25起；而迷路炸物的「包餡雞排」，雞排包著滿滿的起司或鱈魚卵，香氣十足，是創意小食的代表。

地址：高雄市前鎮區光華二路與三多二路口　**時間**：5:00pm- 翌日 1:00am
FB：https://www.facebook.com/GWANGHUA

旅行一定要買手信？

高雄伴手禮精選

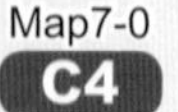

舊振南餅店

Map7-0 C4

舊振南鳳梨酥 NT580(12個)

出產自高雄最有名的手信店，用特選鳳梨人手製作，餡料為鳳梨和冬瓜膏，入餡前師傅會先將餡料烘過，令香氣更加突出，配上入口即化的奶酥外皮，吃後齒頰留香。

綠豆椪 NT450(6個)

舊振南招牌產品，以特選綠豆仁製成內餡，搭配手搓的餅皮，共有李白(原味)、香椪(香菇綠豆)、蘇東坡(魯肉綠豆椪)及蛋黃(蛋黃綠豆椪)4種口味。

地：高雄市中正四路84號　時：9:30am-9:00pm　電：886-7-288-8202　網：https://www.jzn.com.tw/tw/index

呷百二自然洋果子

Map5-2A C1

窯燒煎餅 NT396(12個)

採用日窯爐悶烤出特殊餅香，有可可、花生、南瓜子3種口味。口感結實，香味濃郁，更可以咬到一粒粒完整的果仁。

呷百二鳳梨酥 NT450(15個)

嚴選新鮮菠蘿果肉製作，外層鬆化，內裡的鳳梨果肉清爽香甜，加上包裝精美，是很不錯的手信之選。

地：高雄市苓雅區三多三路264號　時：9:30am-9:30pm　電：886-7-535-2120
網：www.eat120.com.tw

高雄伴手禮精選

山分之一

鐵盒餅乾 NT880

以手工餅乾和鐵盒包裝為其特色的餅店，招牌餅乾是合歡北峰，餅乾造型為合歡山的北峰。原料採用日本小山園抹茶、法國藍帶發酵奶油、法國可可粉。山分之一的鐵盒可以配搭日式風呂敷包巾，非常適合送禮或自用。

網：https://www.11dessert.com.tw/

蘇老爺花生麥芽糖

花生麥芽糖 NT2,000

全素可食用，每盒有三層及附小剪刀，可以自己剪切麥芽。

高雄傳統的古早味點心，製作過程經過10萬秒的熬煮，讓麥芽糖變成白色的泡泡，再加上雲林花生粉，形成質地柔軟的麥芽糖。咀嚼時質感綿密、口感輕盈。除了經典的原味之外，還有咖啡拿鐵、酸甜青梅等多種口味。

地：高雄市鳥松區仁勇路181號　電：886-7-732-8158　時：9:30am-6:00pm　網：https://www.yayasu.com.tw/

不二緻果

Map7-0 C4

真芋頭 NT300

高雄的老字號糕餅店，招牌產品有芋頭蛋糕，採用台灣大甲芋頭，香醇綿密，細長型蛋糕芋香濃郁，不添加防腐劑。

女神捲 NT380

女神捲內餡包覆著北海道十勝鮮奶油和芋泥，口感柔軟，入口即化，夾在中心有超大塊的芋頭粒，很有份量，黃金比例如女神般吸引。

地：高雄市新興區中正四路31號　電：886-7-241-2727#6

時：9:00am-9:00pm　網：https://www.omiyage.com.tw/

高雄伴手禮精選

吉美香蕉蛋糕

旗山吉美麵包店的招牌產品之一，也是高雄的特色伴手禮。香蕉蛋糕採用新鮮近熟透的香蕉為主要食材，加上牛奶、麵粉等配方，純手工天天新鮮出爐，撲鼻而來的是清新的香蕉香味。

活力芭娜娜　NT50（2入）

香蕉麵包拌入香蕉果泥，內餡為香蕉果乾。

香蕉芭娜娜　NT480（6條）

鬆軟的海綿蛋糕包裹新鮮的香蕉果泥，造型可愛。

地：高雄市旗山區中山路62號
電：9:00am-10:30pm　時：886-7-661-5006
網：https://www.chimeibread.tw/

睿家三輪車手工麻糬

珍心意　NT420-450（6個）

採用日本進口的糯米，經過多次手工揉製，口感Q彈綿密。餡料則採用新鮮的水果和食材，例如草莓、芋頭、紅豆、紅麴栗子等，還有多種口味可選，滿足不同需求。

地：高雄市左營區富民路167號　電：886-985-665-767　時：11:00am-7:00pm
網：https://ruijia-mochi.com/

港都打狗餅

打狗餅　NT220（6個）

「打狗」來自日文，是高雄的舊稱。打狗餅就是日治時代最流行的糕仔餅，酥皮內是鳳梨加入各種不同的餡料，例如香蕉、荔枝、柑桔、蔓越莓或乳酪等口味，口感清爽，也不會太甜。

地：高雄市苓雅區中正一路135號
電：886-7-771-1909
時：9:00am-9:00pm
網：www.kaohsiung-cake.com.tw

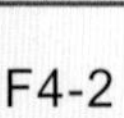

屏東．恆春 伴手禮精選

華珍食品

福爾摩沙手燒煎餅　NT220(8入）

屏東東港的知名伴手禮，華珍食品的手燒煎餅獲2022年台灣百大伴手禮。煎餅由麵粉、糖、雞蛋等材料製成，堅果含量超過30%，使用仿歐洲百年古窯的方式烘焙，烤出獨特的香氣。

地：屏東縣東港鎮中山路70號
電：886-8-832-6377
時：9:00am-9:30pm
網：https://www.hwajen.com.tw/

咬咬果

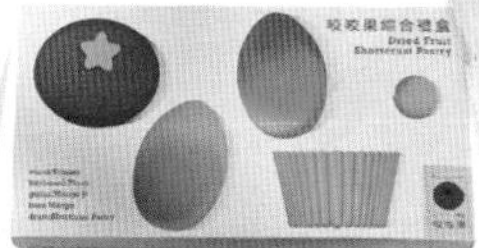

2020年入選屏東十大伴手禮的咬咬果，以100%台灣天然果乾融入甜點中。招牌果心茶餅，中間內餡夾著牛軋糖、情人果乾、愛文芒果乾及牛番茄乾，撕開包裝袋即聞到水果酸甜味，每一口都好彈牙。雪Q餅採用低溫烘焙愛文芒果乾，保留了果肉風味，口感軟Q有嚼勁。

愛文芒果雪Q餅
NT320

果心茶餅
NT549

地：屏東縣萬丹鄉上蚶路586號　電：886-8-707-2555
時：10:00am-6:00pm　網：https://www.bitebitefruit.com.tw/

玉泰醬油

屏東的玉泰醬油商號製造，醬油使用非基改黃豆、小麥、食鹽等天然食材，獨門工法經過400天長期發酵，醬油呈現琥珀色並充滿獨特的醬香，無添加連素食者都可食用。另還有白醬油膏，可以用來調味、拌飯或配搭蘿蔔糕食用，讓美味翻倍。

白醬油膏
NT1,560

玉泰白醬油
NT1,440

地：屏東縣屏東市民族路263號
電：886-8-732-2877
時：9:00am-6:00pm；周日公休
網：https://yuhtay.com/

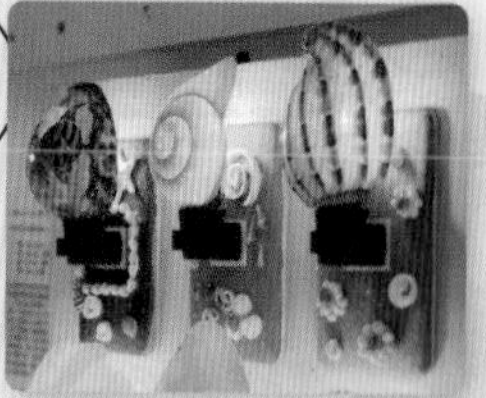

星砂貝殼鉛筆

貝殼小夜燈

地：屏東縣恆春鎮中山路87號(恆春老街上)
電：886-980-570-551
時：9:00am-5:00pm

貝殼相框

我愛墾丁

Map13-1 B2

墾丁以陽光海灘而聞名，遊墾丁除了帶走愉快的回憶外，也可在我愛墾丁 搜購一系列和海洋有關的精品手信。由相框、夜燈以至簡單的明信片，全部帶有海的味道。除了購物，我愛墾丁 也提供墾丁旅遊資訊，包括當地交通、天氣、餐飲、甚至找空房，非常方便。

Shell & Cat 小黑

Map13-1 C5

Shell & Cat在墾丁經營貝殼木雕工藝品已有40多年，在恆春鎮開的門市除了貝殼藝品以及南洋風味的木雕區外，還有售復古時尚的傢飾品。店主對貓貓情有獨鍾，店內超多貓貓造型的精品，貓迷不要錯過。

地：屏東縣恆春鎮恆南路8-18號
電：886-8-888-1308 時：11:00am-9:00pm
網：http://shellcat.uukt.tw
fb：https://www.facebook.com/shellcat1308/

玉珍香

Map13-1 B2

玉珍香創立於1919年，至今已是第四代經營。招牌的洋蔥手工蛋捲，原來最初是因為要處理產量過多的洋蔥而研發已成。玉珍香保留洋蔥濃郁香氣而不嗆辣，因而大愛歡迎。近年更推出不少創新口味，包括海苔、黑糖、抹茶及起士等，是屏東地區的蛋捲大王。

地：屏東縣恆春鎮中山路80號
電：886-8-889-2272 時：8:00am-7:30pm
網：http://www.siang.com.tw/

洋蔥田

Map13-1 B3

連Ian Wright也曾推介。(網上圖片)

洋蔥是恆春半島的名物，但要製作完全沒有嗆味的洋蔥酥，遠比造鳳梨酥困難。洋蔥田的洋蔥酥是老板娘經歷多次失敗之後，獨家研發出來的產品，不但甜鹹適中，更完全沒有洋蔥的嗆味，只留下洋蔥甜美的味道，難怪連著名旅遊節目主持Ian Wright也曾介紹。

洋蔥酥(10入裝) NT380

洋蔥起司薄片

地：屏東縣恆春鎮南門路48號　電：886-8-889-7699　時：9:30 am-7:00pm
網：http://www.onioncookies.com/

一芳海苔醬

Map13-1 B2

一芳海苔醬是一家在恆春經營半世紀的老字號海苔世家，海苔醬是以新鮮的青海苔、香菇、醬油等食材手工製作，有原味、香菇、蜂蜜等口味，可以用來拌飯、煮湯、涼拌菜等，是一種非常百搭的調味料。

一芳海苔醬　NT140(200g)

地：屏東縣恆春鎮中山路26號恆春老街
電：886-8-889-2779　時：10:30am-9:00pm
網：https://ifungseaweed-1963.1shop.tw/buy

順興港口茶園

Map13-1 B2

港口茶區鄰近太平洋，茶葉長期受近海海風吹拂，吸收到海霧精華，因此製成的港口茶茶葉綠中帶白，先苦後甘口感很獨特。順興擁有一個5甲的茶園，種植茶樹的山坡高度約50至100公尺的低海拔山區，採有機生態的放任式栽培，因產量不多，其他地方比較難買到！

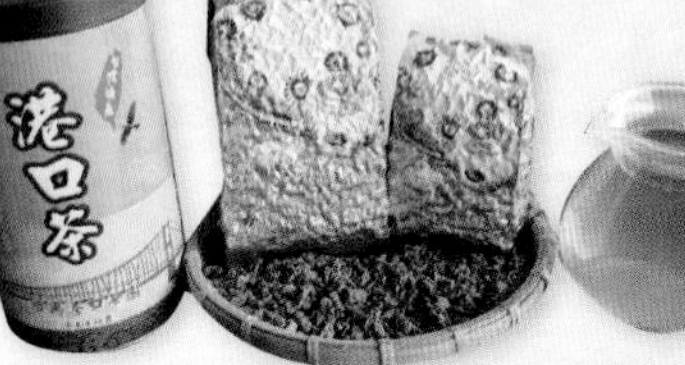

地：滿州鄉港口村茶山路392-1號　電：886-8-880-2696
時：10:30am-6:30pm

人氣打卡&隱世秘境推介

Google Map 下載

月球的天空步道 田寮月世界

漫步在田寮月世界，如同走進了月球表面的獨特地景。

高捷南岡山站乘紅 70B、8012 號公車至月世界站下車（注意公車班次較疏）

田寮月世界是當地一個極具特色的景點，因其地形極像月球表面而得名。月世界的地貌因經年累月受雨水沖蝕、泥沙堆積再由風化、沉積作用而造成，這種特殊景觀又稱為「惡地」。園區內規劃了多個木棧步道，這些步道圍繞著「月池」連成一條環狀路線，走過平緩的環湖步道、惡地步道之後，就能到達前往月池的階梯。途中可以欣賞到月池、天梯及弦月觀景台等景點，感受月世界的壯觀與神秘。

地：高雄市田寮區823
電：886-7-636-7036　時：10:00am-5:00pm
網：https://khh.travel/zh-tw/attractions/detail/162

古樸建築奇觀 田寮石頭廟

高捷南岡山站 8013 號公車至田寮入口站下車，步行約 10 分鐘（注意公車班次較疏）

田寮石頭廟(慈玄聖天宮)的建築風格獨特，融合了泰國和台灣的元素，廟的外牆主要是石頭、珊瑚和貝殼，由泰籍勞工以手工拼貼而成，以感謝廟方在1993年幫助他們渡過經濟困難。石頭廟的外觀和內部都十分奇幻，有多層的珊瑚洞穴和供奉著不同神明的殿堂。它不僅是宗教信仰的場所，是一座具有藝術價值的建築。

地：高雄市田寮區新興路2-7號
電：886-7-6361154
網：https://qwer6361154.webnode.tw/

登上音樂迴廊
崗山之眼

高捷南岡山站 1 號出口乘紅 68 號公車至大莊公園站下車，轉搭園方提供的共乘計程車前往

崗山之眼是近年的熱門打卡點之一，以音樂為設計為靈感，主塔形似小提琴，更有象徵琴弦、琴鍵、音符等視覺元素。最大亮點就是登上40公尺高的天空廊道，橋面有一段透明玻璃，可俯瞰整個高雄市景色，包括高雄港、愛河、高雄市區的摩天大樓等，是觀賞市區的最佳地點。

地：高雄市岡山區大莊路80巷
網：https://khh.travel/zh-tw/attractions/detail/2
電：886-7-628-2100
費：成人NT60、6-11歲兒童NT30
時：9:00am-5:00pm；周六及日開放至6:00pm；周一公休

圓形天空就是在這兒的拍照對象。

你沒有看錯！這裡是台灣，不是香港！

高雄版小香港
果貿新村

高捷巨蛋站乘紅 36 號公車至果貿社區站下車

話說有一處似足香港的地方，名為果貿新村，位於左營區。果貿新村原為海軍眷村果貿三村，於1960年與1963年分兩期興建，共有13棟公寓大樓。此社區最大特色在第八、九棟兩座半圓弧形建築，相映合成一個同心圓，增加了採光面積。在這個社區內還有各種眷村美食，如水餃、燒餅、豆漿等特色小吃，吸引不少人慕名而來。

地：高雄市左營區果峰街14號

夢幻魔戒哈比屋 MAP 10-0
澄清湖迷宮花園

高雄火車站乘紅 30A、60 號高雄市公車至澄清湖站下車，沿湖步行約 30 分鐘

全台最大的綠植迷宮，佔地約1800坪，分為綠籬與涵管地下兩座迷宮。綠籬迷宮共有13個分岔路，而涵管迷宮則有10個分岔路，由彩色下水道涵管拼湊而成。迷宮內還設置了哈比屋、溜滑梯、滑草坡等設施，可以盡情探索和打卡。

地：高雄縣鳥松鄉大埤路32號
電：886-7-370-0821
時：4-9月6:00am-6:00pm；10-3月6:00am-5:30pm；周一公休
費：成人NT100、6-11歲兒童NT50

網：https://khh.travel/zh-tw/attractions/detail/9

穿越百年的教室
鳳儀書院

高捷鳳山站步行約 6 分鐘

鳳儀書院始建於清嘉慶19年（1814年），是一座傳統閩南三進式建築，內有照壁、頭門、講堂、學舍等，供奉文昌帝君。這座二百年的書院原為民間興辦的學校，日治時代則改為醫院和宿舍，現被列為市定三級古蹟。經整修後，不僅保留了院內建築風貌，還將空間活化，增設逗趣的Q版人形公仔，讓探索古蹟更有趣。

地：高雄市鳳山區鳳明街62號 **電**：886-7-740-5362 **費**：門票NT66
時：周二至五10:00am-5:30pm；周六及日10:30am-6:30pm；周一公休
網：https://fongyiacademy.kcg.gov.tw/

高雄藝文亮點
大東文化藝術中心

高捷大東站下車即達

大東文化藝術中心是高雄市一個多功能的文化園區，由四棟建築組成，分別是演藝廳、展覽館、藝術教育中心和圖書館，其中圖書館更是全台第一座藝術圖書館。戶外廣場以11座半透明漏斗型天棚結構打造，彷彿熱氣球般懸浮在廣場上，且極具視覺效果。尤其入夜亮燈後，純白的熱氣球染上五光十色，更加吸睛。這些漏斗型天棚有著特殊功能，可以收集雨水並導入下方的水池，同時調節溫度，兼具節能減碳作用。

地：高雄市鳳山區光遠路161號 **電**：886-7-743-0011 **fb**：https://www.facebook.com/da.dong.art
時：戶外園區：24小時開放；圖書館：周二至四10:00am-9:00pm；周日至5:00pm；周一公休

閃亮大貝殼 MAP 9-0 B2
旗津海珍珠

由旗津渡輪碼頭乘的士約 10 分鐘

旗津海岸公園內的大型裝置藝術，鄰近貝殼館、面向大海，由台灣藝術家林舜龍與法國聲音藝術家Yannick Dauby合作打造。海珍珠的外型是一個巨大的白色貝殼，內部呈現金黃色，高10公尺、寬16公尺、深達9公尺。貝殼內部有一個洞口，可以聽到海浪聲音。海珍珠除了是旗津的一大地標，更是亞洲最大的貝殼裝置藝術。

地：高雄市旗津海岸公園（近貝殼館停車場南側綠地）

高雄五大夜景速查

情人觀景台

觀景台分為上下兩層，上層有「我愛你」32種語言飾板，象徵愛無國界。下層有「LOVE」金屬招牌、獼猴石雕，代表愛情不同階段。觀景台可俯瞰高雄港、85大樓等景點。

地址：高雄市鼓山區忠義路30號
＊內文介紹→1-10頁

大港橋

大港橋是亞洲最長的跨港旋轉橋，串連了駁二特區、亞洲新灣區和高雄港棧庫群。在橋上取景拍照、欣賞流線型橋梁，再沿著碼頭散步，是拍拖約會的絕佳地點。

地址：高雄市鹽埕區輕軌駁二大義站
＊內文介紹→2-2頁

高雄燈塔

全台首座夜間開放的燈塔，位於旗津區旗后山頂，視野遼闊，可以俯瞰高雄港夜景。晚上燈塔亮燈後，呈現另一番浪漫風情。園區內還有一間純白咖啡店，可以在這裡享用輕食咖啡和觀賞夜景。

地址：高雄市旗津區旗下巷34號
＊內文介紹→9-4頁

高雄流行音樂中心

一個結合海洋文化和流行音樂的藝術園區，以海浪、珊瑚、海豚、鯨魚等海洋元素勾勒建築外觀。純白的主體建築，晚上亮燈後更加吸睛，是在地人的聚會和拍照勝地。

地址：高雄市鹽埕區輕軌駁二大義站
亮燈時間：7:00pm-11:00pm
＊內文介紹→2-2頁

愛河之心

愛河之心是高雄市愛河中上游的人工湖，耗資1.7億打造，由東湖與西湖構成，兩湖之間有一座心形的橋貫通。入夜後整座橋亮起燈光，可以搭船或漫步河畔，感受浪漫的河岸風光。

地址：高雄市鼓山區龍德路2號
＊內文介紹→8-3頁

無敵靚景歎咖啡
椰們餐旅

台鐵枋寮站下車步行約 7 分鐘

位於屏東縣枋寮鄉的海景餐廳，餐廳位於沿海路旁，臨海而建，可直接眺望無敵海景。店內有三層樓的用餐空間，裝潢以簡約俐落的線條、明亮的色調營造出舒適的氛圍。餐廳主打海鮮美食，例如碳烤鮮魚、鹽烤大蝦、海鮮奶油燉飯等意式料理。

地：屏東縣枋寮鄉沿海路17-1號 電：886-8-878-0123
時：11:00am-10:00pm fb：https://www.facebook.com/17coconut/

180度海景打卡熱點 MAP 15-6
茉莉灣海洋Cafe

台鐵屏東站下車，於屏東轉運站乘 1773 號公車至五空橋站下車步行約 10 分鐘

餐廳位於茉莉灣海景渡假酒店旁，擁有180度的海景視野，還有大片的戲水池和椰林大道。裝潢清爽簡約，有鞦韆和花椅的戶外座位區，可以坐在鞦韆上享用下午茶，感受海風吹拂。眼前的海景和椰子樹，彷彿置身峇里島，是網友們推薦的打卡地點。

地：屏東縣枋山鄉中山路三段61-2號 電：886-8-876-1220 時：9:00am-8:00pm fb：茉莉灣海洋Cafe

品嘗海洋風味 MAP 15-6
愛琴海岸咖啡

台鐵屏東站下車，於屏東轉運站乘 1773 號公車至五空橋站下車即達

位於屏東海岸的景觀餐廳，擁有戶外露天區、帳篷區、室內區，每個角度都有不同氛圍。除了純白天鵝、天使翅膀、大愛心等打卡裝置，還有帳篷座位和整排的白色圓型鞦韆，處處充滿驚喜。這裡視野極好，抬頭可見蔚藍晴空與白雲，是一種非常愜意的享受。菜單上的餐點選擇也不少，意粉、火鍋、炸物類通通有。

地：屏東縣枋山鄉枋山村中山路三段37號 時：8:00am-7:30pm；周六及日營業至8:00pm 費：最低消費NT100
電：886-982-327-261 網：shop1688.com.tw/aom20200528009

海景咖啡館 MAP 21-0
逅灣Hou Wan

恆春轉運站乘墾丁街車 101 號，於後灣站下車

逅灣位於屏東車城鄉後灣村，是一間提供日式點心和小吃的輕食咖啡店，例如烤麻糬、鯛魚燒、烤飯糰和糰子等。餐廳位於海邊，可直接眺望無敵海景，是放鬆心情、享受美食的好去處。如果你想欣賞日落海景，建議選擇二樓的座位，視野更開揚。

地：屏東縣車城鄉後灣村後灣路126-12號 時：11:30am-6:30pm；周二公休
fb：https://www.facebook.com/HouWan.360/

夕陽秘境 MAP 15-6
海龜咖啡

恆春轉運站乘墾丁街車 101A 號，於下萬里桐站下車即達

海龜咖啡不只是咖啡店，同時也是一家民宿，位於屏東的萬里桐漁村，不少浮潛過後的遊客都會到此歇腳。店內座位不多，約只有十多個，正門的單邊位可讓大家盡情放空發呆。在店裡喝一杯西西里檸檬咖啡，配上一件肉桂捲或巴斯克蛋糕，享受前方那一望無際的海洋，實在愜意。

蔚藍海岸線
愜意的環境真的讓人拍照拍到忘形。

地：屏東縣恆春鎮山海里萬里路18-3號 電：886-8-886-9707 時：1:00pm-6:30pm；周二公休 fb：海龜咖啡SeaTurtle Cafe

彩繪貨櫃屋 山男咖啡 MAP 15-6

恆春轉運站乘 307 號公車至山海國小站下車，或乘的士約 15 分鐘

店名是取自老闆娘與三男的諧音，也象徵著他們對山與海的熱愛。山男咖啡坐落在紅柴坑山上，擁有開揚的海景視野，可以遠眺恆春的山海漁港，這裡也是電影《海角七號》的取景地之一。店內裝飾別具一格，有彩色的壁畫、橙黃駱駝裝置、白色的貨櫃屋吊床以及整片的落地窗，在室內也能欣賞到蔚藍的海洋。山男咖啡提供各式咖啡、茶飲和鹹甜點心，每人低消一杯飲品，用餐限時90分鐘。

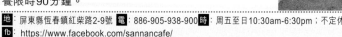

地：屏東縣恆春鎮紅柴路2-9號 電：886-905-938-900 時：周五至日10:30am-6:30pm；不定休
fb：https://www.facebook.com/sannancafe/

高 雄 市

高雄的發展可追溯至西元1680年代高雄港開埠，日治初期日本人有計畫地將高雄建設成小具規模的港口都市，大力整建高雄港成為現代化港口。隨著捷運的落成，高雄市內的交通變得四通八達，北上台中、台南市或南下墾丁都十分便利，高雄迅即成為台北以外港人最喜愛的遊點之一。

機場 > 高雄市區

高雄國際航空站

從香港國際機場出發，只需個多小時的機程便可直達南部高雄國際空港，交通往來十分方便。高雄國際機場全名為「高雄國際航空站」，又稱小港機場，建於日本統治年代，一共兩座，分別為國內航廈和國際航廈。

機場服務簡介

一般旅客在機場提取行李出閘後，便急忙找轉接的交通工具離開機場，其實，機場內有著不少方便旅客的服務，如電訊等照顧旅程所需，不用匆匆離去呢！

I. 在機場買電話卡

抵達高雄國際機場後，如還未有數據卡的可在機場大廳購買，方便在旅程中打電話預約訂位或聯絡當地包車公司。機場入境大廳設有台灣大哥大及中華電信公司的服務櫃台，提供3日、5日、7日等4G無限上網連指定通話費的電話數據卡，價錢由NT300至500不等。購買時需出示港澳護照、登機證及入台證。

地點：高雄小港國際機場入境大廳一樓
營業時間：每日8:00am-8:00pm
中華電信網頁：https://my.cht.com.tw/ServiceCenter

II. 旅客服務中心

專為旅客提供台灣資訊的旅客服務中心，位於機場國際航廈一樓入境大廳左側，提供全年無休的專業服務，現場有中、英、日語專業服務員，旅客可以查詢觀光旅遊、商務考察旅客旅遊景點介紹、出入境問題；同時也有代訂旅館、交通、受理旅遊糾紛協助處理、遺失物品協尋等服務項目！有甚麼行程上疑問可以問清楚才開始旅程！

地址：高雄小港國際機場入境大廳一樓
網頁：https://admin.taiwan.net.tw/Organize/Articles?a=195

III. 租車服務

租車服務相關電話			
公司名稱	機場櫃枱設置地址	電話	網址
和運租車股份有限公司	租車中心	886-7-807-0333	https://www.easyrent.com.tw/
格上汽車租賃股份有限公司	租車中心	886-7-802-2148	https://www.car-plus.com.tw

IV. 兌換台幣

抵達高雄入境大堂後，可找到台灣銀行及兆豐銀行櫃台兌換台幣。當地銀行兌換現鈔，匯率一般比較吸引，但每次均收取手續費。還要注意的是，機場的銀行有營業時間限制。若你搭的是夜機則可利用當地ATM提款，只要提款卡上有「銀聯」標誌，出發前透過E-banking或提款機開啓「海外提款功能」，並設定每日提款限額及生效期限，就可以輕鬆在台灣提取現金（每次提款需另付手續費）。

還未出閘便可見到台灣銀行，十分方便！

除可於台灣銀行兌換台幣外，閘外還設有另一家商業銀行提供服務，如果時間允許，不妨先比較兩家匯率！

台灣銀行

位置：國際航廈三樓出境大廳及一樓入境大廳
三樓出境大廳服務時間 :5:30am 至 4:30pm
一樓入境大廳服務時間 :9:00am 至 12:00mn
滙率查詢：https://rate.bot.com.tw/xrt?Lang=zh-TW

兆豐國際商業銀行

位置：國際航廈三樓出境大廳及一樓入境大廳
三樓出境大廳服務時間 :5:30am 至 5:00pm
一樓入境大廳服務時間 :9:00am 至 9:00pm
滙率查詢：https://www.megabank.com.tw/personal/foreign-service/forex

V. 行李寄存

台灣是美食王國，遊客在行程最後一天難免大包小包帶著手信回家。高雄機場與市中心僅半小時捷運車程，搭夜機的人可先到機場寄存行李，再輕鬆地遊高雄。如此一來，既不用趕回飯店取行李，也不用擔心趕不上班機。機場行李寄存費用不貴，一舉兩得。

1) 鳳凰行李服務公司

位置：國際航廈三樓出境大廳西側餐飲商店旁
時間：5:00am-8:00pm
電話：886-7-8063366
網頁：https://www.kia.gov.tw/Traveller/AirportService2/LuggageStorage.htm

2) 投幣式寄物櫃

大箱每次NT60，小箱每次NT40元，每3小時計次，保管期限最長為6天(144小時)。

位置：國際航廈三樓出境大廳東側商店旁、國內航廈行李託運處
時間：5:00am-12:00mn
電話：886-2-2725-3996

出發到高雄市區

1.捷運

高雄機場與捷運高雄國際機場站只有不足3分鐘步程，是最快出市區的方法！機場內指示十分充足，由捷運高雄國際機場站往高雄火車站約20至25分鐘，繁忙時段6分鐘一班，非繁忙時段10分鐘一班，自己可以好好計劃時間了！

2.的士往市區

國內線與國際線航廈出口便可見，一般出市區約15至20分鐘，如多人共乘的士較划算，也可直達飯店，市區的士收費NT85起錶，每次跳錶NT5。

3.機場巴士

高雄市巴士 紅3及12號都會途經高雄國際機場。巴士站於機場出口處，高雄市巴士劃一收費NT12，旅客記得自備零錢或使用一卡通，因為車上不設找續。

4.自駕遊

公路：小港機場前的中山路為10線道的大馬路，亦通往市中心。最近的高速公路出入口為國道1號中山高速公路末端中山路出口。另外經過機場北邊的省道台88線高雄潮州線到機場最直接的出入口為銜接高雄縣縣道183號的鳳山交流道。

高雄國際航空站

高雄捷運線分有兩條主線，分別為紅線和橘線，合共38站。市內特色景點集中於高雄車站、美麗島、三多商圈、西子灣、左營、中央公園等數站，由於站與站之間路程接近，故前往下一個站的車程約只需一分鐘多，紅線上R4是高雄國際機場站，直接連接機場，R11高雄車站可轉乘台鐵往南北兩地，隨著高鐵建成，無論北上或南下提供了多一個選擇給遊客，在捷運R16左營站便可轉乘了。

網頁：www.krtco.com.tw/

車票資訊

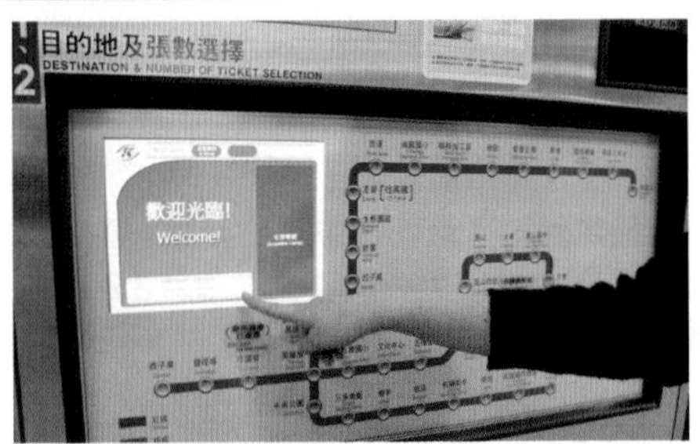

一次搭乘的車票，在自動售票機上輕按你想到的地方便可知道收費，按長遠距離不同，一般以NT20-25左右。

一次性車票是圓形的膠幣，入閘時只需放在感應器上，閘門便會自動打開，出閘時只需投入車票至入口處便可。

iPASS一卡通

去開台灣玩的朋友，通常都有一張悠遊卡傍身，避免滿袋「神沙」，上落交通工具又要逐個coin數諸多不便。不過如果到訪台灣南部或高墾而又未有悠遊卡的朋友，在南台灣選擇開iPASS會較方便，接受的商戶也較多。所以出機場後記得在iPASS專櫃或各大便利店開通一張iPASS。

iPASS(普通卡)

售價：NT100/ 張（不含加值金額）

販售據點：各機場及車站之一卡通服務中心、7-ELEVEN、全家等便利店

使用範圍：捷運(台北及高雄)、高雄公車、CityBike及貼有一卡通之商戶

使用優惠：高雄捷運85折 、高雄輕軌每程減NT10

增值及退卡：一卡通用戶可於各大便利店增值，數額為NT100或倍數；亦可於服務中心辦理退卡手續，取回卡內尚餘金額(NT100開卡費不可退還)

網頁：https://www.i-pass.com.tw/

高雄捷運圖

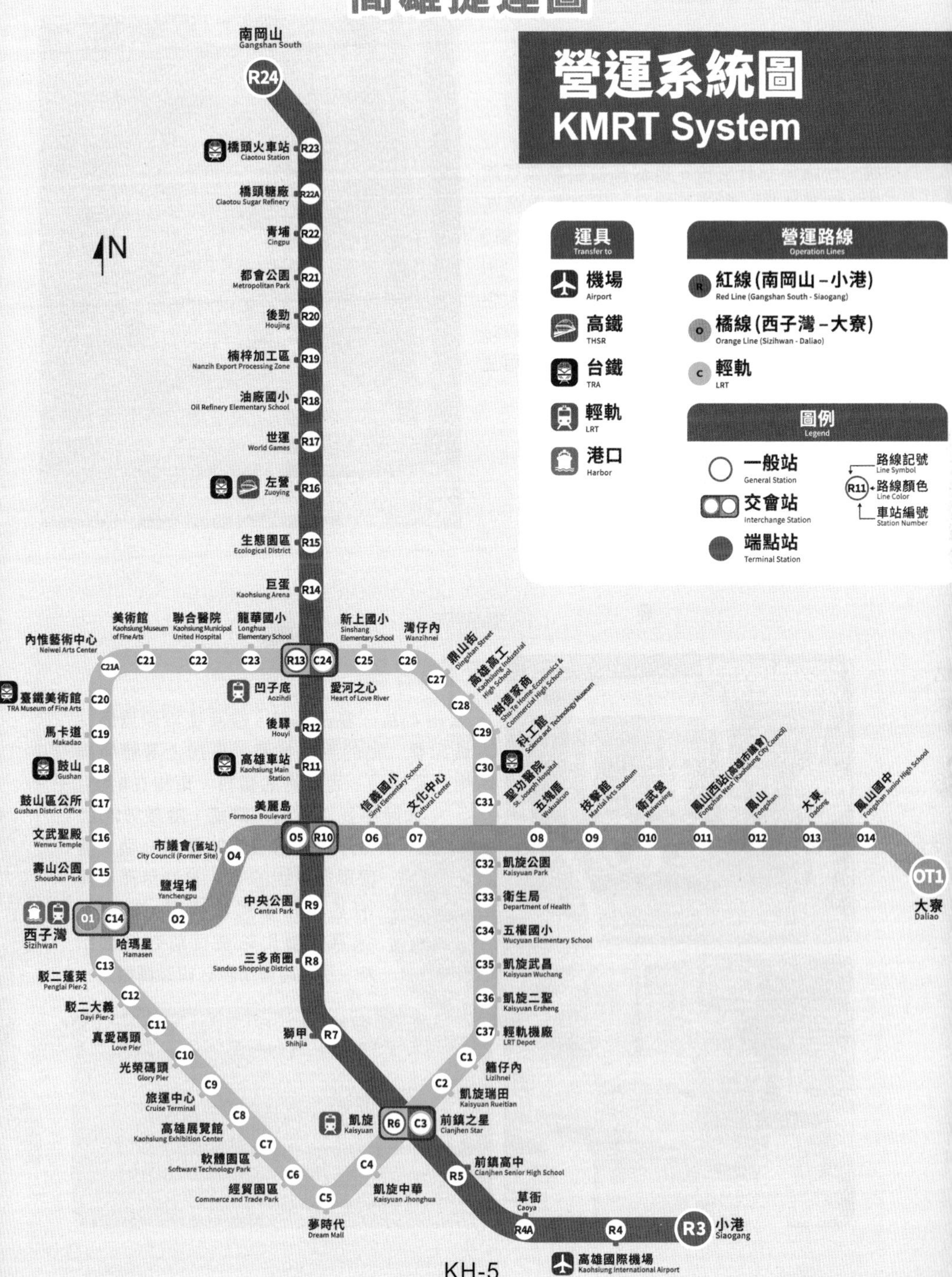

營運系統圖
KMRT System
運具
Transfer to
機場
Airport
高鐵
THSR
台鐵
TRA
輕軌
LRT
港口
Harbor
營運路線
Operation Lines
紅線(南岡山－小港)
Red Line (Gangshan South - Siaogang)
橘線(西子灣－大寮)
Orange Line (Sizihwan - Daliao)
輕軌
LRT
圖例
Legend
一般站
General Station
交會站
Interchange Station
端點站
Terminal Station
路線記號
Line Symbol
路線顏色
Line Color
車站編號
Station Number
N
南岡山 Gangshan South R24
橋頭火車站 Ciaotou Station R23
橋頭糖廠 Ciaotou Sugar Refinery R22A
青埔 Cingpu R22
都會公園 Metropolitan Park R21
後勁 Houjing R20
楠梓加工區 Nanzih Export Processing Zone R19
油廠國小 Oil Refinery Elementary School R18
世運 World Games R17
左營 Zuoying R16
生態園區 Ecological District R15
巨蛋 Kaohsiung Arena R14
R13 C24
凹子底 Aozihdi
愛河之心 Heart of Love River
後驛 Houyi R12
高雄車站 Kaohsiung Main Station R11
美麗島 Formosa Boulevard O5 R10
中央公園 Central Park R9
三多商圈 Sanduo Shopping District R8
獅甲 Shihjia R7
凱旋 Kaisyuan R6 C3
前鎮高中 Cianjhen Senior High School R5
草衙 Caoya R4A
高雄國際機場 Kaohsiung International Airport R4
小港 Siaogang R3
西子灣 Sizihwan O1 C14
鹽埕埔 Yanchengpu O2
市議會(舊址) City Council (Former Site) O4
信義國小 Sinyi Elementary School O6
文化中心 Cultural Center O7
五塊厝 Wukuaicuo O8
技擊館 Martial Arts Stadium O9
衛武營 Weiwuying O10
鳳山西站(高雄市議會) Fongshan West (Kaohsiung City Council) O11
鳳山 Fongshan O12
大東 Dadong O13
鳳山國中 Fongshan Junior High School O14
大寮 Daliao OT1
籬仔內 Lizihnei C1
凱旋瑞田 Kaisyuan Rueitian C2
前鎮之星 Cianjhen Star C3
凱旋中華 Kaisyuan Jhonghua C4
夢時代 Dream Mall C5
經貿園區 Commerce and Trade Park C6
軟體園區 Software Technology Park C7
高雄展覽館 Kaohsiung Exhibition Center C8
旅運中心 Cruise Terminal C9
光榮碼頭 Glory Pier C10
真愛碼頭 Love Pier C11
駁二大義 Dayi Pier-2 C12
駁二蓬萊 Penglai Pier-2 C13
哈瑪星 Hamasen
壽山公園 Shoushan Park C15
文武聖殿 Wenwu Temple C16
鼓山區公所 Gushan District Office C17
鼓山 Gushan C18
馬卡道 Makadao C19
臺鐵美術館 TRA Museum of Fine Arts C20
內惟藝術中心 Neiwei Arts Center C21A
美術館 Kaohsiung Museum of Fine Arts C21
聯合醫院 Kaohsiung Municipal United Hospital C22
龍華國小 Longhua Elementary School C23
新上國小 Sinshang Elementary School C25
灣仔內 Wanzihnei C26
鼎山街 Dingshan Street C27
高雄高工 Kaohsiung Industrial High School C28
樹德家商 Shu-Te Home-Economics & Commercial High School C29
科工館 Science and Technology Museum C30
聖功醫院 St. Joseph Hospital C31
凱旋公園 Kaisyuan Park C32
衛生局 Department of Health C33
五權國小 Wucyuan Elementary School C34
凱旋武昌 Kaisyuan Wuchang C35
凱旋二聖 Kaisyuan Ersheng C36
輕軌機廠 LRT Depot C37

高雄捷運 & 輕軌

高雄輕軌是一個環狀路線，全長22.1公里，設有38個車站，與高雄捷運橘線、紅線、台鐵等都有交會。自從高雄輕軌美術館C21站開通後一直備受矚目，因其路軌旁有許多小葉欖仁樹，宛如宮崎駿動畫《龍貓》裡的龍貓隧道。如今輕軌已經全線通車，形成了一條環繞南、北高雄的環狀路線。它不僅是全台首座環狀系統，C24愛河之心站至C32凱旋公園站的周邊更種有318棵雨豆樹，被稱為「綠巨人隧道」。

時間：6:30am-10:00pm（每 10 至 15 分鐘一班）
車費：單程 NT20-35
網頁：https://www.krtc.com.tw/KLRT/

高雄美術館旁的龍貓隧道，有上百棵的小葉欖仁，成為輕軌亮點。

蜜柑站長

蜜柑本為一隻流浪貓，被高捷橋頭糖廠站人員認養；牠的毛色橘亮，再加上身體蜷縮時像一顆橘子，因此得名蜜柑。蜜柑在5個月大時接受過新員工訓練，隨後於2022年9月正式擔任「站長」一職，擄獲眾多車迷的心。2023年高捷再打造蜜柑號彩繪列車，延續高人氣。蜜柑站長目前在總部出差，不定時會出現在橋頭糖廠站。

高雄輕軌「蜜柑號」穿梭在龍貓隧道中。

蜜柑站長每次值勤現身，總有大批粉絲前往探班。

蜜柑（ミカン）站長值勤表

平日：周三至五 12:00nn-5:00pm
假日：周六及日 10:30am-5:30pm
休假日：周一及二
☆實際執勤時間依喵主子心情調整
溫提：探班不拍打櫥窗、不開閃光燈、不打擾蜜柑睡覺
交通：捷運紅線 R22A 橋頭糖廠站（近 2 號出口）
IG：https://www.instagram.com/krtcmikan/

高雄市內交通

巴士

除了捷運，高雄市亦有大量巴士行走市區及高雄縣各處，共有208條公車路線，其中44條是捷運接駁巴士路線(紅線34條、橘線10條)，每段全票NT12，小童NT6，由多間公司經營。乘客可上車付現金或拍悠遊卡。

高雄客運：https://ksbus.com.tw/main.asp

的士

高雄市內的士起跳(首1.5公里)NT85，之後每200公尺NT5，晚上11時至翌朝6時加2成。如租用觀光計程車一般4小時以內NT2,400，4小時以後每增加1小時加收NT500，但實際收費以司機商議後作準。

輪船

高雄市近海，輪船是熱門的遊覽交通工具。遊客最常乘坐的應是愛河愛之船及往返鼓山至旗津的公共渡輪航線。

愛河太陽能愛之船：

票價	成人 NT150，小童 NT80
營業時間	平日 3:00pm-10:00pm；周六至 11:00pm
航行範圍	真愛碼頭→高雄港區→高雄橋→中正橋
登船地點	愛之船國賓站
航行時間	約 25 分鐘

鼓山至旗津渡輪：

票價	成人 NT30，小童 NT15
營業時間	鼓山往旗津 5:00am- 翌晨 2:00am 旗津往鼓山 5:15am- 翌晨 2:00am
航行範圍	鼓山─旗津
登船地點	鼓山輪渡站、旗津輪渡站
航行時間	約 5 分鐘

網頁：https://kcs.kcg.gov.tw/

高雄市行政區劃
楠梓區
左營區
鼓山區
三民區
鹽埕區
新興區
前金區
苓雅區
前鎮區
旗津區
小港區
高雄分區圖

高雄市廣域圖

MAP KH-9

捷運橘線

Orange Line (KMRT)

MAP 1-1
西子灣
Google Map 下載
01.打狗鐵道故事館 1-2
02.打狗英國領事館 1-3
03.Moon月鯉灣景觀咖啡 1-4
07.武德殿 1-7
08.鼓山渡輪站 1-7
09.林媽媽香雞排 1-8
10.萬全肉圓米糕 1-8
11.Uncle TACO 1-9
12.哈瑪星汕頭麵 1-9
13.渡船頭海之冰 1-10
14.情人觀景台 1-10
15.吳師傅魯味 1-11
16.蘇阿嬤雞蛋酥 1-11
鼓山魚市場 F1-1
登山街60巷 F2-7
A
B
C
D
1
2
3
4
5
翠嶺道
登山街60巷
萬壽路
興國路
高雄自來水廠
壽山淨水池
登山街
千光路
臨海三路
鼓山一路
哈瑪星
西子灣
出1
出2
哨船街
西子灣釣蝦休閒廣場
哨船街77巷
濱海二路
濱海一路
鼓元街
鼓南街
鼓波街
延平街
麗雄街
捷興二街
捷興一街
鼓山魚市場
濱海一路57巷3弄
安船街
安船街30巷
安海街
哨船街7巷
北

細説當年故事 01

舊打狗驛故事館

Map1-1/ D3

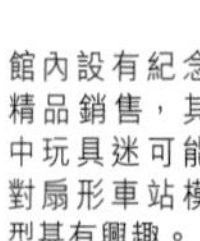

高捷西子灣站 2 號出口

從前的高雄港，又名為打狗港，受惠日本人興建了縱貫鐵道。打狗港的經濟開始起飛，也因此打通了高雄對外貿易的渠道，在縱貫鐵道打通後，第一代的打狗停車場(即打狗火車站)便正式運作，並興建頗具規模的調車場、扇形車庫、儲煤槽、旅客月台、天橋和站房等設施。

今天，打狗火車站已經停用，但市政府為了讓下一代也能夠了解當年歷史，故在哈馬星區建立打狗鐵路故事館，除了展出當年景觀和物品外，更重現台灣最大貨運車站的規模，把當年完整的車站面貌，與及真實的火車，一一重現眼前。

館內設有紀念精品銷售，其中玩具迷可能對扇形車站模型甚有興趣。

昔日舊式老火車停泊在鐵道上，讓遊客拍照。

館內除展示室，館外把也放了多部老火車和運輸火車。

館外的月台預留大片草地。

INFO

高雄市鼓山區鼓山一路 32 號 | 886-7-531-6209 | 周二至日 10:00am-6:00pm；周一公休 | trm.tw/visit | 免費

為甚麼叫做「打狗」呢？

打狗是高雄市的舊地名，源於居住在此的平埔族人的方言（Takau），意為「竹林」，漢人將其音譯為「打狗」。台鐵高雄港線停駛後，2010年正式改為打狗鐵道故事館，2017年10月再改名為舊打狗驛故事館。

Map1-1/ A5

遠望高雄港全景！打狗英國領事館 02

高捷西子灣站 2 號出口，轉乘哈馬星觀光巴士前往

英國領事館位於哨船頭山丘上，是哈馬星區內一座舉足輕重的地標，至今已超越150年歷史，英國人在1855年大興土木建立高雄港，並於1863年建立此領事館，專門管理稅務。

館內設有六間陳列室，把高雄區從人文、歷史、地理得背景一一展示給遊客。領事館亦盡量把英國人的文化和傳統一一保留，在古蹟場域中設有咖啡餐廳，面向著美麗的高雄港景色，歎著香濃咖啡和英式雪糕，實在是一個好享受！

領事館位於山丘上，居高臨下，可飽覽高雄港景色，高雄85大樓、夢時代摩天輪，形成一幅美麗圖畫。

圓拱形的建築設計現今已幾乎不能復見，現博物館已成為二級古蹟之一！

免費導賞團

集合地點	山上領事官邸 (大門前紅色郵筒)	山下辦公室 (後花園廣場)
集合時間	10:00am、2:00pm、4:00pm	11:00am、3:00pm、5:00pm
導覽時間	約 30 分鐘	
預約電話	886-7-525-0100/ 886-7-531-4170 * 一星期前電話預約	

INFO

高雄市鼓山區蓮海路 20 號　電話：886-7-525-0100 | 成人 NT99，小童 NT49 | 周一至五 10:00am-7:00pm、周六及日 9:00am-7:00pm；周三休息 | https://britishconsulate.kcg.gov.tw/

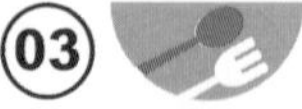

歎海岸靚景 03

Moon 月鯉灣景觀咖啡

Map1-1/ B5

高捷西子灣站步行約 7 分鐘

Moon 月鯉灣景觀咖啡廳是一家來自澎湖的人氣沙灘吧，位於鼓山魚市場戶外草皮區，擁有海景第一排的海岸露天座位躺椅，提供絕美的高雄港灣景色，環境非常適合觀賞夕陽，夜晚點上燈光，更顯浪漫。白天可以點杯氣泡飲或茶飲，晚上則有調酒供應，可以跟朋友小酌幾杯。

INFO

鼓山區濱海一路 57 巷 3 弄 81 號 | 5:00pm-12:30am | mooncafeingushan

高雄八景

Map1-5

西子灣海水浴場 04

高捷西子灣站轉乘的士車程約 10 分鐘

西子灣的夕陽素有高雄八景之美譽，來到海水浴場，海天一色的景致更是美不勝收。西子灣海水浴場是高雄市兩座海水浴場之一，由於屬私營，所以進內需付入場費。沙灘休閒設施齊全，除了香蕉船、水上摩托這些經典水上活動外，也有特技飛艇、軟式衝浪板、魚雷火箭等新穎遊戲，玩完一輪後，可欣賞太陽西下。

沙灘邊有一家名為陽光玻璃屋的餐廳，夏天很受歡迎，擠滿滑浪玩水的遊客。

西子灣是黑沙海灘，而且種植了 200 棵椰子樹，椰林樹影景致迷人。

INFO

高雄市鼓山區蓮海路 51 號 | 886-7-525-0005 | 10:00am-4:00pm | NT100 | http：//www.seasbay.com.tw/

浪漫的見證 05
西子灣城垛情人座

高捷西子灣站轉乘的士車程約 10 分鐘

西子灣北部北臨萬壽山，南瀕旗津半島，是一處以天然礁石及夕陽美景聞名的港灣，西子灣城垛情人座是欣賞日落的最佳位置，每當黃昏時分，夕陽西下之時，把廣闊的海面鋪上了一層金黃色的色彩，更是目不暇給。現場可見到不少年輕男女，雙雙對對的情侶攜手觀看這幅圖畫一般的景色。而附近便是擁有有全台灣最美景色大學之稱的中山大學，能夠在這樣迷人的環境下學習，不知道是可以令學習興趣提升，還是更加分神呢！

INFO

高雄市鼓山區蓮海路

全台灣第二大規模

壽山動物園

高捷鹽埕埔站 4 號出口，走至五福四路華南銀行前轉搭 56 號公車即達

前西子灣動物園搬遷至壽山後，改稱為壽山動物園，在台灣動物園中規模屬第二大。動物園三面環山，園方善用地形、溝壕、岩石和木柱等，圈出不同的動物區域，以半開放形式展示80餘種，達1,200多隻的動物，當中還有瀕臨絕種的台灣本土野生動物——台灣黑熊、石虎等。另外，園內還有兒童牧場，提供放牧及餵養體驗，而親水廣場更是夏日親子同遊的好地方。

INFO

高雄市鼓山區萬壽路 350 號 | 886-7-521-5187 | 9:00am-5:00pm；周一公休；動物餵食體驗：周二至日 10:00am-11:00am、2:00pm-3:00p | http://zoo.kcg.gov.tw/ | 入場費成人 NT 40、學生及小童 NT 20

體驗日本劍道的藝術

武德殿 07  Map1-1/ C2

 高捷西子灣站 2 號出口，轉乘哈馬星觀光巴士前往

武德殿是台灣一個古蹟活化的好例子，在日治時期武德殿定期舉辦演武大會，日本人藉此宣揚武道文化，所謂「武道」，就是包括了日本劍道、柔道與弓道等日本傳統武藝。今天，武德殿不僅具有運動競技場的功能，亦是修養身心磨練意志的修行場所，除了展示文化與劍道的武術歷史演藝空間，也十分適合攝影愛好者在此捕捉稍縱即逝的鏡頭。

殿內展示劍道、柔道、表演藝術之作品，每周定日、定時舉行武道、花道、書道、茶道等日本文化示範和表演，已經是哈馬星區一個很有特色的景點之一。

INFO

高雄市鼓山區登山街 36 號 | 886-7-531-7382 | 周二至日 10:00am-6:00pm；周一公休 | 免費

通往旗津之門

鼓山渡輪站 08 Map1-1/ B4

 高捷西子灣站 2 號出口，轉乘哈馬星觀光巴士至鼓山魚市場（渡輪站）即達

高雄鼓山區往旗津，坐渡輪是一個最快捷的方法。鼓山渡輪的特色，是會接載電單車，對香港人來說，看到一個又一個電單車司機連人帶車衝上船內，可算是一個奇觀。

往旗津的航程約只需要5分鐘，無論白天與黑夜景色都同樣迷人，在航程中可先看到往西子灣，經過哨船頭公園、85大 樓、 漁 人碼頭以及新濱軍用碼頭，在新濱軍用碼頭更隨時出現軍艦和潛艇呢！

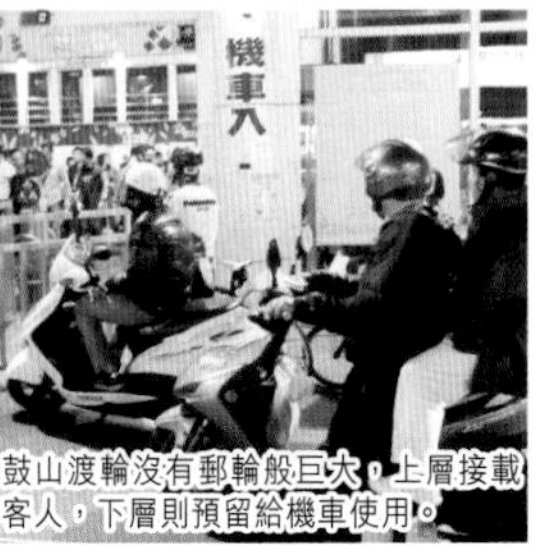

鼓山渡輪沒有郵輪般巨大，上層接載客人，下層則預留給機車使用。

INFO

高雄市鼓山區濱海二路 | 886-7-551-4316 | NT40 | 5:00am-2:00am

在黃色的燈光下，炸好的雞排、雞腿更顯得香酥可口，香氣逼人。

鮮嫩香口

林媽媽香雞排 ⑨

Map1-1/ B3

捷運西子灣站 1 號出口步行 10 分鐘即達

林媽媽香雞排非常受當地居民的喜愛，特別是附近的中山大學生，除了價格實在之外，開到凌晨一點也是頗適合學生的作息，更重要的是東西好吃又便宜，讓人覺得性價比高，有些學生甚至把雞排當正餐吃。

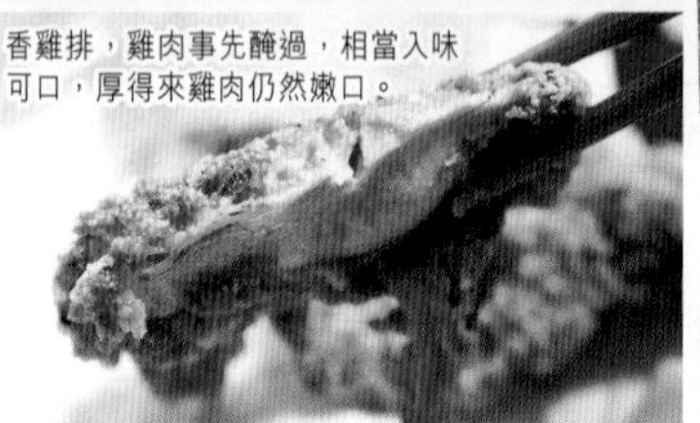
香雞排，雞肉事先醃過，相當入味可口，厚得來雞肉仍然嫩口。

雞翅，相當大一塊的雞翅，有一部分是靠近雞胸肉。

INFO

高雄市鼓山區鼓元街 100 號 | 886-7-561-4998 | 6:00am- 翌日 2:00am

熱情小吃店

萬全肉圓米糕 ⑩

Map1-1/ C4

高捷西子灣站 1 號出口步行 5 分鐘即達

已經有四十年歷史的萬全肉圓，就位於鼓山渡船頭附近的臨海一路三角窗營業，是鼓山區家喻戶曉的小吃店，同時也吸引了媒體爭相報道介紹。老店賣的東西不多，肉圓與米糕是招牌外，香菇肉羹、四神湯似乎也不錯，難得的是縱使忙得團團轉，老闆對客人仍然熱情有加，令人窩心。

肉圓的外皮以純米製作，口感呈現軟黏的模樣。

很有古早味的米糕，淋了肉燥和肉鬆更加惹味。

滷鴨蛋、貢丸，鴨蛋的蛋黃確實比雞蛋來得香醇順口，貢丸超大顆很有彈性，滷得很入味。

INFO

高雄市鼓山區臨海一路 1 號 | 886-7-533-0498 | 6:00am-5:30pm

值得支持的良心企業 Map1-1/ C3

Uncle TACO's Handmade Pizza ⑪

高捷西子灣站 1 號出口步行 8 分鐘

這裡薄餅的款式多到嚇死你，由大路的海鮮及夏威夷Pizza，到獨一無二的松阪豬、小牛排，甚至是甜味的Oreo、烤棉花糖及洛神蔓越莓都可以找到。餐廳還不時舉辦免費的披薩製作體驗活動，以回饋社會，值得全力支持。

INFO

高雄市鼓山區鼓波街 35-2 號 | 886-7-561-0100 | 11:00am-12:00mn；周一公休 | pizza.tacototoro.idv.tw

懷舊豬油拌麵 Map1-1/ C3

哈瑪星汕頭麵 ⑫

高捷西子灣站 1 號出口步行 10 分鐘即達

代天宮廣場前有許多小吃攤林立，宛如形成一個小夜市一般，相當熱鬧。當中有經營超過60年的哈瑪星汕頭麵。店家屬於懷舊口味的豬油拌油蔥麵，雖然沒有花俏的裝潢與用餐環境，口味樸實中帶點濃郁的香氣，是當地人心中喜愛的家常麵。

旁邊還有滷味可以自選，選好後交給店家即可。

豬腳湯麵，超大的豬腳佔據了碗一大半位置，豬腳的外皮並沒有滷得油亮，只是吃起來皮很彈。

乾麵，麵條以簡單的豬肉片與豆芽菜、韭菜來搭配，經過拌一拌之後，香氣慢慢飄散出來。

INFO

高雄市鼓山區鼓波街 27-16 號 | 886-7-532-3228 | 10:00am-6:00pm | https://www.facebook.com/HaMaXing-ShanTouMianlu

King Size份量
渡船頭海之冰

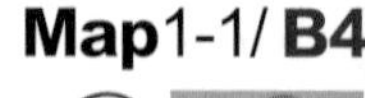

高捷西子灣站 1 號出口，往鼓山渡輪站前方直走約 8 分鐘

以一個大字來形容這家人氣冰品絕對合適不過，不僅是店的面積大，就連這裡的冰品也以「大」為之著名。

招牌食品海之冰，在點餐時只需寫上食用人數，店主便會自動按客人落單的人數倍增，如2人一起食用，只需寫上x2，店主便會把兩倍份量的海之冰送到跟前，如果10人享用的話，場面可謂十分震撼！

INFO

高雄市鼓山區濱海一路 76 號 | 886-7-551-3773 | 11:00am-11:00pm；周一公休

欣賞浪漫夜景
Map1-1/ D2

情人觀景台

乘 56 路公車（高雄火車站至壽山動物園）在情人觀景台站下車，或於西子灣站轉乘的士約 15 分鐘即達

高雄「愛」字派的景點，除了愛河及真愛碼頭外，在壽山也有一處情人觀景台。觀景台坐落於傳統景點忠烈祠附近，除了LOVE四個大字，旁邊的觀景台亦寫上32個國家文字的「我愛你」，感覺就像被幸福包圍。由於居高臨下，在觀景台也能把高雄市及高雄港一覽無遺，無論日景、黃昏及夜景，同樣令人心醉。

INFO

高雄市鼓山區忠義路 30 號

具南洋口味的滷味！

Map1-1/ B4

吳師傅魯味 ⑮

高捷西子灣站步行約 8 分鐘

本來位於墾丁大街的總店，由於太受南台灣朋友歡迎，故在鼓山開了分店，吳師傅魯味能做到街知巷聞，其獨門滷汁與辣醬可謂居功至偉。

據説吳師傅魯味的汁是加入十多種中藥材，以及東南亞香料和黑豆醬油調製而成，吃起來不會太鹹，口味不太重，反而是清淡中帶些香甜，好吃！

可供選擇的食物款式不少，一些特色的食物如雞屁股，喜好可隨意挑選

INFO

高雄市鼓山區濱海一路 83 號 | 886-7-531-6350 | 3:30pm-1:00am

1963年的老味道

蘇阿嬤雞蛋酥

Map1-1/ B4

高捷西子灣站步行約 8 分鐘

人氣排隊小吃雞蛋酥，是一家由1963年已經開始經營的老店，在鼓山可謂無人不識，外表像一個厚厚的冬甩，炸得金黃，咬下去感覺有美式冬甩與中式炸甜圈的口感，富有很香的雞蛋味，十分特別。可以在鼓山渡輪一邊吃一邊看風景喔！

一個個金黃的雞蛋酥，新鮮炸起外脆內軟。

INFO

高雄市鼓山區濱海一路 96 號 | 886-955-972-771 | 周一至三及五 1:00pm-7:00pm；周六及日 12:00nn-8:00pm；周四公休 | NT15

MAP 2-0
鹽埕埔
北
01.高雄港 2-1
02.大港橋 2-2
03.高雄流行音樂中心 2-2
04.棧貳庫KW2 2-3
05.駁二藝術特區 2-4
06.哈瑪星台灣鐵路館 2-6
07.NOW & THEN by nybc 2-7
08.椅子樂譜 2-7
09.樹 • Go eat 2-8
10.京華餐廳 2-8
11.孫家肉粽 2-9
12.阿綿手工麻糬 (鹽埕店) 2-9
13.高雄婆婆冰 2-10
14.堀江麵店 2-10
15.大胖碳烤三明治 2-11
16.小西門燉肉飯 (鹽埕總店) 2-11
17.Booking書店 2-12
18.双妃奶茶 2-12
19.田記豆漿 (總店) 2-13
20.樂卡咪長腳麵專賣店 2-13
21.木屋家常料理 2-14
22.港園牛肉麵館 2-14
23.香蕉碼頭 2-15
24.黛麗莎餐廳 2-16
25.冬粉王 2-16
Wooderful life 森活木趣 F2-5
文武聖殿
壽山公園
鹽埕埔
駁二蓬萊
駁二大義
高雄市政府警察局
鹽埕國小
打狗鐵道故事館
高雄港港史館
內政部消防署
捷運橘線
Google Map 下載
Wooderful life 森活木趣

Map2-0/ B5 01

暢遊台灣第一大海港
高雄港

高捷西子灣站 2 號出口步行約 6 分鐘

高雄港是台灣最大的國際港埠，水深達16公尺，能容納10萬噸級的大型船隻。高雄港不僅身兼商港和軍港，也是當地的重要觀光勝地。遊客可以乘觀光船遊覽整個高雄港，沿途欣賞流行音樂中心、駁二藝術特區、85樓、大港橋等地標，以不同的角度飽覽河岸風光。

INFO

高雄市高雄港

史努比 × 旗福二號，逢周二、四、六啓航。

搭船遊高雄港
海上巴士

航線來回鼓山和旗津，中間停棧貳庫。棧貳庫是高雄港的文創空間，也是近年新亮點。航程中可欣賞多個景點，如香蕉碼頭、鐵道故事館、西子灣、旗津老街等，感受港灣魅力。

鼓山→棧貳→庫旗津

登船地點

鼓山輪渡站：鼓山魚市場候船室候船
旗津輪渡站：旗津第二候船室室候船
棧貳庫：白色旋轉木馬旁（躉船前）候船
網頁：https://kcs.kcg.gov.tw/

航行路線	鼓山→棧貳庫	棧貳庫→旗津	旗津→棧貳庫	棧貳庫→鼓山
平日	1:00pm-4:00pm	1:15pm-4:15pm	1:30pm-4:30pm	1:45pm-4:45pm
假日	1:00pm-7:00pm	1:15pm-7:15pm	1:30pm-7:30pm	1:45pm-7:45pm
班次	每隔一小時一班船			
船號	周一、三、五、日：咒術迴戰 × 旗福一號 周二、四、六：史努比 × 旗福二號			
票價	每隔一小時一班船			

水平旋轉橋

大港橋

Map2-0/ C5

02

高捷鹽埕埔站 1 號出口步行約 9 分鐘，或乘輕軌駁二大義站即達

以往進出駁二、大港倉，都需要繞路而行。自從2020年大港橋啓用後，大大縮短了兩者距離。大港橋是亞洲最長的跨港旋轉橋，全長110公尺，連接了高雄流行音樂中心、駁二藝術特區和棧庫群的兩岸。大港橋外觀以貝殼和海豚為設計靈感，每日下午3點和周五六日晚上7點會進行開合秀，橋身進行旋轉開啟與閉合，吸引許多遊客觀賞。大港橋也是高雄港水岸觀光廊道的重要一環，可以欣賞高雄港的美景和夕陽，成為高雄市的地標。

純白大港橋像極了橫跨在高雄港的一艘大帆船。

最佳拍攝點！

駁二塔是登高望大港橋的最佳觀景台，入場需投入NT10硬幣，步上五層高的塔頂確實有點吃力，但可眺望高雄港與駁二特區的周邊景致。

INFO

高雄市鼓山區大港橋 | 24 小時 | https://www.facebook.com/GreatHarborBridge/

高雄音樂地標

高雄流行音樂中心 03

Map2-2

「音浪塔」以海浪的高低起伏作為外觀設計。

高雄輕軌真愛碼頭站下車

高雄流行音樂中心是全台唯一臨港倉庫音樂空間，由西班牙團隊以海洋為創作靈感，設計出六角形拼疊的特殊建築，奪下全球卓越建設獎 - 公部門基礎建設類金獎。園區其中四個區域分別以鯨魚、海豚、珊瑚及巨浪的形態而創作，提供室內外的展演空間、文創商業區和觀光休憩區。它是南台灣流行音樂的核心，培育音樂人才和產業，也舉辦各種音樂活動和頒獎典禮，成為國際型的音樂地標。

高雄流行音樂中心橫跨愛河兩岸，成為高雄地標之一。

晚上搭配的燈光更是耀眼奪目。

INFO

高雄市鹽埕區真愛路 1 號 | 周二至日 10:00am-10:00pm；周一公休 | https://kpmc.com.tw/

高雄最新活化老倉庫 Map2-0/ B5

棧貳庫 KW2 04

高捷西子灣站 2 號出口步行約 10 分鐘；高雄輕軌駁二蓬萊站步行 5 分鐘

高雄活化古蹟非常有一手，駁二藝術特區已是非常成功的例子。在駁二附近的棧貳庫，前身為日本人於1914年興建之磚牆瓦頂單層倉庫，亦於2018年活化後重新開放，成為高雄最新的文創基地。棧貳庫佔超過1,700坪，匯集30個文創與餐飲品牌進駐，打造集展覽、購物、餐飲美食及消閒於一身，成為近期高雄矚目的新景點。

INFO

高雄市鼓山區蓬萊路 17 號（香蕉碼頭旁）| 886 7-531-8568 | 周日至周四 10:00am-9:00pm；周五及周六 10:00am-10:00pm | https://www.kw2.com.tw/

吃貨推介

小紅麵店

紅燒牛肉麵 NT160

店內牛肉都是使用台灣土產溫體牛作主打，招牌菜是紅燒牛肉麵。有別於傳統牛肉麵店重鹹重油烹調方式，湯頭清澈且多了一點油蔥香味，與軟嫩的牛肉更是完美配搭。

INFO

886-7-335-3606 | 周日至周四 10:00am-9:00pm；周五及周六 10:00am-10:00pm | 小紅麵店

比爾比夫阿根廷烤肉

棧貳庫其中一間海島風情餐廳，主打阿根廷風味的烤肉。一整片藍白色戶外座椅加上海港景色，讓人有種置身於地中海的浪漫感覺。晚上氣氛燈光也非常愜意，躺在沙發上品嘗一杯雞尾酒，彷彿秒飛海島度假。

INFO

886-986-269-988 | 周一至五 4:00pm-11:00pm；周六及日 12:00nn-11:00pm 或 12:00mn | https://www.facebook.com/beerbeefkh2pier/

掌門精釀啤酒餐廳

餐廳提供意法料理和36種精釀啤酒，都是自家的釀酒師和酵母農場製作，啤酒全是手工釀造和小量生產的。店內裝潢為美式工業風，外面也有座位可以坐。傍晚時可以吹著海風及欣賞夕陽，喝著啤酒，感受城市慢活的步調。

INFO

886-7-551-7799 | 11:30am-9:30pm | http://www.zhangmen.co/

大義倉庫共有6棟建築，為自成一格的職人藝術街區。

Map2-0/ C4

不懂藝術也要去！

駁二藝術特區 05

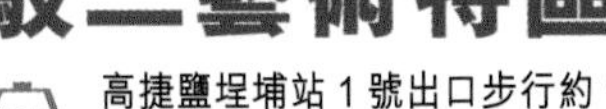

高捷鹽埕埔站 1 號出口步行約 10 分鐘；
或高雄輕軌駁二蓬萊站出站即達

位於舊碼頭倉庫的駁二，高雄市政府活用了寶貴的舊物資源，過去貯存魚粉與砂糖，供應港口川流的倉庫，現在轉眼一變，建成了一個既有特色，又有藝術風格的地方。

駁二倉庫由2006年正式啟用，由數個不同倉庫組合而成，包括大義倉庫、大勇倉庫及蓬萊倉庫，透過水岸輕軌串連起來。各區的裝置藝術、餐廳及特色商店應有盡有。每個倉庫經過特別塗鴉和設計，擺放了各式各樣的藝術品，由3D畫至大型的機械人藝術品均可看到，精彩的藝術品必能令你譁然！

可愛造型的藝術品隨處可見！

變形金剛高約3層樓、重達2噸，是園區必拍的裝置。

INFO

高雄市鹽埕區大勇路 1 號 | 886-7-521-4899、886-7-521-4881 | 周一至四 10:00am-6:00pm；周五至日 10:00am-8:00pm | https://pier2.org/ | 免費入場

駁二藝術特區特色商戶

誠品書店

全台唯一波堤造型水泥書桌，充分展現南方港都特色，這是一間結合閱讀與海港多元特色的書店。

營業時間：11:00am-9:00pm
電話：886-7-963-1200

C6-4倉庫 趣活 in STAGE

趣活Cheer for為台灣首家複合式設計師概念店，推廣台灣上萬種原創設計師商品，旗艦店更設置趣活咖啡提供多種趣味時尚輕食料理。

營業時間：10:00am-7:00pm，周六至日或假日至 9:00pm
電話：886-7-531-0188

C6-5倉庫 有酒窩的 lulu 貓雜貨舖

博物館與雜貨舖的混合體，放置大量古老玩具和古董收藏，是懷古尋寶的好地方。

營業時間：1:30pm-6:30pm，周一及二公休
電話：886-7-521-7312

C6-10倉庫 禮拜文房具

店裡提供的商品以歐洲、美國與日本的文具為主，較多是具有悠久歷史的品牌，功能與美學並重，且經得起時間考驗的經典文具。

營業時間：周三至五 1:00pm-7:00pm；
周六及日 11:00am-7:00pm；周一及二公休
電話：886-7-521-6823

C6-11倉庫 典藏駁二餐廳 ARTCO.C6

餐廳結合藝術與美食，店內陳列著油畫、木雕和紙雕藝術品。店內使用新鮮的食材，融合台式和意大利美食風格。餐廳的環境寬敞舒適，入口處就有令人驚艷的裝置藝術和畫作，營造出一種低調奢華感。

營業時間：周一至四 11:30am-9:00pm；周五至日 11:30am-4:30pm、5:30pm-10:00pm；周二公休
低消：NT250　　網頁：https://dining.artouch.com/artcoc6/

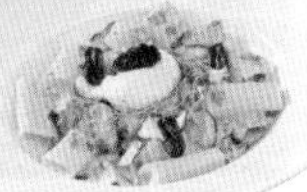

館內為亞洲最大的HO軌立體模型，總長度逾2公里，軌道達2千多條，涵蓋台灣南北縱貫4大線。

鐵路控天堂 06

哈瑪星台灣鐵路館

高捷鹽埕埔站 1 號出口步行約 10 分鐘；或高雄輕軌駁二蓬萊站出站即達

「哈瑪星台灣鐵道館」位於駁二藝術特區蓬萊倉庫，以1：87比例的鐵道場景、軌道與火車模型，結合劇場聲光效果，展示台灣鐵道百年發展軌跡。場館分三大展區，一號館介紹火車的結構及世界各地火車風光，二號館展示全台各地的鐵路場景模型，包括彰化著名的扇形火車庫、平溪支線及阿里山林鐵等。三號展區為哈瑪星駁二線，展出多部珍罕的火車頭，遊客更可乘迷你小火車暢遊展館。

必玩迷你小火車！

迷你小火車是館內的一大特色，全長約200公尺，行駛於全台首創第一條固定式五英吋鐵道上，等比復刻電力火車奔馳於駁二蓬萊倉庫園區，運行一次約8分鐘。小火車的車廂可容納30人，速度剛剛好，很適合親子同樂。

INFO

駁二特區蓬萊 B7、B8 倉庫 (高雄市鼓山區蓬萊路 99 號) | 886-7-521-8900 | 10:00am-6:00pm；周五至周日或假日至 7:00pm；周二公休 | https://www.facebook.com/B8Warehouse | 成人 NT219，小童 NT169

老倉庫X新型咖啡廳 07 Map2-0/ D5

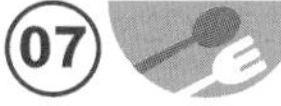

NOW & THEN by nybc

高捷鹽埕埔站 1 號出口步行約 10 分鐘；或高雄輕軌大義倉庫站下車

古老的駁二大義倉庫內，有一間新潮型格的工業風 café，為旅客提供新穎的早午餐及特調創意咖啡。店內空間寬敞，善用高佻的樓底劃出樓中樓的設計，配上raw風的裝潢，絕對是拍照的良點之一。而吧檯櫥窗內則放了每日新鮮製作的貝果、麵包及蛋糕等甜點，日日款式都不同，可自行向店員點選。

店內的早午餐款式豐富，用料十足。

夢幻巴黎女郎冰咖啡，把西瓜與咖啡混合一起的創意咖啡，非常適合夏天飲用。

INFO

駁二藝術特區大義倉庫 C9-19 | 886-7-531-6999 | 12:30nn-8:00pm | www.facebook.com/nowandthenbynybc/

椅子亂舞 Map2-0/ D5

椅子樂譜 08

高雄輕軌駁二大義站步行約 3 分鐘

藝術品由校園收集了過千張舊木椅子堆砌而成，每張椅背上都刻有高雄中、小學校名字，遠看外型十分有趣，有點像UFO降落在公園裡。在密密麻麻的椅子間，留下了一些空間，空出來的部份就是音符，彷彿譜出一張張充滿兒時回憶的樂譜。椅子樂譜隱藏在駁二特區最邊角的位置，在微熱山丘後方公園內，是近期高雄打卡的熱點。

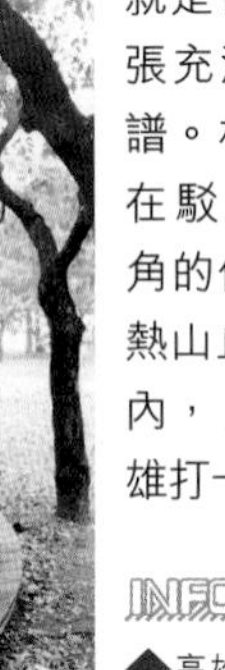

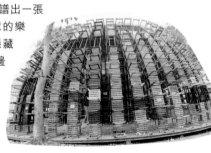

INFO

高雄市鹽呈區大勇路 1 號 | 886 7-521-4899 | 11:00am-9:00pm

泡芙變變變

樹 • Go eat

Map2-0/ D1

高捷鹽埕埔站 2 號出口步行約 10 分鐘

如果要數高雄近年的人氣店，樹 • Go eat肯定名列前茅。據説因為店家的泡芙太受歡迎，所以每人最多一次只可購4顆。Q彈的珍珠配上酥脆的外皮，每個只售NT45，比日式泡芙更抵食。除了珍珠，其他口味包括芒果、抹茶及朱古力，同樣餡料滿滿，外皮脆脆，配上別致的微波爐外賣盒，可能要走多幾轉才可試盡不同口味。

珍奶泡芙NT45/個，濃濃奶茶和配上厚厚吉士醬，食力沒法擋。

流芒泡芙NT45/個，嚴選枋寮出產愛文芒，配上百香果吉士醬，咬一口，兩種水果氣味完美融合。

INFO

高雄市鹽埕區七賢二路 455 號之 1 | 886-7-531-1786 | 2:30pm-7:00pm | 樹 • Go eat

古早煙囪火鍋

京華餐廳

Map2-0/ D3

高捷鹽埕埔站 4 號出口

高雄在地的老字號餐廳，提供地道的酸菜白肉鍋和碳燒羊肉爐，使用古早傳承的碳燒銅鍋，絕對是私房美食的代表。餐廳的酸白菜是以天然發酵方式手工製成，湯底清爽酸香，配搭豬腩肉、豬肚、腐皮等食材，拌飯吃非常過癮。碳燒羊肉爐則使用新鮮的羊肉，經過炭火慢烤，肉質軟嫩，湯頭濃郁，是冬天必吃的暖胃鍋物。

INFO

高雄市鹽埕區大勇路 76 巷 8 號 | 886-7-551-1688 | 11:00am-8:00pm | 京華餐廳

與時並進

孫家肉粽

Map2-0/ C2

⑪

高捷鹽埕埔站 3 號出口步行約 5 分鐘即達

在鹽埕大溝頂隱藏了許多歷史悠久的美食，開了近六十年的孫家肉粽就位於小巷子裡，毫不起眼。店家已經傳承到第三代，融合現代人對養生概念，將養生食材元素也包進粽子裡，讓原本店內只有菜粽、肉粽，現在還多了養生粽、綠豆粽、樂活健康肉粽這樣多元化的選擇。

樂活健康肉粽，選用了天然穀物，像是糙米、黑豆、紅豆等多達13種穀物。

招牌肉粽，依循著古法選用了舊長糯米，並加入了滷肉汁，搭配花生粉一起吃，是南部的特色。

INFO

高雄市鹽埕區大仁路 151 巷 6 號 | 886-7-531-6736、886-939-638-810 | 9:30am-6:00pm；周六及日營業至 6:30pm

總有出頭天

⑫

Map2-0/ C2

阿綿手工麻糬（鹽埕店）

高捷鹽埕埔站 3 號出口步行約 5 分鐘即達

老闆阿綿原本是從事服飾業，23歲那年當事業開始有小成就時卻被友人霸佔，父親病故，母親憂傷過度，阿綿只好轉業賣麻糬。今天阿綿手工麻糬已成為高雄名物，證明人只要不放棄，總會有出頭天的。

芝麻口味外面裹上一層芝麻。

芋泥奶酪、抹茶紅豆，除了麻糬店家也售賣不同口味的奶酪。

草莓紅豆大福有完整一顆新鮮草莓，酸中帶甜的滋味口感特別。

INFO

高雄市鹽埕區新樂街 198-27 號 | 886-7-531-9177 | 10:00am-6:30pm | http://www.a-main.com.tw/

鹽埕老店
高雄婆婆冰

Map2-0/ C2

高捷鹽埕埔站 3 號出口步行約 8 分鐘

番茄切盤以新鮮的蕃茄切盤，搭配特製獨家秘方醬油。

招牌綜合冰包括紅豆、鳳梨、芒果、情人果、李鹹等材料。

筆者推介這個草莓牛奶冰，加一球雪糕，十分好吃！

高雄婆婆冰在鹽埕區已有悠久歷史，幾乎無人不識。婆婆冰店內甚少見到阿婆芳蹤，換來可愛的店主阿伯，服務態度十分親切，冰品選擇不是十分多，卻每一樣冰品都值得一試。我會推介草莓牛奶冰給讀者，因甜度和味道都做得十分出色！可能是全台灣最好吃的冰品店之一！

INFO

高雄市鹽埕區七賢三路 135 號（總店）| 886-7-561-6567 | 9:00am-12:00mn | 約 NT80 | ice-cream-and-drink-shop-756.business.site/

日做5粒鐘
堀江麵店

Map2-0/ C3

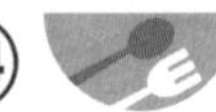

高捷鹽埕埔站 1 號出口步行約 5 分鐘即達

堀江麵的乾拌麵遠近馳名，而湯品或是燴飯類也有水準表現，價格還算便宜，是值得一吃再吃的老麵店。不過店家生意太好，營業時間才五小時，平時下班要過去吃也趕不切。到鹽埕區觀光時，別忘到捷運站附近的堀江麵來品嘗古早味的麵。

苦瓜封湯，苦瓜裡面包著旗魚與狎心肉做的肉漿，吃來很軟彈。

沙茶豬肉飯，看似非常簡單的燴飯，卻是老闆用心的傑作。

乾麵，店家的招牌麵，裡頭濃濃油蔥與肉燥，讓整碗麵有了生命。

INFO

高雄市鹽埕區必忠街 223 號 | 886-7-521-1423 | 10:30am-3:00pm；周一公休

碳火烤足60年

Map2-0/ C1

大胖碳烤三明治 ⑮

高捷鹽埕埔站 2 號出口步行約 7 分鐘即達

說起這家碳烤三明治，在鹽埕區已經走過一甲子的時間，吃過的人都讚。碳烤三明治之所以受大家歡迎，在於店家捨棄一般烤麵包機，而改用傳統碳火來烤吐司，碳烤三明治所用的材料都是出自店家之手，舉凡沙拉醬、醃黃瓜、煎蛋都是，才能創造出既美味又可口的小吃。

招牌三明治，吐司邊有碳火烤過的焦痕，有淡淡木碳香味。

每片吐司都是用傳統碳火來烤

INFO

高雄市鹽埕區大公路 78 號 | 886-7-561-0262 | 7:00am-10:50am、6:00pm-10:50pm | https://www.facebook.com/grilled.sandwiches/

食得安心

Map2-0/ D2

小西門燉肉飯 ⑯ (鹽埕總店)

高捷鹽埕埔站 3 號出口步行約 5 分鐘即達

小西門燉肉飯在1977年成立，位處的鹽埕區這一帶是高雄最早發展的區域。食肆的分店今天在高雄各地可以看到，風格和總店大致相近，在店裡可以一嘗有水準的高雄地道美食，又不用大排長龍，感覺有點像香港的大XX，食得安心又放心。

燉肉飯(脢干扣肉)，三層肉與脢干菜的組合，三層肉燉得很軟綿，筷子輕輕一夾就分開。

白飯加上少許蘿蔔乾配飯，蘿蔔乾不會炒得很死鹹，帶有一點點甜味，配飯剛剛好。

筍絲蹄膀飯，蹄膀肉燉得很軟爛，但少了一份滷肉的鹹香味，吃起來會有些許油膩。

INFO

高雄市鹽埕區鹽埕街 43 號 | 886-7-561-2651 | 4:30pm-8:00pm；逢周五 11:00am-2:30pm、4:30pm-8:00pm | https://www.facebook.com/little.west.door/

漫畫小説無限時放題 ⑰

Booking書店 Map2-0/ D2

高捷鹽埕埔站 2 號出口步行約 6 分鐘

這是一家擁有全台最多漫畫及書籍的咖啡廳及書店，只要消費至少一杯飲品，就可以一整天暢讀店內15萬本藏書了，絕對是漫畫及小説愛好者的必逛天堂。除了樓下的用餐區外，樓上還設有多張小梳化及大量漫畫供借閱及使用，空間寧靜且舒適。

店內的手工鬆餅也是另一人氣商品。

只需消費一杯飲品，就能待上一整天。

INFO

高雄市鹽埕區瀨南街 177 號 | 886-7-561-2220 | 11:30am-7:00pm；周三公休 | https://www.facebook.com/bookingbookstore/

三大高雄人氣奶茶之一 ⑱

双妃奶茶 Map2-0/ D3

高捷鹽埕埔站 2 號出口出站即達

高雄的出名奶店有三間，包括香茗、樺達，剩下的就是双妃奶茶了，是當地人從小喝到大的好味道。店裡堅持不加冰塊，所以客人喝到的每一口都是原汁原味的奶茶。招牌的奶茶以甜度分類，正常甜的叫双妃，七分甜的叫美人，五分叫長壽，三分甜的叫長春，大家可按自己喜好的甜度而選。

大杯的雙妃奶茶，一杯 NT 45，可免費加珍珠。

INFO

高雄市鹽埕區新樂街 173 號 | 886-7-521-8300 | 9:00am-9:00pm

中式早餐人氣店  Map2-14

田記豆漿（總店）⑲

高捷鹽埕埔站 3 號出口步行約 5 分鐘即達

鹽埕的田記豆漿開業至今已有三十年，不僅是高雄知名中式早餐店，連外地遊客來高雄都要指名吃這家的早餐。豆漿是店家招牌之一，有濃郁的豆香味，喝起來並不會很甜，不愧是招牌。紅茶豆漿可以同時品味二種味道，紅茶的韻味慢慢回甘，讓不同喜好的人有多種選擇。

網友大推的蛋餅，特別之處是使用二顆蛋，讓一張蛋餅皮充滿蛋香。

豆漿NT25、紅茶豆漿NT25，豆漿是店家招牌之一。

水煎包NT20/個，共有韭菜和高麗菜兩種口味，大小約莫女生的拳頭這麼大。

INFO

高雄市鹽埕區新樂街 75-3 號 | 886-7-551-2136 | 5:00am-11:00am、5:00pm-11:00pm； 周日 5:00pm-11:00pm | https://www.facebook.com/tienjisince1982?locale=zh_TW

古早味麵攤 Map2-14

樂卡咪長腳麵專賣店 ⑳

高捷鹽埕埔站 3 號出口步行約 5 分鐘即達

所謂的長腳麵就是道地的陽春麵，不加肉燥，只以淡淡的佐料拌著麵。樂卡咪走過近半世紀，傳承保留台灣早期古早味麵攤的特色，繼續在鹽埕新樂飄香下去，老一輩的人可以在這裡找回過去的味道，新世代的人可以體驗不同於現今的料理風味。

乾麵，即是長腳麵，使用豬油拌麵，鹹香的麵條帶有豬油香。

簡單切了幾樣小菜，味道大眾化。

冬粉的軟硬度剛剛好，不會過分太軟爛一夾就斷。

INFO

高雄市鹽埕區新樂街 75 號 | 886-7-531-2343 | 10:00am-7:30pm

大牌檔風味 Map2-14

木屋家常料理 ㉑

高捷鹽埕埔站 3 號出口步行約 4 分鐘即達

木屋有點似香港已買少見少的大牌檔，在騎樓和馬路邊擺起了桌子便開舖。店家提供的菜式都是一般家常料理，最大吸引力是快炒夠鑊氣兼便宜，一餐吃下來不到NT500，若人多一起分攤費用就更抵食，所以在用餐時間人潮絡繹不絕。

九層塔蛋，鬆軟的口感與油煎的蛋香味，其實火候要好好掌握才成。

蒜苗五花肉，半肥半瘦的五花肉片和醬油拌炒之後，那種鹹香味道，讓人食慾大開。

INFO

高雄市鹽埕區大智路 151 號 | 886-7-561-3591 | 5:00am-9:00pm；周六及日公休

高雄牛肉麵名店 Map2-14

港園牛肉麵館 ㉒

高捷鹽埕埔站 1 號出口步行約 8 分鐘即達

港園牛肉麵館有超過50年的歷史，是高雄牛肉麵的名店。門外雖然時常聚集人龍，但因為管理得宜，一般排15-20分鐘即有位。這裡除了牛肉麵外，豬腳麵也是招牌菜。麵條的味道有點像古早味的豬油拌麵，口感軟硬適中，湯頭味道很濃郁，雖然訂價略高，依然其門如市。

牛肉拌麵

豬腳

肉絲拌麵，除了肉絲之外，還有切得不算小的筍絲條撒在上面。

INFO

高雄市鹽埕區大成街 55 號 | 886-7-561-3842 | 10:30am-8:30pm

MAP 2-14

19.田記豆漿	2-13
20.樂卡咪	2-13
21.木屋家常料理	2-14
22.港園牛肉麵館	2-14

Map2-0/ B5

細說香蕉的故事
香蕉碼頭 23

香蕉碼頭內的台灣特色手信店，是機場或市面上買不到的，不少手信還以香蕉為主題，較為特別。

高雄輕軌棧貳庫站下車即達

香蕉碼頭位於漁人碼頭旁邊，原名為香蕉棚，已屹立在高雄港接近半世紀，是高雄市內的古舊建築之一。不講不知，香蕉是台灣的盛產，以往僅靠香蕉輸往日本做對外貿易，便為台灣帶來豐厚的外匯收入，養活了不少台灣人。而在高雄的香蕉碼頭，便是當年一個開放式的香蕉倉庫。

香蕉棚近年得到保留和重建，把餐飲機構引入這個昔日的倉庫，又設台灣特色手信店，主題商店等，並建立香蕉故事館，展出當年香蕉棚的場景和故事，成為鹽埕埔人氣景點。

INFO

高雄市鼓山區蓬萊路 23 號 | 886-7-561-2258 | 10:00am-10:00pm | 免費入場 | https://www.herbian.com.tw/

香蕉會生「金」！ 23a
香蕉故事館 Map2-0/ B5

香蕉碼頭內

台灣的香蕉昔日名為「金」蕉，早在50年代，台灣單靠香蕉的外匯收入，一年便已經有一億五千多萬台幣，佔台灣外匯總收入達三分一。

香蕉故事館細說了當年蕉農辛苦作業的情景，場景建構成60年代背景，甚重的復古味道，不少當年蕉農用過的物品也活現眼前！

拉丁風情 **Map2-0/ D3**

黛麗莎餐廳 ㉔

高捷鹽埕埔站 1 號出口步行 5 分鐘

老闆娘Teresa原來生於南美的智利，三十多年前隨丈夫移民到台灣，更在高雄餐飲菜大展拳腳。這裡的菜單如聯合國總匯，除了智利菜，更包括墨西哥、阿根廷，甚至西班牙。為了貫徹餐廳的拉丁氣氛，Teresa除了在菜式及布置上花盡心思，更每月在餐廳內舉行拉丁音樂舞蹈表演，展現最率性的拉丁民族浪漫風情。

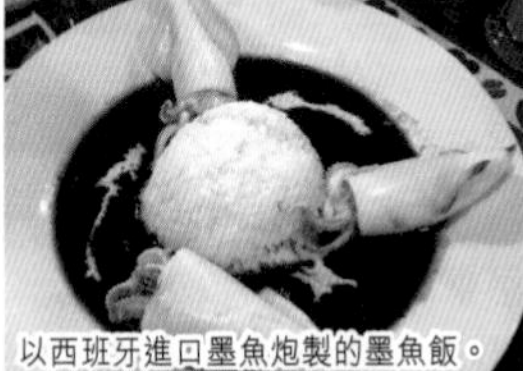

以西班牙進口墨魚炮製的墨魚飯。

阿根廷烤肉賣相較平凡，勝在份量十足。

INFO

鹽埕區五福四路 146-2 號 | 886-7-551-3233 | 11:00am-10:00pm | https://www.facebook.com/teresarocha888

鹽埕老字號 **Map2-0/ C2**

冬粉王 ㉕

高捷鹽埕埔站 2 號出口步行約 7 分鐘即達

提起鹽埕區老字號店家，不得不提七賢路上的冬粉王，不僅當地人無人不知，連外地人也是因為美食節目報道而慕名前來。店家經營這麼久，生意這麼好，原因就是保持著傳統，用最簡單與自然的方式來料理食材，從而獲得大眾認同。

豬肉切盤，有點帶筋的豬肉，吃起來很彈，也很有嚼勁。

晶瑩剔透的冬粉，咀嚼起來很軟，還保有彈性，再加上鴨肉湯汁的鮮甜。

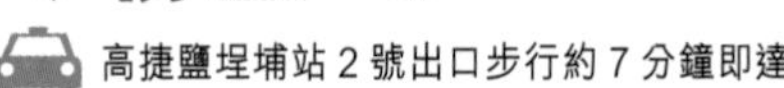

INFO

高雄市鹽埕區七賢三路 168 號 | 886-7-551-4349 | 9:00am-8:00pm | https://www.facebook.com/cellophanenoodles/

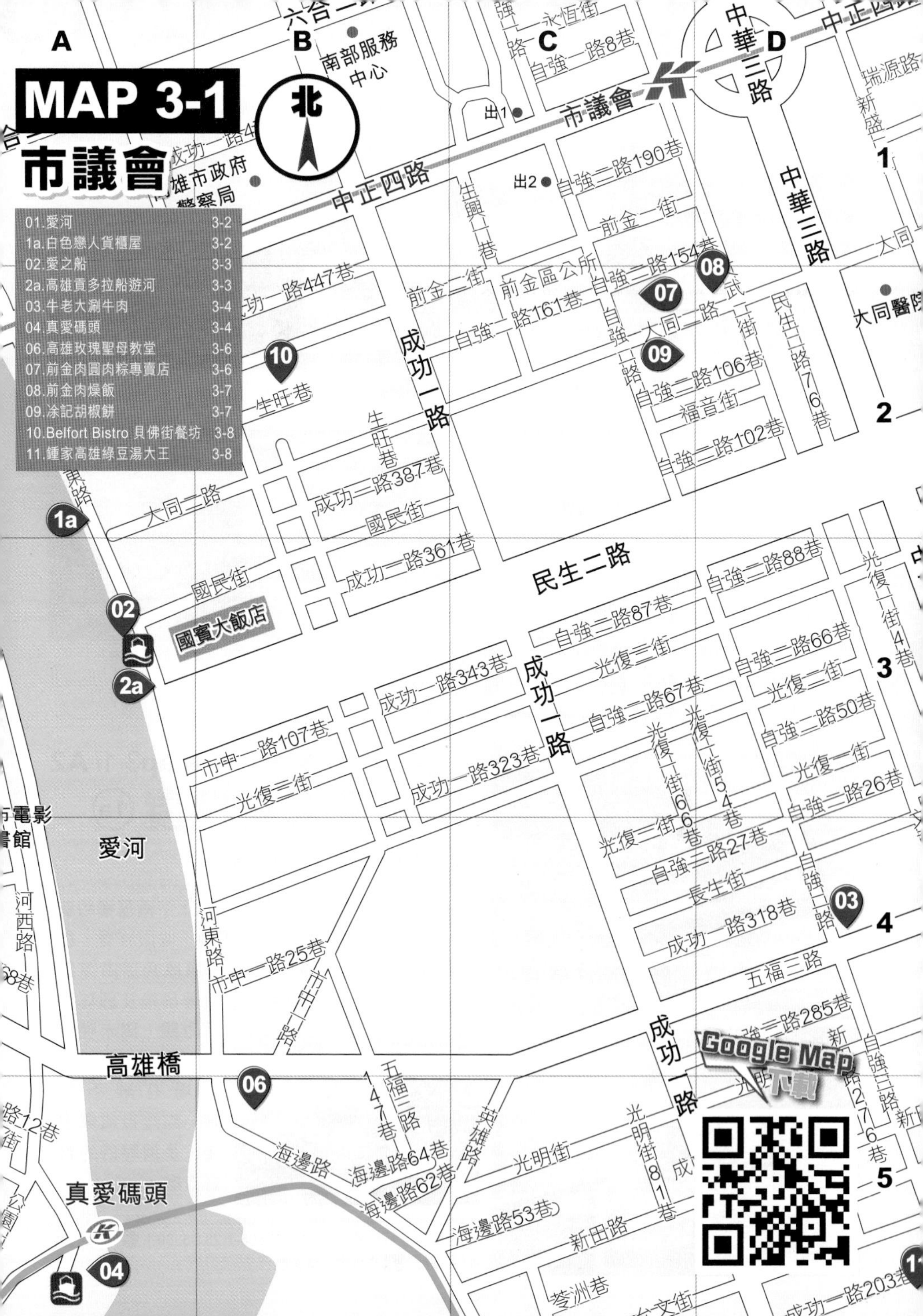
MAP 3-1
市議會
北
01.愛河 3-2
1a.白色戀人貨櫃屋 3-2
02.愛之船 3-3
2a.高雄貢多拉船遊河 3-3
03.牛老大涮牛肉 3-4
04.真愛碼頭 3-4
06.高雄玫瑰聖母教堂 3-6
07.前金肉圓肉粽專賣店 3-6
08.前金肉燥飯 3-7
09.涂記胡椒餅 3-7
10.Belfort Bistro 貝佛街餐坊 3-8
11.鍾家高雄綠豆湯大王 3-8
南部服務中心
高雄市政府警察局
中正四路
市議會
中華三路
民生二路
成功一路
國賓大飯店
愛河
高雄橋
真愛碼頭
前金區公所
大同醫院
Google Map 下載

浪漫的水道
愛河 01

Map3-1/ A3

高捷市議會站往國賓飯店方向走 10 分鐘

愛河是高雄市的象徵和著名地標，它貫穿市中心，帶來無限商機。數年前，愛河污染嚴重，當地市政府為改善污染，發展愛河兩岸。現在的愛河，每到晚上燈火閃爍，有食肆和藝術館，更成了遊客必到的景點。愛河上下游的水源不同，上游是淡水，下游是海水，可謂罕見的奇觀。

屹立在愛河中間的愛河雕像，是愛河的標記，看上去像新加坡的魚尾獅呢！

愛河的景色令人著迷，是不少高雄男女漫步拍拖的好地方！

INFO

高雄市前金區河東路

貨櫃屋二樓也有半露天座位，可以高角度俯瞰河畔景色。

約會景點
白色戀人貨櫃屋 1a

Map3-1/ A2

高捷市議會站步行約 10 分鐘

白色戀人貨櫃屋外觀純白，有上下兩層樓的座位，提供西餐和特色小吃，用餐不收服務費，在櫃台點餐付款後自選座位。貨櫃屋角落處還垂掛著吊椅及圓球玻璃鞦韆，周末晚上7:30pm-9:30pm現場有歌手駐唱，點燈後氣氛浪漫，是河畔的約會好去處。

INFO

高雄市河東路 189 號 | 886-7-281-5380 | 11:00am-11:00pm | 白色戀人貨櫃屋

情繫愛河
愛之船

Map3-1/ A3

02

高捷市議會站步行約 11 分鐘

想輕鬆遊覽愛河，感受兩岸風光，不妨乘坐「愛之船」。這是高雄以愛河命名的小型觀光船，自2004年啟航，帶領遊客遊覽16.4公里的河道，航程約20分鐘。愛之船共有15艘，每艘可坐20人，沿途有導覽介紹橋樑和建築物的歷史。夜幕降臨時，愛河畔的咖啡店閃爍霓虹，兩岸的音樂更增添情調，別有一番風味。

乘坐太陽能設計的愛之船，晚風拂面心情愜意。

INFO

高雄市前金區河東路 176 號對面（上落船為同一位置）| 每日 3:00pm-10:00pm，每 30 分鐘一班船（周六延長至 11:00pm）| 成人 NT150；12 歲以下及 65 歲以上長者 NT80 | https://www.facebook.com/loveboat.KH

愛河碼頭售票亭。

威尼斯風情
高雄貢多拉船遊河

Map3-1/ A3

2a

高捷市議會站步行約 11 分鐘

現在不用到威尼斯，在高雄愛河畔就能體驗水都風情，而且全台只有高雄可以搭到。貢多拉Gondola也俗稱鳳尾船，由船夫站在船尾划動，船程約20分鐘；沿途欣賞河岸的美景，聽船夫唱歌，加上晚風輕吹非常舒服，有秒飛威尼斯的感覺。

INFO

高雄市前金區河東路與民生路交叉口 | 886-908-103-866 | NT200/ 人 | 4:30pm-11:30pm | https://md0215.webnode.tw/

溫體牛肉打邊爐 **Map3-1/ D4**

牛老大涮牛肉(高雄總店) 03

必比登推介

高捷市議會站 2 號出口
步行約 15 分鐘

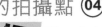

香港人和台灣人都是火鍋精，但香港人就無緣品嘗現宰的溫體牛肉。牛老大涮牛肉以販賣台南牛肉湯起家，更首創日本涮涮鍋結合台灣溫體牛的新吃法。他甚至打破當地傳統白天不宰牛的時間禁忌，於晚上提供不經冷凍、不隔夜的新鮮食材。至於精華高湯是用在地蔬果、牛大骨慢火熬煮，入口鮮甜滑潤，與新鮮的牛肉完美配合。

除了火鍋也可以一試這裡火喉十足的熱炒。

INFO

高雄市前金區自強二路 18 號 | 886-7-281-9196 | 11:30am-2:00pm、4:00pm-12:00mn；周一公休 | https://www.facebook.com/nldk2/

愛情偶像劇的拍攝點 04

真愛碼頭 Map3-1/ A5

高捷鹽埕埔站往真愛碼頭牌方向走 15-20 分鐘；
或高雄輕軌真愛碼頭站出站即達

真愛碼頭只聽名字便可想像得到是一個浪漫的地方，以雙座風帆的特殊造型設計，屹立在愛河出海口，在白天和晚上的情景下產生不同的景色，白天雙座風帆令真愛碼頭表現出都市活力，配合藍天白雲，令人倍覺生氣，晚上時分雙座風帆發光發亮，在河畔的景色襯托下，是不少愛侶漫步的好地方，故真愛碼頭可謂愛河附件其中一個重要觀光點之一。

雙座風帆在晚上特別具有吸引力，高雄市政府為了推行環保，其燈光是採用環保射燈設計，美化之餘更愛護環境。

INFO

高雄市鹽埕區 12 號碼頭

河岸漫步 05  Map3-5

愛河親水景觀公園

 高捷市議會乘的士約 10 分鐘

愛河親水公園，又名愛河景觀親水公園，沿著愛河河畔修築而成的帶狀休憩公園。公園全長約 5 公里，沿路共有 5 座橋樑橫跨河道之上，是一個有完善規劃的河岸步道及單車道，一邊欣賞愛河風光，一邊漫步河岸步道，感覺浪漫閒適。附近還有高雄市歷史博物館、電影圖書館等熱門景點可供參觀。

INFO

高雄市三民區河東路 356 號 | 全日開放

三代真傳好滋味  Map3-5

北港蔡三代筒仔米糕 5a

高捷鹽埕埔站步行 15 分鐘即達

這家擁有五十幾年歷史的老店，保留了古法來製作筒仔米糕，讓米糕吃起來依舊很有古早味，實屬難得。另外在北高雄的十全路上也可以吃到北港筒仔米糕，不過在總店吃完米糕後，可以順便沿著愛河散步，欣賞河邊美景，非常寫意。

苦瓜排骨湯，從湯頭裡就嘗出苦瓜特殊味道。

蒸蛋湯，以圓柱形狀的蒸蛋，非常滑嫩可口。

筒仔米糕，店家選用了長糯米，讓米糕吃起來口感很香彈。

INFO

高雄市鹽埕區河西路 167 號 | 886-7-551-7443 | 1:30pm-9:30pm；周三公休

MAP 3-5

05.愛河親水景觀公園	3-5
5a.北港蔡筒仔米糕	3-5

全台第一座教堂 06 Map3-1/ B5

高雄玫瑰聖母教堂

高捷市議會乘的士約 10 分鐘；
或高雄輕軌光榮碼頭站出站步行 5 分鐘

前金玫瑰聖母堂建於清咸豐年間，是台灣第一座天主教堂。其混合哥德式與羅馬式風格的尖塔建築設計，被人認為是台灣最富裝飾藝術的教堂，現已被列為三級古蹟。不過，室內全面禁止拍照，所以大家只能把堂內美景收在眼底了。

一八七四年（清同治十三）清朝船政大臣沈葆禎奉命來台為欽差大臣，並立此「奉旨碑」以示朝廷允可神父可自由傳教。

INFO

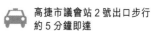

高雄市前金區五福三路 151 號 | 平日彌撒 6:30am；主日彌撒周六 8:00pm；周日 9:00am、11:00am 和 4:00pm | http://www.rosary.org.tw/

半世紀古早味 07 Map3-1/ C2

前金肉圓肉粽專賣店

高捷市議會站 2 號出口步行約 5 分鐘即達

小店已有五十幾年的歷史，憑著料好實在闖出一片天，店家的招牌之一肉粽以小巧玲瓏著稱，除了肉圓肉粽之外，小菜、冷飲也有提供。肉粽內的糯米非常軟黏，幾乎看不到粒粒分明的狀態，加上糯米裡還包著花生，配上花生粉與淡淡甘甜的醬料，相當可口。

乾米粉，這款米粉很容易吸飽湯汁，吃來很柔軟。

肉粽，非常小巧的肉粽，對女生而言大小剛好，對男生而言，的確是小了一些。

筍干肉圓，肉圓可以選擇炸或蒸，內餡包著筍丁與肉塊，充滿古早味。

INFO

高雄市前金區自強二路 144 號 | 886-7-221-1021 | 7:00am-1:30am，周一及日公休

微調傳統
前金肉燥飯

Map3-1/ D2

08

高捷市議會站步行約 5 分鐘即達

細數高雄老字號的肉燥飯店家不少，前金肉燥飯就是其中之一，營業超過五十年以上，用餐時刻總是排著隊，人聲鼎沸好不熱鬧，吃過的人讚不絕口。小店獨到之處，是不會死守傳統，令肉燥飯的油膩程度大大降低，更符合現代人講究飲食健康的要求。

INFO

高雄市前金區大同二路 26 號 | 886-7-272-7263 | 平日 7:00am-6:00pm，周六 7:00am-2:00pm；周日公休

肉燥飯，店家是採用豬背肉，特別將肥肉切成小丁，再用古法滷製長達數十小時。

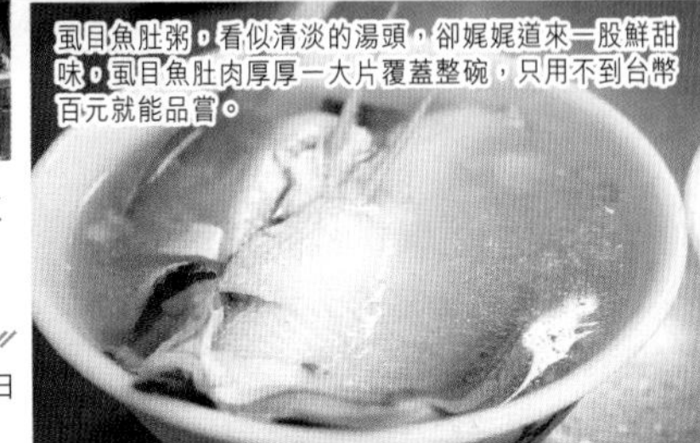

虱目魚肚粥，看似清淡的湯頭，卻娓娓道來一股鮮甜味，虱目魚肚肉厚厚一大片覆蓋整碗，只用不到台幣百元就能品嘗。

半「涂」出家
涂記胡椒餅

Map3-1/ C2

09

高捷市議會站 2 號出口步行約 5 分鐘即達

話說這家店老闆原本是從事飯店業，因為懷抱著創業夢想，便辭去工作，來學習胡椒餅製作方法，學成後便在高雄創業，短短幾個月即大受歡迎。其實店家並不是只賣胡椒餅而已，正確的說應該是一家早餐店，只不過胡椒餅賣出名堂。胡椒餅是人氣暢銷商品，聽說下午五點以後是尖峰時段，如果要訂購的朋友，可以事先打電話預留數量。

店家採用新鮮豬肉塊，加入五香粉、胡椒粉等辛香料調味，再加入大把新鮮青蔥。

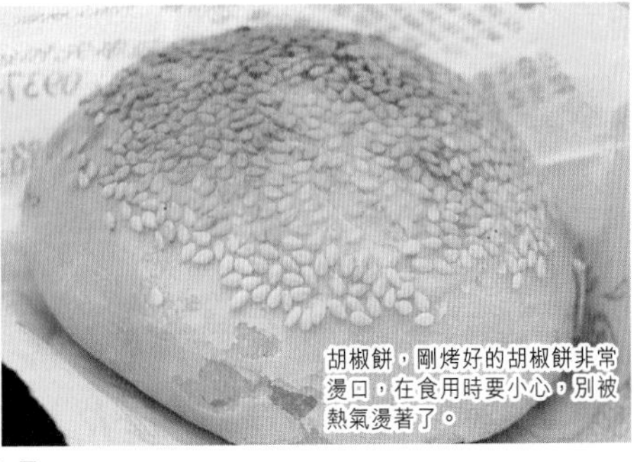

胡椒餅，剛烤好的胡椒餅非常燙口，在食用時要小心，別被熱氣燙著了。

INFO

高雄市前金區大同二路 39 號 | 886-937-393-653 | 7:00am-6:00pm；周六及日公休 | https://www.facebook.com/TUSPIE/

歐式小酒館 ⑩ Map3-1/ B2

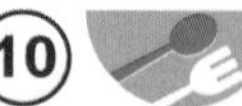

Belfort Bistro 貝佛街餐坊

高捷市議會站步行約 10 分鐘

Belfort Bistro是一家老屋改建的歐式餐廳，室內以紅磚牆和油畫裝飾，昏黃的燈光帶點微醺的氛圍，一進門即感受到歐洲小酒館的情調。餐廳主要提供意式料理，有手工意粉、燉飯及扒類等菜色，還有自製甜點和飲料，以及啤酒、葡萄酒和氣泡酒，主廚是日推薦都寫在小黑板上。餐廳二樓有一個隱密的包廂，是高雄市的美食秘境。

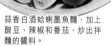

蒜香白酒蛤蜊墨魚麵，加上酸豆、辣椒和番茄，炒出拌麵的醬料。

香脆的意式燉飯球，米飯包裹著Mozzarella芝士再油炸。

INFO

高雄市前金區前金二街 83 號 | 886-7-281-9876 | 11:30am-3:00pm、5:30pm-9:00pm；周二公休 | https://belfort.com.tw/bistro

點紅點綠消暑熱 Map3-1/ D5

鍾家高雄綠豆湯大王 ⑪

高捷中央公園站步行約 10 分鐘即達

鍾家綠豆湯大王賣的都是傳統冰飲，長輩應該會喜歡這種口味，年輕的也應該來見識見識。店家主力產品是紅豆、綠豆為主延伸出來各式的冰品與飲品，價格在NT50-70不等。這裡的紅豆是有摻著大紅豆，就是俗稱的花豆，採用屏東萬丹產地的紅豆，每顆的紅豆非常晶瑩剔透，而且不會煮到爛成泥狀，相當有口感。

店家最具特色的就是這張有如台灣形狀的桌子，曾經吸引食尚玩家來拍攝過。

綠豆湯

紅豆牛乳冰，店家的紅豆份量給得大方，每一口冰幾乎都可以混著紅豆和大花一起入喉。

INFO

高雄市前金區青年二路 160 號 | 886-7-271-1616 | 1 9:00am-11:30pm

MAP 4-1
文化中心
01.市民藝術大道 4-2
02.自來水公園 4-2
03.小樹的家繪本咖啡館 4-3
04.江糊 4-3
05.逍遙園 4-4
06.米院子油飯 4-4
07.糖圓圓 4-5
08.Woopen木盆輕食館 4-5
09.Corner Cone 4-6
10.行事紅心粉圓燒仙草 4-6
11.八葉燒烤雞腿飯 4-7
12.老莊豆漿店 4-7
13.吳寶春 4-8
14.瑞彼特早午餐輕食 4-8
Google Map 下載
北
信義國小
文化中心
信守街
泰順街
渤海街
東海街
南海街
光華一路
尚義街
五福一路
江都街
廣州一街
福建街
廈門街
泉州街
民權一路
民權街
青年二路
復興二路
苓雅一路
光華二路
四維二路
五權街
學源街
永富街
和平一路
中正一路
同慶路
廣東一路
出1
出2
出3
出4

藝術無界限 01 Map4-1/ C2

市民藝術大道

高捷文化中心站 3 號出口，步行 5 分鐘即達

為了打破藝術高不可攀的誤解，高雄市政府特別在文化中心一帶，以城鄉風貌為主題，打造出多條充滿藝術氣息的步行街。藝術大道由多家鋼鐵廠提供經費贊助與大型機具、材料，將美國、法國、日本及國內的鋼雕藝術家之創作作品擺設於大道上，使鋼雕作品與藝術大道的景觀作完美結合。除了專業藝術工作者，政府亦廣邀民眾參與，例如大道上名為「印象高雄」的馬賽克圖樣拼貼，就是當地小學生的傑作。

INFO

高雄市苓雅區五福一路

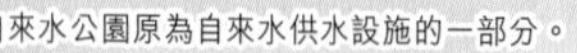

自來水公園原為自來水供水設施的一部分。

彩繪大水塔 Map4-1/ B2

自來水公園 02

高捷文化中心站 3 號出口步行約 8 分鐘

由廢棄的自來水設施改造的公園，園內有一座高38公尺的水塔，從正下方往上看，水塔有如大型波板糖。水塔在2013年重新上漆並裝飾了燈光，呈現出彩虹色的市松紋樣，並在塔身上繪製了高雄的知名景點，如世運主場館、85大樓等。公園內還保留了自來水公司原有的輸配管線，並將其改造成為藝術裝置，增添了公園的趣味性。

入口是水管裝置藝術，也是小朋友的放電天堂。

INFO

高雄市苓雅區五福一路 81 號 | 886-7-342-2444 | https://khh.travel/zh-tw/attractions/detail/80

大人細路排排坐 03 Map4-1/ C3

小樹的家繪本咖啡館

高捷文化中心站 3 號出口步行約 5 分鐘

繪本的讀者不一定是小朋友，其實很多成年人都喜愛閱讀。小樹的家就是提供一個大人和小朋友一起靜心閱讀的空間。這裡雖然布置較簡約，但空間寬敞，最重要是收藏近三千本的繪本，題材包羅萬有。逢周三與周六下午，店主許瓊文還會化身故事姨姨朗讀故事。店內又會定時舉行繪本作家的手稿展覽，以及親子手工DIY班，讓客人融內繪本創意無限的世界，在書海內漫遊。

INFO

高雄市苓雅區林南街 16 號 | 886-7-222-6161 | 10:00am-6:00pm；周日及一公休 | 小樹的家繪本咖啡館

台版深夜食堂

江糊 04

Map4-1/ A1

高捷三多商圈站 6 號出口步行約 12 分鐘

由型男老闆主理，店內只賣獨有風味的排骨麵線糊。江糊消失了一段時間後，不但地址改變，亦由攤販車升級為騎樓底的大排檔。全新的江糊不再獨孤一味賣麵線糊，亦增加了「日式御田」，即是大家熟悉的「關東煮」，有十多種日式小吃供選擇。想一睹傳奇老闆的風采，記得晚上5時半後才來幫襯。

INFO

高雄市苓雅區四維三路 99 之一號 | 5:30pm-12:00mn，周日公休 | 江糊

逍遙園曾一度被用作眷村，後被登錄為歷史建築，並進行了修復工程。

逍遙園是在戰爭年代建造的，所以防空壕也是設計的一部分。

日系庭園 **Map4-1/ A1**

逍遙園 05

高捷信義國小站下車步行約 2 分鐘

逍遙園前身為日本淨土真宗西本願寺第22代法主大谷光瑞在台灣的別館，已有80年的歷史。它融合了日本傳統和西方現代的建築風格，內有書齋、寢室、製圖室、食堂等各種生活空間。由於它建於戰時，因此也設有防空壕。二樓的牆面及天花板是藍白相間的市松紋樣，呈現出江戶時代的特色。逍遙園經過多年的修復，於2020年11月重新對外開放，不僅免費參觀，還會定期舉辦手作體驗和日式文化活動。

猶如棋盤格紋的藍白牆面，是江戶時期「市松紋樣」的傳統風格。

INFO

高雄市新興區六合一路 55 巷 15 號（入口處為錦田路）| 886-7-235-1216 | 周一至五 11:00am-5:00pm；周六及日營業至 6:00pm；周一公休 | https://www.facebook.com/xiaoyaotakao

文青風小店 **Map4-1/ A2**

米院子油飯 06

高捷信義國小 3 號出口步行約 5 分鐘

2023年新入選《高雄米其林指南》的店家，店主曾於中部市場販售油飯十餘年，2021年遷至高雄一棟舊公寓內。店家把半戶外座位區布置得像花園庭院。店內專賣鴨肉油飯、鴨肉湯及芋泥紫米糕等小吃，使用長糯米加入麻油、爆香薑和去骨鴨肉拌炒而成的鴨肉油飯，米粒香Q不油膩，鴨肉鮮嫩多汁，是大家公認的好滋味。

INFO

高雄市新興區南海街 30 號 | 886-7-222-6699 | 10:30am-6:00pm | star.pear704506

總有出頭天 糖圓圓

Map4-1/ C3

高捷文化中心站 2 號出口步行約 10 分鐘

據聞老闆曾經在房地產業多年，一場金融風暴事業陷入低潮，卻也因此開啟了另一個甜點人生。店家以天然食材，五行養生概念，不斷研發好吃的產品，還因此榮獲不少殊榮。店家主打五行湯圓、有機豆花，延伸出來的口味眾多，價格大多在NT35-45之間，在網上廣獲好

糖圓圓，由五行湯圓、粉圓、地瓜圓、芋圓以及紅豆、綠豆、薏仁、地瓜、芋頭等搭配在一起。

INFO

高雄市苓雅區林南街 13 號 | 886-7-222-7993 | https://zh-hk.facebook.com/ring168/ | 11:30am-10:00pm；周一公休

齋而不寡 Woopen木盆輕食館

08 Map4-1/ C3

高捷文化中心站 2 號出口步行約 10 分鐘

Woopen木盆以輕食為主，推廣對身體無負擔、樸實、純淨及美味的蔬食。連最簡單的沙拉製作也有嚴謹步驟，由蔬果的產地、洗水、脫水、截切、冷藏全部一絲不苟，確保食物新鮮又安全。這裡的食物主要分為沙拉、貝果、潛艇三文治、湯品及麵包幾大類，不但美味更確保各營養指數不會超標，讓客人食得安心又放心。

夏威夷焗烤貝果堡NT95

蘿勒鮮蝦佐杏仁沙拉 NT225

INFO

高雄市苓雅區青年一路 8-4 號 | 886-7-222-6357 | 10:30am-8:30pm；每月最後周一公休 | https://www.woopen.com.tw/

美式手作霜淇淋 Map4-1/ C4

Corner Cone ⑨

高捷文化中心站 2 號出口步行約 16 分鐘

Corner Cone以超可愛的造型為殺手鐧，甜筒口味超過50種，而且不斷更新中。客人想知最新的款式口味，只有靠面書的公布。雖然甜筒的趣怪造型是主打，不過店家對出品的材料同樣一絲不苟，與法國冰淇淋甜點大師Jérémie共同研發製作食譜，嚴選高質鮮奶提煉製成乳脂高達13%的生乳霜淇淋，視覺與味覺同時享受。

INFO

高雄市苓雅區四維二路 108 巷 6 號 | 886-916-231-719 | 1:00pm-9:00pm | corner-conegelato

知名糖水老店 Map4-1/ D3

行事紅心粉圓燒仙草 ⑩

高捷文化中心站 3 號出口沿和平一路步行 15 分鐘即達

林泉街小吃商店非常多，其中這家行事紅心粉圓營業超過二十幾年，別看這樣小小的店面，食尚玩家、高雄Walker、行遍天下雜誌都慕名前來專題報道。店家主打的就是紅心粉圓和仙草，所有的產品都是從粉圓、仙草延伸出來，有時還搞不懂綜合粉圓冰、綜合仙草冰、紅心粉圓冰之間的差異。價格大約在NT45-50之間。

綜合粉圓冰，在炎炎夏季既消暑又滿足口腹之慾。

仙草冰，口感滑溜，吃完嘴裡還會留有淡淡仙草清香味。

INFO

高雄市苓雅區林泉街 4 號 | 886-7-716-3710 | 7:30am- 凌晨 1:30am

經濟兼好吃 ⑪

Map4-1/ D2

八葉燒烤雞腿飯

高捷文化中心站 3 號出口步行約 5 分鐘即達

這是一家結合便當和燒烤的店家，在裝潢上肯定用了一番心思，擺脱過去傳統便當店的格局，讓人不覺得是來便當店用餐。除了主打的飯類之外，還有燒烤可單點，自助式點餐方式，選好後到櫃枱點餐。即使是便當菜，店家的配菜也不馬虎，不管是海帶、青菜類，在味道上都有基本水準。

燒烤五花肉飯

豬肉鐵炮捲，豬肉包上蔥段，蔥段可以去除油膩感，是個下酒好菜。

燒烤雞腿飯，油亮的雞腿份量幾乎佔一整碗，表層雞皮有點酥，真恨不得趕快咬上一口。

INFO

高雄市苓雅區和平一路 154 號 | 886-7-226-9300 | 10:30am-2:00pm、4:00pm-8:00pm；周日公休 | http://eightleaf.weebly.com/

人龍豆漿店

Map4-1/ D4

老莊豆漿店

高捷文化中心站 3 號出口沿和平一路步行 18 分鐘即達

老莊豆漿燒餅門外老是聚著誇張的人龍，為的是一試馳名的蛋餅油條加燒餅。所謂的蛋餅是餅皮和已煎好的蛋放在一起，再把燒餅剪開夾入油條和蛋餅。第一口咬下後，就明顯感覺到燒餅本身並不油膩，外皮並沒有烤到所謂非常酥的狀況，咬起來還有些韌度，越嚼麵皮越香，油條也是如此，沒有太多油在上面，吃起來頗乾爽，難怪有許多人都説老莊的燒餅最不油膩。

現場可看到店家人員非常忙碌。

現場可看到店家人員非常忙碌。

鹹豆漿，很像是豆花攪到很細，一入口就化開了。

INFO

高雄市苓雅區四維二路 187 號 | 886-7-715-3881 | 6:00am- 約 11:00am(賣完為止)

國寶級麵包大師
吳寶春麥方店

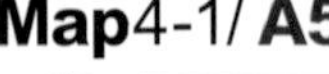

Map4-1/ A5

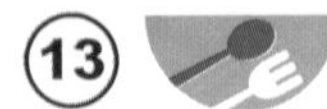

⑬

高捷三多商圈站步行約 15 分鐘即達

吳寶春是台灣知名的麵包師傅。他曾在2008年代表台灣參加世界盃麵包大賽，並獲得個人賽金牌，成為台灣首位世界麵包大賽金牌得主。吳寶春的麵包以口感細膩、風味獨特而聞名，很快就受到大眾的喜愛。首間麵包店發跡於苓雅區，此後逐漸擴展到台北市甚至上海和新加坡都有分店。

店員一次放六位客人進入麵包店選購，保證顧客有一個非常寬敞舒適的選購環境。

這就是當年得獎的酒釀桂圓麵包。

INFO

高雄市苓雅區四維三路 19 號 | 886-7-335-9593 | 10:30am-8:00pm | http://www.wupaochun.com/

童話小屋
瑞彼特早午餐輕食

Map4-1/ B5

⑭

捷運凱旋站轉乘 25、69A 號公車至「文殊講堂」站下車，步行約 3 分鐘

德式脆腸早午餐，用簡單的方式來烹調，內容有炒蛋、傳統德國肉腸、季節時蔬、香料炒蕈菇、水果、田園水果沙拉、丹麥吐司。

充滿童趣且以兔子為主題的瑞彼特，甫開業沒多久，在高雄已造成不少話題。坐在窗戶邊，欣賞著窗外庭園，彷彿置身於童話森林小屋用餐。餐點多元適合朋友聚餐，或是團體辦活動。可以感受到，店家很用心經營每一個小細節，喜歡彼得兔的朋友，或者喜歡童話風格的朋友，一定要來坐坐。

酥炸水牛城辣雞翅，光是顏色就讓人好吮指，其實辣味很輕，不吃辣的人也能嘗試。

INFO

高雄市苓雅區民權二路 446 號 | 886-7-338-9700 | 9:00am-5:00pm | https://www.facebook.com/rabbitbrunch/

捷運紅線

Red Line (KMRT)

MAP 5-2A
三多商圈
北
興中夜市
三多商圈
和逸飯店
呷百二
晶英行館
三多四路
中華四路
中山二路
新光路
Google Map 下載
02 夢時代購物中心 5-4
04 前鎮之星 5-6
05 Woosa屋莎鬆餅屋 5-6
06 詩舒曼蠶絲文化園區 5-7
07 龜一烏龍麵 5-7
08 85大樓 5-8
09 高雄市立圖書館總館 5-8
10 耶魯小鎮 5-9
11 徐泰山汕頭火鍋 5-9
13 鹹水煙澎湖海鮮餐廳 5-10
14 Mega大遠百貨 5-11
15 大遠誠品書店 5-11
呷百二自然洋果子 F4-0
和逸飯店 10-7
晶英國際行館 10-8
MAP 5-2B
凱旋
凱旋瑞田
凱旋
前鎮之星
凱旋中華
夢時代
中華五路
時代大道
凱旋四路
中山三路
興發路
瑞南街
北

原木打造的叮叮車是仿造舊金山獨有的設計，可以憑一日暢遊券免費乘搭。

SKM Park Outlets 01 高雄草衙

Map5-3

 高捷草衙站 2 號出口即達

SKM Park Outlets鄰近高雄小港機場，交通非常方便，搭高捷在「草衙站」下車即達。

前身是大魯閣草衙道，2022年8月由新光三越接管後打造成複合式Outlets，園區佔地8萬多坪，進駐超過220個知名品牌。除了購物，園內還有美食廣場、大魯閣棒壘球打擊場、保齡球場、VR虛擬實境樂園等設施，不時有叮叮電車穿梭於露天購物街道上。最特別的是，這裡還有日本獨家的「鈴鹿賽道樂園」，是一個適合全家大小的親子樂園。

大魯閣打擊場

這裡的遊戲設施只需購買代幣就能玩樂，例如可選擇速度和左打或右打區的棒球打擊區、壘球打擊區，還有桌球及飛鏢盤等娛樂設施。小朋友的話，可以玩16宮格的投球機、小型保齡球及籃球投球機等，大人細路都有著落。

INFO

高雄市前鎮區中安路 1-1 號 | 886-7-796-9999 | 周一至四 11:00am-9:30pm、周五營業至 10:00pm；周六及日 10:30am-10:00pm | 免費入園，設施逐項收費；一日暢遊票：成人 NT980；6-12 歲兒童 NT890 | https://www.skm-park.com/

【機動遊戲區】

鈴鹿賽道樂園共有13項遊戲設施，園區包括「賽道」及「樂園」兩大主題，其中「迷你鈴鹿賽道」是擁有國際水準的卡丁車賽道，但一日暢遊券不包括迷你鈴鹿賽道及小小騎士體驗，需另行購票。

滴答電車 Tic Tac Train

滴答電車完全是讓小朋友自己操控的，可以挑戰通過隧道和橋樑等任務。車身有不同的顏色和圖案，讓你單手拉著車桿拍照打卡，有秒到舊金山的感覺。

天空飛行家

享受高空旋轉及離心力的設施，雙手還可以操控座艙翼板，用作挑戰自轉圈數。

迷你鈴鹿賽道

全台唯一日本授權的鈴鹿賽道樂園，賽道全長580公尺，是日本賽道10：1的擬真縮小版，包含了8字型交叉隧道、連續S彎、湯匙彎等賽道，還可以進入賽車員體驗室，感受F1級的賽車快感。

卡丁車NT650

全台最快摩天輪

這座摩天輪可是全台唯一會變速的摩天輪，直徑30公尺，平均每一圈只需40秒，速度飛快，很多試過的朋友都直呼刺激及Encore。

Map5-2B/ A2

台灣的日本台場

夢時代購物中心 02

高捷凱旋站轉乘高雄輕軌由前鎮之星站至夢時代站

夢時代是全台規模最大的購物中心，佔地面積約15,000坪，曾被《 Forbes traveler 》評選為亞洲十大最佳商場之一。夢時代分為七層「藍鯨館」及十層主館，以四大主題(海洋、花卉、自然及宇宙)打造出購物及休閒空間。其中主館天堂層(RF)設有佔地2,000坪的「恐龍探索樂園」遊樂場，與及直徑高達50米的巨型摩天輪，最受大人小朋友歡迎。

高雄市前鎮區中華五路 789 號 | 886-7-813-5678 | 11:00am-10:00pm | www.dream-mall.com.tw

【夢時代必玩】

OPEN 摩天輪

全台最大的巨型摩天輪，直徑高達50米，旋轉一圈需要15分鐘，可盡覽高雄市風光。車廂以統一集團的自家創作人物Open小將為主題，晚上還會亮起幻變霓虹燈光，既浪漫又可愛。

費用：成人 NT150，學生 NT120
位置：夢時代 RF 樓

恐龍探索樂園

佔地2,000坪，超過12項的主題設施，大部分收費僅NT100，是「市區裡」的「銅板價」主題樂園。園區內共有12種恐龍，全部皆為互動式設計，搖頭擺尾、眨眼吼叫，讓人身歷其境。

費用：入場免費，
遊戲每次 NT100，
高空彈跳 NT200

Map5-3

高雄注目新商場 03

MLD 台鋁

高捷獅甲站 4 號出口出站即達，或乘輕軌至 C7 軟體園區站

MLD 前身是台鋁的廠房，是日治時期的重要鋁業基地，有七、八十年歷史之久。現時改造成新型的文創風商場。在 MLD 內除了有大型的超級市場，售賣新鮮的海產、日本及在地的食材外，樓上整層還設有特色書店，另一相連的館則有電影院及美食廣場，滿足食、買兩種需求！

MLD Reading

MLD Reading 精選了人文視野、藝術文化與美學風格等各類書籍，又設有梳化閱讀區，非常體貼。另外，還有關於旅遊、黑膠音樂、閱讀咖啡、精品文具、攝影暗房和講座活動的專區，更特別規劃了一個兒童書區，鼓勵親子閱讀。

INFO

高雄市前鎮區忠勤路 8 號 | 886-7-536-5388 | 周一至六 11:30am-9:30pm；周日營業至 6:30pm；周四公休 | http://mld.com.tw

高雄單車要塞
前鎮之星

Map5-2B/ C2

04

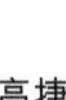
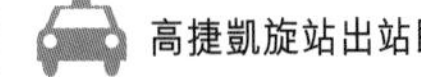

高捷凱旋站出站即達

前鎮之星，其實是一個單車工程的成品。高雄曾獲美國CNN入選為亞洲五大適合踩單車的城市，而當中這個建在中山凱旋路交叉口的前鎮之星，更是便利了當地的居民，其流線外型更讓它成為一座有如藝術品存在的橋樑。橋梁寬5米，並採人車分流的模式，解決了凱旋捷運站跨越凱旋路到達社區的問題，兼串連了鄰近自行車道系統。

INFO

高雄市前鎮區中山三路 | 全日開放

超幸福鬆餅
Woosa屋莎鬆餅屋

05

Map5-2B/ A2

夢時代百貨內

要數最有治癒效果的甜品，日式鬆餅一定位列三甲之內。Woosa屋莎鬆餅屋雖然是台灣本土的甜品店，近年受歡迎的程度卻拍得住日本的過江龍。屋莎嚴選神奈川縣的小麥粉，配上完美比例及熟練製作流程，焗製出軟綿鬆嫩溶於口中的鬆餅，讓客人每一啖都浸淫在幸福之。除了鬆餅，這裡的起司瀑布和牛堡也是必吃之選。店員會在客人面前把芝士傾瀉，視覺和味覺同樣震撼。

經典蜂蜜冰淇林鬆餅NT350，蜂蜜的香醇甜蜜與雲尼拿雪糕配成完美口感。

起司瀑布和牛堡NT350，熱辣辣的芝士傾瀉入漢堡，雖然邪惡卻吸引。

INFO

夢時代百貨 3 樓 | 886-7-821-3465 | 11:00pm-10:00pm | https://www.facebook.com/woosa.pancake/

3D地景藝術 06 Map5-2B/ A1

詩舒曼蠶絲文化園區

高雄輕軌夢時代站步行約7分鐘

詩舒曼蠶絲文化園區是一個以蠶絲為主題的觀光工廠，展示蠶絲的製作過程和產品。這裡最吸引人的是全台最大的3D立體彩繪牆，由國際知名藝術家圖龍創作，將天台變成一幅巨型畫作，呈現時空之城的故事，讓參觀者可以與飛龍、火龍、飛行船等角色互動拍照。場館還提供室內休息區，可免費品嘗即磨咖啡及甜品。

INFO

高雄市前鎮區成功二路4號6樓 | 886-80-058-0001 | 9:00am-5:30pm | https://www.boyaliving.com.tw/

賣麵賣足大半世紀 07

龜一烏龍麵 Map5-2A/ B1

高捷三多商圈站7號出口步行約6分鐘

龜一烏龍麵是由1925年東京世田谷區的鳴川家族所創立，店內所用的原物料、炸粉皆自日本進口，而且烏冬更是純人手製作，味道口感皆獨一無二。除了招牌的各款烏冬外，天婦羅丼飯也是店內第二招牌，酥脆香軟的口感令人回味，難怪每次店還未關門前就一早賣完。

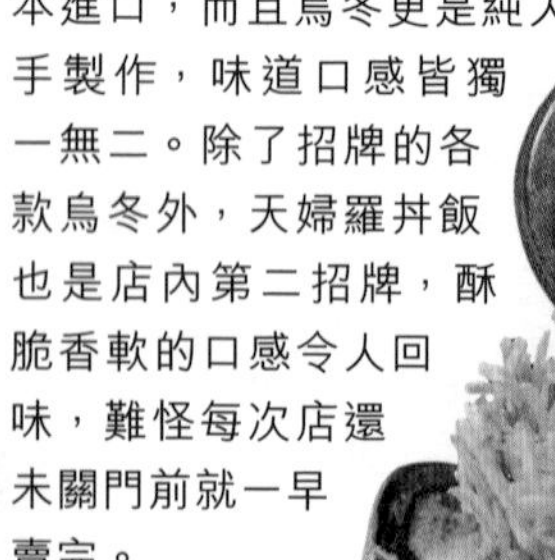

手工烏龍麵

麻辣海鮮烏龍麵

地瓜絲球

INFO

高雄市苓雅區中華四路75號2樓 | 886-7-332-7988 | 11:00am-2:00pm | https://www.facebook.com/kik-koichiudon/

高雄市繁華象徵 08

85大樓

Map5-2A/ A2

高捷三多商圈站 2 號出口步行 15 分鐘即達

緊鄰著高雄港的85大樓，高85層，是台灣第二高大樓，僅次於台北101。捷運三多商圈站出來就能感受它的氣勢，它是世界第24高的摩天大樓。大樓左右兩棟建築在35樓以上合成單一高塔，到85層尖頂，中間留空，呈現「高」字，代表高雄市。是高雄市的地標景觀之一。

85大樓目前因整修中，35至85樓暫不開放。資料截至2024年3月

INFO

高雄市苓雅區自強三路 1 號（新光路口）| 886-7-566-8000

綠化閱讀空間

Map5-2A/ B3

高雄市立圖書館總館 09

高捷三多商圈站 2 號出口步行 5 分鐘即達

這間於2014年底開幕的圖書館總館，建築手法非常特殊，採用懸吊式的鋼棒、並採玻璃帷幕、因此也是全世界穿透性最高的圖書館。新圖書總館設計概念來自於大樹，整個建築體就像是棵大樹，三至八樓西南側設計五米深的草皮綠地景觀陽台，讓民眾躺在草皮、綠樹下看書，創造優質的綠化閱讀場所；天井中設計懸吊的空中森林，把六、七、八樓閱覽空間包覆在樹海的視野，是名副其實館中有樹，樹中有館的綠建築。

頂層空中花園

館中樹連天井

INFO

高雄市前鎮區新光路 61 號 | 886-7-536-0238 | 10:00am-10:00pm；周六及日至 9:30pm；公眾假期至 5:00pm；周一公休 | http://www.ksml.edu.tw/mainlibrary/

加拿大風情 Map5-2A/ B2

耶魯小鎮 ⑩

高捷三多商圈站 2 號出口步行 5 分鐘

加拿大差不多是香港人的第二故鄉，溫哥華更是港人移民留學的首選，而耶魯小鎮就是把加拿大的飲食文化搬到台灣。餐廳堅持使用健康和自然食材，自製碳烤帕里尼、新鮮大木碗沙拉及煙燻香腸堡都是招牌出品。飲品則有濃郁水果優格飲、健康有機豆奶飲、多款加拿大進口楓葉茶飲、耶魯小鎮醇奶茶，和新鮮的自家研磨咖啡，都是健康與美味並重。

INFO

高雄市苓雅區新光路 26-3 號 | 886-7-334-1257 | 周日及一 11:30am-3:15pm；周三及五 11:30am-3:15pm、5:00pm-7:45pm；周六 11:30am-8:45p 一；周二及四公休 | https://www.facebook.com/YaletownBistro/

無得輸抵食火鍋 Map5-2A/ D1

徐泰山汕頭火鍋 ⑪

高捷三多商圈站步行約 5 分鐘即達

店家的火鍋料很有特色，新鮮又美味，再加上自製的沙茶醬加持，味道更一絕，難怪吃過的人都大推。店家的沙茶醬真的功不可沒，香醇中帶柔順滋味，即使吃過別家自製的花生沙茶醬，也沒泰山來得好，三十幾年的老店，果然名不虛傳。

店家把客人點的火鍋料，一股腦兒全丟入鍋內煮。

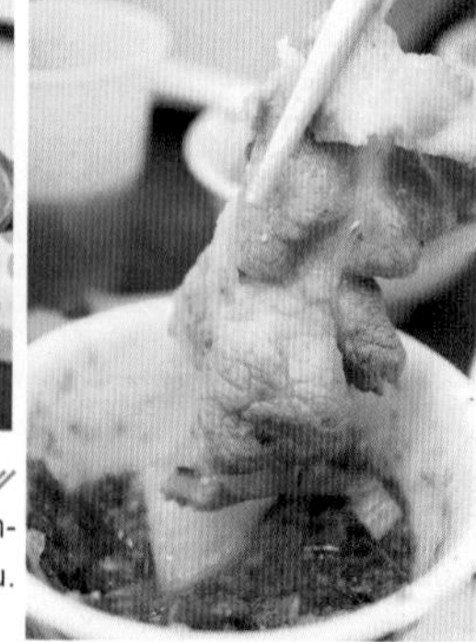

INFO

高雄市苓雅區興中一路 365 號 | 886-7-333-9214 | 11:00am-2:00pm、5:00pm-12:30mn；周五至日 11:00am-3:00pm、5:00pm-1:30mn | http://www.taisanshiu.com.tw/

出入境港口 ⑫ **Map5-3**

高雄港旅運中心

高雄輕軌旅運中心站下車即達

高雄港旅運中心是一座巨鯨般的3D曲面帷幕建築，高79公尺，包括地下2層及地上15層。旅運中心位於19至20號碼頭，是台灣唯一能停泊兩艘22.5萬噸郵輪的港。目前已開放1至3樓「海韻藝術廣場」，有觀景台、步道和藝術廣場，可欣賞高雄港景色和裝置藝術。未來將提供國際郵輪出入境、免稅店和餐飲服務，接下來蔦屋書店也將進駐，頂樓還將設24小時開放的海岸步道。

INFO

高雄市苓雅區海邊路 5 號

海鮮大觀園 **Map5-2A/ B1**

鹹水煙澎湖海鮮餐廳 ⑬

高捷三多商圈站 7 號出口，步行約 6 分鐘

「鹹水煙」是澎湖的當地方言，形容在空氣裡帶著鹹鹹海味的水霧，是澎湖獨有的景象。老闆自己是澎湖人，對家鄉海產信心十足，想讓高雄朋友品嘗珍貴的美食，憑藉多年廚藝經驗，做出一道道鮮美的海鮮料理。店舖已於2023年10月由自強一路搬遷至現址，別去錯地方唷。

當日活軟絲，保持鮮甜，澎湖人最愛的一道刺身料理。

INFO

高雄市苓雅區中華四路 75 號 | 886-7-332-7988 | 5:00pm-12:00mn | https://www.facebook.com/weineddie

超級百貨城

Map5-2A/ C2

Mega大遠百貨

14

高捷三多商圈站 1 號出口

大遠百貨售賣時下年輕人最潮的日系服飾。

高雄大遠百貨店是一座擁有17層的大型百貨公司，大遠百貨在香港雖然沒有分店，但在台灣卻擁有多達10家，無論台北至台南都可見大遠百貨蹤影。

17層高的大型百貨，每層均設有不同主題，由家居用品，以至潮流服飾衣物等均可找到，貨品之多假如要細心參觀每一層的商品，或許要消磨大半天時間才可以完成，除了美食街外，17/F是最受旅客歡迎的誠品書店。除了售賣圖書外，還設有誠品生活文化館，各式各樣的文具及生活雜貨均可找到，是誠品迷在高雄不可錯過的地方。

化妝品設於地層，各著名品牌盡在此。

INFO

高雄市三多四路 21 號 | 886-800-667-688 | 11:00am-10:00pm | www.feds.com.tw

誠品迷朝聖點

Map5-2A/ C2

大遠誠品書店

15

大遠百貨內

大遠誠品設計理念是「簡約與留白」，使用獨特的階梯式設計，不僅營造出空間層次感與視覺延伸，也讓讀者在書店中享受閱讀的同時，四處舉目便能輕鬆遠眺高雄港的雄偉。大遠誠品是誠品書店在成立15年來，首次獲得國際設計獎。通常來到高雄觀光旅遊的時候，都會指名要看一下這間全亞洲最美麗的書店。

誠品書店不止售賣書籍，其生活用品也是Fans必購品之一。

大遠誠品除了大量圖書和雜誌外，還設有生活文化精品和日用品，以至餐廳咖啡室都一應俱全。在誠品可以隨意拿起一本圖書，坐在梳化上細閱，不知不覺便消磨了一整個下午。

INFO

大遠百貨 17/F | 886-7-331-3102 | 11:00am-10:00pm

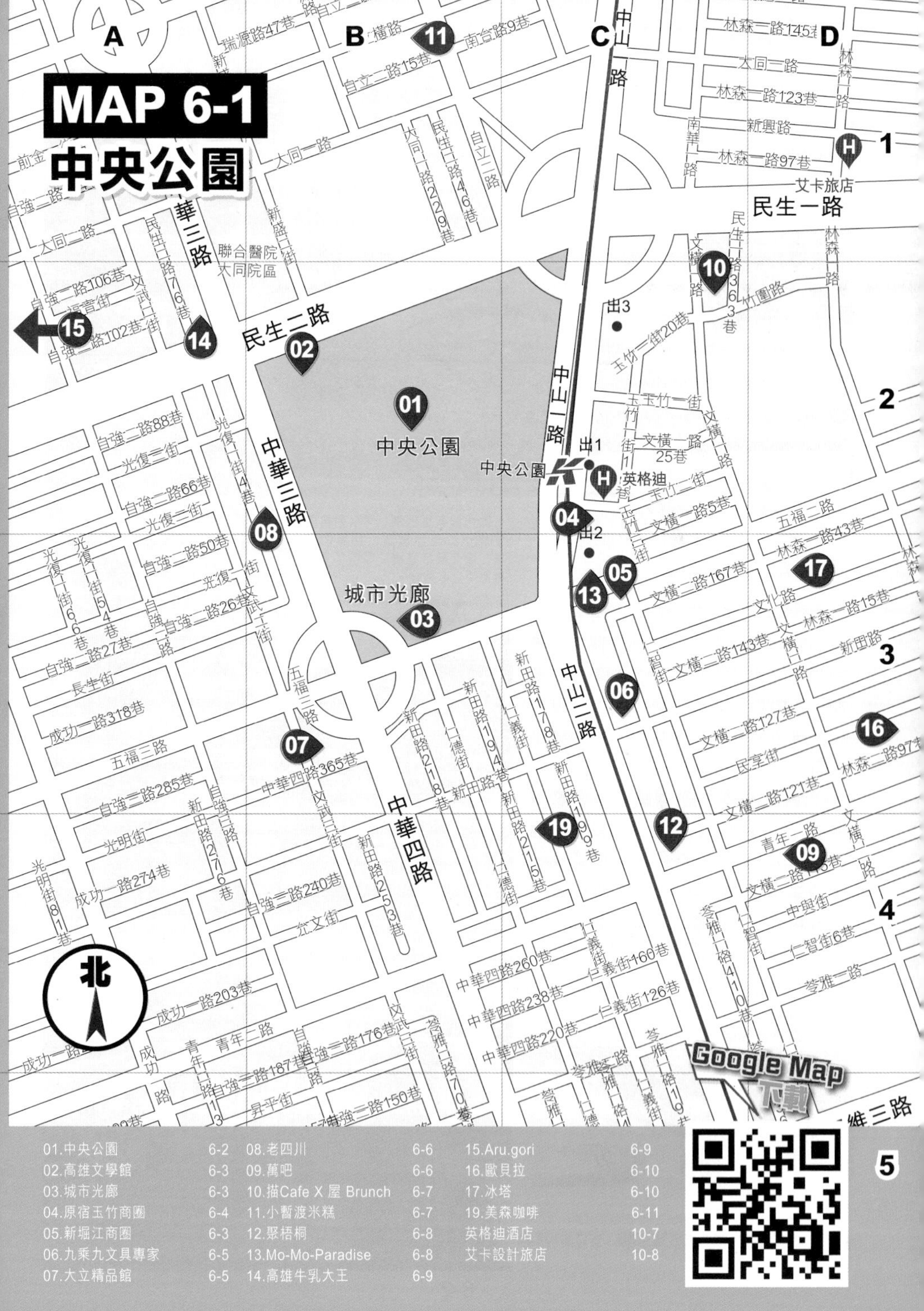
MAP 6-1
中央公園
A
B
C
D
1
2
3
4
5
民生二路
民生一路
中華三路
中華四路
中山一路
中山二路
五福二路
五福三路
林森一路
文橫二路
新田路
成功一路
自強二路
自強三路
青年一路
青年二路
中央公園
城市光廊
聯合醫院
大同院區
艾卡旅店
英格迪
出1
出2
出3
Google Map
下載
北
01.中央公園 6-2
02.高雄文學館 6-3
03.城市光廊 6-3
04.原宿玉竹商圈 6-4
05.新堀江商圈 6-3
06.九乘九文具專家 6-5
07.大立精品館 6-5
08.老四川 6-6
09.萬吧 6-6
10.貓Cafe X 屋 Brunch 6-7
11.小暫渡米糕 6-7
12.聚梧桐 6-8
13.Mo-Mo-Paradise 6-8
14.高雄牛乳大王 6-9
15.Aru.gori 6-9
16.歐貝拉 6-10
17.冰塔 6-10
19.美森咖啡 6-11
英格迪酒店 10-7
艾卡設計旅店 10-8

Map6-1/ B2

鬧市中的寧靜空間
中央公園 01

高捷中央公園站1號出口

由於中央公園的興建費用，當初由扶輪社社員捐獻，故亦有扶輪公園之稱。整個公園佔地12公頃，坐落於都市中央，有人形容中央公園就好比高雄市的肺部，也象徵高雄市的生命力。

公園內有兩條參觀路線，遊客可漫步遊走這個位於熱鬧商圈中的寧靜空間，設有生態景觀池，和其他花卉造型等觀賞，公園的東面是舊大統百貨公司，西側是大立百貨公司商圈，串連中央公園旁的城市光廊和文藝館，令這個商圈增添不少生氣和文藝氣息。

公園內設有生態湖，可以對自然生物作近距離觀賞，且景色優美，配合醒目紅橋，吸引了不少攝影愛好者前往。

INFO

高雄市前金區中華三路 6 號 | 全日開放 | 免費

文人之地

高雄文學館

Map6-1/ B2

高捷中央公園站步行約 5 分鐘

台灣注重人文素養，推行文學文化上投放資源甚多，在台灣以文學為主題的文化館共有5座，分別為台南市的「國家台灣文學館」、美濃的「鍾理和紀念館」、彰化的台灣新文學之父「賴和紀念館」、台南縣新化鎮的「楊逵文學紀念館」，以及位於中央公園內，一棟兩層樓古典建築的「高雄文學館」。文學館建於1954年，當時只作圖書館用途，2006年完成建置「高雄作家資料專區」，以保存及展示高雄文學作家之創作文物，含簡歷、照片及著作等。讓前往文學館的遊客，對高雄的作家有更深層次的認識。

INFO

高雄市前金區民生二路 39 號（中央公園） | 886-7-261-1706#7| 周二至周六 9:00am-9:00pm；周日 9:00am-5:00pm；周一公休 | 高雄文學館 費用：免費

為紀念已逝世的台灣文學大師葉石濤先生，特別在文學館外設立葉石濤紀念銅像。

鳳凰重生

新城市光廊

Map6-1/ B3

高捷中央公園站步行 3 分鐘即達

位於高雄市中心的城市光廊，曾經是市內人氣的景點，可惜因為政府經營不善，吸引力鋭減，連咖啡廳也要關門大吉。荒廢了兩年，高雄市政府斥資4千萬元整修，工程包括改善老舊設施及損壞的藝術品，還添加一些藝術造景，以及夜景燈光等，新的城市光廊終於在2014年底重生。至於最矚目的，首推與新城市光廊同步開張的J Cafe。據説此食肆由識飲識食的周董與其他藝人朋友開設，幫襯時看看有沒有機會碰上大明星。

INFO

高雄市前金區中華三路

高雄的東京街頭
原宿玉竹商圈

Map6-1/ C2

高捷中央公園站 2 號出口

專為年輕潮人而設的原宿玉竹商圈，位於大統百貨後方，主要銷售對象是時下年輕人喜愛的商品，如服飾、配件、小吊飾、精品，男士喜愛的電腦精品等。在玉竹商圈，感覺上有如尖沙咀的加連威老道，或東京的原宿街道，年輕人盡量把自己的創意展現，由於緊接著另一個潮人蒲點新堀江商圈，所以這一區十分熱鬧。

玉竹商圈的貨品，不少是店主親自入貨，以日韓款式為主，街頭服有著自家本身的設計和獨特風格，相對一些大品牌，又是另一番味道。

INFO

高雄市新興區玉竹三街 3 號

Map6-1/ C3

南部的西門町！
新堀江商圈

05

高捷中央公園站 2 號出口處

新堀江商圈緊接原宿玉竹商圈，相對原宿玉竹更為熱鬧，商店和人流更多，隨著不同的商業品牌進駐，不論是服飾、珠寶、鐘錶、化妝品、美容等名店，或具飲食文化代表的咖啡店、美式速食店、日式速食店等餐飲，以及各式各樣自家開設的小攤檔，包羅萬有。

北部有西門町，高雄有新堀江，同時成為台灣潮流的指標，以潮物、流行服飾作定位的購物指標，價錢一般較香港潮物售價為便宜，故必定能滿足你逛街購物樂趣。

INFO

高雄市五福二路、中山路口

文具控天堂  Map6-1/ C3

九乘九文具專家 06

 高捷中央公園站 2 號出口

近年熱賣的角落生物咕臣，當然有不同款式提供。

顏色筆的長蛇陣。

3C用品也是熱門商品。

九乘九文具專家是近年台灣最大型的文具連鎖店，至今在全台灣已有17家直營門市，而高雄中山店面積為全台門市之冠，為九乘九文具專家的旗艦店。九乘九網羅世界各國高品質，實用性的精緻文具用品，以平價優惠顧客。九乘九的門市都非常寬敞，貨品排列整齊，無論是文具、專業繪圖工具甚至卡通精品通通有齊，是文具控一站式掃貨的天堂。

INFO

高雄市新興區中山二路 522 號 | 886-7-201-3099 | 10:00am-10:30pm | https://www.9x9.com.tw/

高雄亮點百貨 Map6-1/ B3

大立精品館 07

高捷中央公園站出走中華三路 5 分鐘，見城市光廊對面即達

大立百貨公司在1984創立，是台灣第一家日系百貨公司。精品館由全球知名的荷蘭建築事務所 UN Studio設計，把外牆打造出亮麗的效果，利用光和影的配合，讓人眼睛為之一亮。營業樓層有十層，包括各種國際精品品牌、蔦屋書店、大立in89豪華影城等。2023年底無印良品、唐吉軻德兩大日系品牌進駐，無印良品更以781坪「旗艦店」規模登陸大立百貨，打造全台第一家Brunch概念店。

INFO

高雄市前金區五福三路 57 號 | 886-7-261-3060 | 11:00am-9:30pm | http://www.talee.com.tw/

凱旋 三多商圈 中央公園 美麗島 高雄車站

有辣有唔辣 Map6-1/ B2

老四川巴蜀麻辣鍋 08

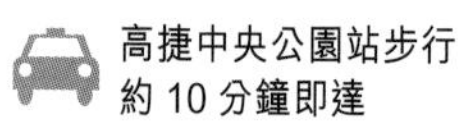

高捷中央公園站步行約 10 分鐘即達

店家取名老四川，是因為引進正宗講究「三香三椒三料．七滋八味九雜」的巴蜀麻辣燙以饗饕客，經由做料齊全、融匯特調而成紅紅火火的麻辣湯味。另一鍋底是養生白味鍋，裡頭是由雞骨架、豬大骨、洋蔥、蔬菜經長時間熬煮而成，湯頭散發自然甜味，上頭還放了大把的蒜頭，不喜歡吃辣的朋友，建議可以點養生白味鍋一樣值回票價。

油條，麻辣鍋必點，稍微浸一下麻辣湯汁，等到稍軟的時候，辣中帶脆的口感，是許多老饕的最愛。

麻辣鴛鴦鍋

鴨血和豆腐免費任食。

INFO

高雄市前金區中華三路 23 之 6 號 | 886-7-221-8026 | 11:30am-1:30am | http://www.oldsichuan.com.tw/

花樣年華 09 Map6-1/ D4

萬．吧 ONE.Bar

高捷中央公園站 2 號出口步行約 10 分鐘

萬吧的主人本身是從事產品設計，卻對室內設計及舊物非常鍾情，所以特意把青年路的老屋改建，成為一所集餐廳與酒吧於一身的場所。老闆刻意營造上世紀6、70年代的氛圍，由傢俬擺設以至牆紙窗框，都充滿上世紀的glamour風貌，簡直就似回到王家衛導演的《花樣年華》之中，與梁朝偉及張曼玉邂逅。這裡食物以傳統台式料理為主，每晚8時過後，酒吧便開始營業。

INFO

高雄市苓雅區青年一路 261 巷 1 號 | 886-7-331-3322 | 餐廳 5:00am-9:00pm，酒吧 9:00pm- 翌日 2:00am | https://www.facebook.com/ONEBARRR/

我是喵星人 ⑩ Map6-1/ C2
描 Cafe X 屋 Brunch

高捷中央公園站 3 號出口步行 5 分鐘

貓咪Cafe在各城市都有，高雄市當然都見貓蹤。描Cafe的5隻「毛孩」，統統來自女主人收養的流浪貓。今天5小福已成為小店的親善大使，更令餐廳成為愛貓人士的聚腳處。描屋Cafe既有貓貓療癒心靈，同時有美食滿足客人胃口。餐廳對咖啡質素非常講究，咖啡師更拉得一手好花，令味覺和視覺同得享受。招牌的Brunch不但分量十足，更把雞蛋煮成玫瑰形(薔薇)，非常可愛，也盡顯老闆的心思。

INFO

新興區文橫一路 68 號 | 886-7-281-6196 | 9:00am-4:00pm | 描 Cafe-X- 屋 Brunch

老闆都在店門前煮米糕，那兒還擺放著黑白切、滷肉等小食，經過長時間滷製的滷蛋，黑漆漆的相當入味。

隱姓埋名老舖 Map6-1/ B1
小暫渡米糕 ⑪

高捷美麗島站 3 號出口步行約 15 分鐘

高雄有兩家超名氣的米糕店，位於鹽埕區的米糕城及米糕金，後者近年搬了舖，並易名為小暫渡。小暫渡有逾60年歷史，現任老闆是第3代傳人。他沿用古早秘方，在糯米上放滷肉、魚鬆、香菜與醃黃瓜，由於秘製滷汁分量夠，所以糯米飯不會太硬，與爽甜的黃瓜、軟腍的滷肉同吃，層次豐富。

用糯米做的米糕口感較硬，須撈勻碗底的滷汁才吃，較容易入口；用內臟煮成的四神湯，是米糕的最佳配搭。

INFO

高雄市前金區自立二路 19 號 | 886-7-282-5088 | 9:00am-5:00pm

至潮麻辣鍋

Map6-1/ C4

聚梧桐臻品麻辣鍋物 ⑫

高捷中央公園站步行約 10 分鐘即達

聚梧桐麻辣鍋是老牌子可利亞餐廳在2014年新成立的品牌，主打年輕族群愛吃的麻辣鍋，走出傳統麻辣鍋的形象，由室內布置、食材的種類、造型以至訂價，都針對年輕人的喜好，想在這個競爭激烈的餐飲市場，殺出一條不一樣的道路。

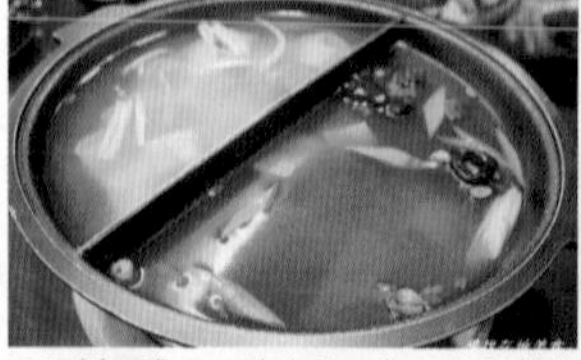
湯頭採用雞骨、豬大骨，加入大量蔬菜一起熬煮，清澈的湯頭伴隨著蔬菜清甜，不會有太多負擔。

墨魚牛軋糖，顛覆傳統丸子形狀，造成牛軋糖長條狀，裡面還吃到新鮮花枝顆粒，口感彈牙好吃。

雙人國民套餐，套餐有一盤豬梅花(可另選牛五花)、香嫩人參雞腿肉、蔬菜丸餃綜合盤。

INFO

高雄市新興區中山二路 472 號 | 886-7-201-3888 | 周一至五 5:30pm-1:00am；周六及日 11:30am-3:00pm、5:30pm-1:00am

壽喜燒吃到飽

Map6-1/ C3

Mo-Mo-Paradise ⑬

捷運中央公園站 2 號出口

來自日本Wondertable集團，Mo-Mo-Paradise是旗下品牌之一，主打日式壽喜燒，Mo-Mo原來是取自牛的叫聲「哞」而來，在台灣北中南都有分店。店內以紅色為主色系，帶有一點中式風，座位依據空間劃分為長條形，右側加裝茶玻璃，增加空間感，即使聊天也不會被隔壁桌影響到。

一開始的菜盤已由餐廳搭配好，之後服務人員會推著小推車做桌邊服務，再由客人喜好來添加。

這裡只有牛肉和豬肉二種選擇，用餐時間為90分鐘吃到飽。

INFO

高雄市新興區五福二路 262 號 2 樓 | 886-7-216-7188 | 11:00am-10:00pm | http://www.mo-mo.com.tw/

童年好滋味 ⑭ Map6-1/ A2

高雄牛乳大王

高捷中央公園站 3 號出口步行 10 分鐘

高雄牛乳大王於1966年創立至今，原來只是華王飯店對面的小小木瓜牛奶攤檔，現在已是高雄人氣的連鎖餐廳，高峰時期曾有26間分店之多。必喝之選，當然是招牌的木瓜牛奶，味道香甜濃郁，對女士更有美容豐胸的功效呢！另外，現製的多士、三文治也是當地人日常的早餐之選。

招牌的木瓜牛奶

INFO

高雄市前金區中華三路 65 之 5 號 | 886-7-282-3636 | 7:00am-2:00am

Map6-1/ A1 ⑮ 涼浸浸

Aru.gori 日式刨冰喫茶店

高捷中央公園站 2 號出口步行約 10 分鐘

高雄的夏天溫度非同小可，所以冰品店是降溫的勝地。有点氷主打日式刨冰，因為店舖原為古宅，所以裝飾順理成章走懷舊路線。老闆又仿傚台式奶茶的製法，在刨冰上加入鹹味奶蓋，令刨冰的味道及口感上都更有層次。刨冰定價約NT150-220，無論口味配搭、顏色以至名字都絕不馬虎。客人也可按喜好在刨冰上加添紅豆、芋頭、地瓜、白玉等配料，DIY打造心儀的冰品盛宴，每種配料額外收費，特別受女士歡迎。

INFO

高雄市前金區市中一路 165 號 | 886-7-335-5022 | 周一至四 2:00pm-9:00pm；周五至日 1:00pm-10:00pm；周二公休 | aru.go

宇治初雪，鹹奶蓋+抹茶蜜+蜜紅豆，抹茶採用京都小山園抹茶粉，茶味十足。

波光粼粼，滿滿的愛文芒果蜜+愛文芒果肉，夏季期間限定推出。

烘焙達人
歐貝拉

Map6-1/ D3

16

高捷中央公園站 2 號出口步行 10 分鐘

歐貝拉成立於1995年，是全台第一家以日式洋果子手工餅乾的專門店。其藍莓乳酪蛋糕，更擊敗全台百多位對手，獲台灣《蘋果日報》舉辦的母親節起士類蛋糕評比選為第1名。另外，餅店的佳拉特餅乾也不容錯過。餅乾使用產於法國西北部極優質的Le Gall奶油烘焙，奶味濃郁，香脆順滑，絕對媲美五星級酒店餅房的出品。

INFO

高雄市新興區林森二路 221 號 | 886-7-216 5430 | 10:00am-9:00pm | http://www.opera-1995.com.tw/

冰山大爆塔
冰塔

Map6-1/ D3

17

高捷中央公園站 2 號出口步行約 5 分鐘

草莓狂想曲NT230

雪霜炙葡萄NT230

如果要以一個字去形容冰塔的食物，一定是「大」字。冰塔的食品全部外形都超誇張，一個女孩子要KO一份甜品隨時都有點吃力，不過以「手機先吃」的大前題，卻是呃like妙品，所以大受歡迎。人氣冰品鳳梨雷夢以鳳梨肉、檸檬雪花冰、牛奶雪糕及棉花糖組成，食得慢隨時會發生「山泥傾瀉」。而芒果雪花更把芒果冰、芒果肉與芒果汁分開上枱，由你調校每口分量，非常細心。

INFO

高雄市新興區文化路 64 號 | 886-7-281-3152| 12:00nn-10:00pm | https://www.facebook.com/btod1118/

非一般肉粽 雲家肉粽 / 金桔檸檬

18

Map6-11

高捷中央公園站 2 號出口步行約 15 分鐘即達

位於國民市場入口旁的雲家肉粽已有三十幾年歷史，曾吸引大批媒體前來爭先報道。有別於香港常吃到的廣東粽，雲家肉粽在用料及調味上都與我們吃慣的有所不同，但一直深受高雄當地人的喜歡。

雲家除了肉粽之外，金桔檸檬也是店家招牌。

肉粽，三層五花肉滷到相當入味，鹹度也夠。

菜粽，菜粽顧名思義就是沒有包肉餡的粽子，只包花生。

INFO

高雄市苓雅區青年一路 163 之 9 號 | 886-7-334-5661、939-627-037 | 7:00am-10:00pm

咖啡實驗室 美森咖啡

19

Map6-1/ C4

高捷中央公園站 2 號出口步行 10 分鐘

一杯好咖啡的誕生，涉及不同的元素，絕對是得來不易。本來是咖啡門外漢的店主吳先生，因緣際遇闖進咖啡世界，甚至考取了「咖啡杯測師」（Q Grader）的資格，能專業地檢測咖啡豆質素；而創辦美森咖啡，正好成為他的實驗室。店主與台北、台中及高雄多間著名咖啡店合作，定期推介不同產地的咖啡豆，亦一同鑽研沖煮方法。為了研發新產品，店主甚至可以閉店幾天。煮咖啡可以煮得咁盡，出品水準當然無容置疑。

除了咖啡，店內的輕食也很有水準。

INFO

前金區仁義街 223 號 | 886-7-231-2188 | 11:00am-7:00pm | https://www.facebook.com/artisantw/

MAP 7-0 美麗島·高雄車站

景點	頁數
01美麗島站-光之穹頂	7-1
02墨凡 • 美麗島商場	7-1
03鄧師傅滷味	7-2
04博義師燒肉飯	7-2
05正山東魏家水煎包	7-3
06蔬食百匯	7-3
07汕頭泉成火鍋	7-4
08老江紅茶牛奶	7-4
09老爺麵線	7-5
10花葵壽喜燒	7-5
11高雄車站	7-6
12綿菓子工坊	7-6
13老牌周燒肉飯	7-7
14高雄願景館	7-7
15三鳳中街	7-8
16高雄電腦街	7-8
Just Sleep 旅店	10-7
ACG動漫一番街	F1-0
舊振南餅店	F4-0
不二緻果	F4-1

夢幻彩虹玻璃 01 Map7-0/ D4

美麗島站 - 光之穹頂

高雄捷運美麗島站下車，搭乘手扶梯至穿堂層

美麗島站是捷運紅橘線的轉運站，有11個出口。站內的「光之穹頂」是全球最大的玻璃藝術作品，由意大利藝術家水仙大師花了四年繪製，被美國旅遊網站BootsnAll評選為世界第二美的捷運站。光之穹頂直徑30公尺，以4,500片彩色玻璃組成，呈現出鮮豔的色彩和光影效果。作品分為水、土、光、火四部分，象徵人類生命的起源、發展、創造和重生，傳達「愛與包容」的精神，是高雄的藝術地標。

INFO

高雄捷運站穹頂大廳 | 886-7-793-8888 | 5:55am-12:25mn

車站美食商圈 Map7-0/ C4

墨凡・美麗島商場

高雄捷運美麗島站

墨凡・美麗島商場是高雄捷運美麗島站的新商圈，位於地下一樓，以「城市中心休憩站」為概念。商場內進駐了許多平民美食，包括台灣小吃、日式料理、西式餐廳等，目前有ANNIO安妞韓食、路人咖啡、麵屋高一日本師傅手作的拉麵、MR.HOKTO生巧克力等人氣食肆，是一個集合交通、藝術、美食、購物於一身的好去處。

INFO

高雄捷運號美麗島站 B1 及 B2 層 | 886-7-236-0436 | 12:00nn-8:00pm | https://www.mofan.co.com/

獲獎無數
鄧師傅滷味

Map7-0/ E4

03

高捷美麗島站 8 號出口步行約 15 分鐘

鄧師傅滷味店不僅被評選為「高雄十大特色伴手禮」，更獲評鑑為「亞洲66家特色餐廳」之一！店舖於1984年開業，現時共有8家分店，就連SOGO、漢神百貨與小港機場都見其蹤跡。主理法國菜經驗豐富的鄧師傅，曾到香港和日本學藝，善於將家常菜式演化為珍饈美食，法式牛肉麵便是他最得意之作。

法式牛肉麵
自創法式牛肉麵，湯底用牛骨與洋蔥蒜頭汁熬煮而成，濃郁而不油膩。

滷豬腳
嚴選上等豬腳，以獨家乾燒法滷製3小時，而且一鍋只滷8顆，確保吸收全部精華。

INFO
高雄市新興區中正三路 82 號（仁愛街口）| 886-7-236-1822 | 11:00am-9:00pm | www.chefteng.com/ | NT200

燒肉教父 04
博義師燒肉飯

Map7-0/ D4

高捷美麗島站 5 號出口步行約 5 分鐘即達

博義師燒肉飯開了四十多年，透過口耳相傳之下，將博義師的美名傳承至今，許多燒肉店可以說是從這家店出來自行創業，所以叫它是高雄燒肉飯始祖一點也不為過。小店堅持用料新鮮，做法傳統，多年來就憑一碗燒肉飯俘虜無數食客芳心。

魯肉飯，選用了均勻的三層肉，充滿油亮感。

燒肉飯，肉片吃起來有點像豬肉乾，但比豬肉乾口感還要軟一些和不油膩。

INFO
高雄市新興區復橫一路 276 號 | 886-7-251-5518 | 6:30am3:00pm | https://www.facebook.com/eazyhappy1204

食包包食飽 正山東魏家水煎包 05

Map7-0/ E2

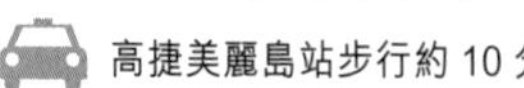

高捷美麗島站步行約 10 分鐘即達

店家創始人魏老闆原籍山東，過去老家就是以販售水煎包維生，水煎包融入了自己的創意與口味，為了與當時一般水煎包做區隔，於是才給予正山東名號，沒想到當初只是推著車沿路叫賣的生意，如今演變成高雄在地知名人氣水煎包。

INFO

高雄市新興區忠孝一路 478 號 | 886-7-235-1460 | 2:00pm-6:30pm；周日公休

肉包，裡面的內餡是由豬肉與蔥花為主，肉餡是採用豬後腿肉。

菜包，內餡以高麗菜為主，而且並沒有切得很細，還吃得到脆脆口感。

Map7-0/ D2

愈食愈健康 蔬食百匯 06

高捷美麗島站 11 號出口步行 10 分鐘

蔬食百匯 Double Veggie 設於捷絲旅旅館的2樓，這裡提供港人最喜愛的自助餐，不過食物全是素。雖然沒有大魚大肉，但餐廳挑選的都是最新鮮的食材，烹調手法亦結合了多元化各國料理的特色，薄餅、壽司通通有齊。健康之餘，收費亦非常實惠，平日自助晚餐每位 NT438，就算是專攻甜品，要回本也不會太困難。

INFO

新興區中山一路 280 號捷絲旅旅館 2 樓 | 886-7-973-3586 | 午餐 11:30am-2:00pm、晚餐 5:30pm-9:00pm ；周三公休 | 平日午晚餐 NT438，假日午晚餐 NT488 | https://www.facebook.com/doubleveggie/

凱旋 三多商圈 中央公園 美麗島 高雄車站

滾足70年 07 **Map7-0/ C3**

汕頭泉成火鍋

高捷美麗島站 1 號出口即達

1943年創立的汕頭泉成火鍋，目前已經由第三代來繼承，當時的台灣與大陸政局情勢動盪不安，創始人張老先生在高雄當碼頭捆工，遇到了也是來自汕頭的外省老攤販，成為忘年之交，後來老攤販年事已高，便將沙茶醬傳承給張老先生，張老先生傾一生的努力與鑽研，將汕頭沙茶醬的美味發揚光大，成為今天飲食界名店之一。

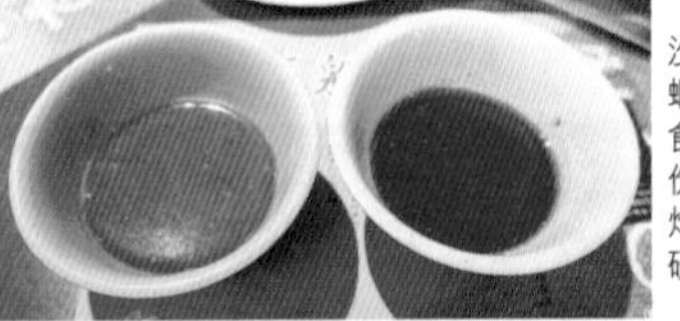

沙茶醬是使用扁魚、蝦米、蒜頭、蔥等食材，依不同食材水份的不同而分開油炸，再將炸好的食材研磨成細細的顆粒。

INFO

高雄市新興區中山橫路 7 號 | 886-7-288-5599 | 11:00am-1:00am | http://www.shantou.com.tw/

半夜三更都好幫 **Map7-0/ C4**

老江紅茶牛奶 08

高捷美麗島站 1 號出口步行約 5 分鐘即達

肉包，肉餡是那種細豬肉末，相當夠味，和雪白的麵皮相當夾，而且裡面還有蛋黃，讓味道更香醇好吃。

老江紅茶牛奶在高雄相當知名，這家店已經營了一甲子，當時就是二十四小時全天候營業，可以説是當地經營商店全年無休的始祖。老江的商品大致分為三類，以飲料茶品、中式早點、甜點為主，沒想到綠豆椪、蛋塔、麻糬這樣傳統甜點，竟然可以在這裡找到。

左邊是紅茶牛奶，右邊是招牌紅茶，紅茶是屬於阿薩姆茶一種，味道很香令齒頰留香。

INFO

高雄市新興區南台路 51 號 | 886-7-287-7317 | 24 小時營業 | http://laochiang.com/

小吃三寶 Map7-0/ B3

老爺麵線 09

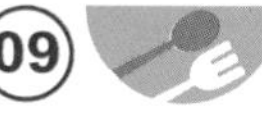

高捷美麗島站 1 號出口步行約 11 分鐘即達

店家的產品就三樣：麵線、臭豆腐、炸黑輪，原本老爺麵線是從小攤子做起，至今經營差不多40年，後來才有今天的店面。經過食尚玩家報道後，那陣子真得生意很好，特別是麵線超好賣，未打烊隨時都已沽清。

炸黑輪，使用長條狀的黑輪，炸過後口感彈牙，和水煮出來的黑輪風味大不同。

臭豆腐，略欠驚喜，僅是合格之作。

麵線，小碗的份量也蠻多的，裡頭除了麵線外，還有豬肉、魚漿造成口感像長方形魚板的食材，非常特別。

INFO

高雄市前金區明星街 142 號 | 886-7-286-0028 | 11:00am-5:30pm

居酒屋氛圍 Map7-0/ A3

花葵壽喜燒 10

高捷市議會站 4 號出口步行約 10 分鐘即達

「花葵」是取自日本藝伎最高地位「花魁」同音之義，比起其他平價壽喜燒店，花葵多了一些老闆私房日式料理，加上食材新鮮與沾醬特別，難怪開店不久即大受歡迎。雖然空間不大，卻有一種很溫馨的感覺，空氣中瀰漫著壽喜燒的香氣，以及店家熱情的招呼聲，令小店充滿日式居酒屋的氛圍。

雖然樓面有兩層，但可接待的客人不超過30人。

葵套餐，除了肉類，蔬菜種類也不少，有高麗菜、青江菜、紅白蘿蔔、洋蔥、野蓮、香菇、玉米筍、豆腐、豆皮等等。

INFO

高雄市前金區自強一路 96 巷 28 號 | 886-7-215-9235 | 11:30am-3:00pm、5:00pm-11:30pm

凱旋 三多商圈 中央公園 美麗島 高雄車站

高雄全新交通樞紐 新高雄車站 ⑪

Map7-0/ D1

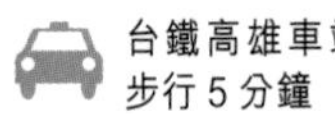
台鐵高雄車站步行 5 分鐘

新高雄車站建築工程早於2018年10月已完成第一階段，而整個新車站規劃預計於2025年完工。屆時車站將整合捷運、台鐵、客運、公車與計程車於一站，成為南台灣的重要交通樞紐。台鐵及捷運站目前已啟用，乘客進入車站大堂首先會見到壯觀的天花，橢圓燈半藏於天棚上，似白雲又似鵝卵石，令車站瞬即成為打卡熱點。

未來高雄車站完整的規劃圖。

設計師把台灣廟口燈籠意象融入車站天棚中，既富現代感又尊重傳統。

INFO
高雄市三民區建國二路 320 號

百變棉花糖 綿菓子工坊 ⑫

Map7-0/ B1

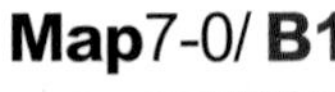

台鐵高雄車站步行 5 分鐘

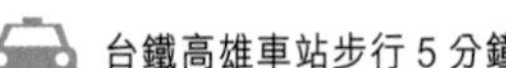

棉花糖冰棒，棉花糖外衣裹著冰棒，口感新奇。

桶裝(NT110)及隨手包(NT65)棉花糖，有十多種口味選擇。

綿菓子工坊把棉花糖的口味發揮到極致，它出品的桶裝及隨手包棉花糖，總共有十多款口味，除了大家熟悉的草莓、抹茶，較少見的咖啡拿鐵、水蜜桃可以必思，甚至梅子、海苔味都有提供，而且保存期最長2個月。店家另一人氣之作是棉花糖冰棒，其實就是棉花糖外衣裹著冰棒，口味共有12款，更可加入不同的topping配料。想浪漫溫馨，這裡還有棉花糖花束，一支盛惠NT199雖然不便宜但勝在別出心裁，相信另一半都會收貨。

INFO
高雄市三民區嫩江街 2 巷 8 號 | 886-7-322-3827 | 12:30nn-6:30pm | https://www.facebook.com/Mianguozi/

創於1972年的味道
老牌周燒肉飯

Map7-0/ A2

高捷高雄車站步行約 15 分鐘

屹立於高雄市七賢路的老牌周燒肉飯，於1972年成立，已有35年歷史，在高雄市已設有多家分店。這裡的烤肉都是用碳爐烤出來，保留了肉的原汁原味，豬肉經過獨門秘方醬汁醃製後再炭烤，十分入味！一碗細小的白飯，卻配上多塊大燒肉、酸薑和青瓜配料，不用再加上任何醬汁已令人回味無窮！

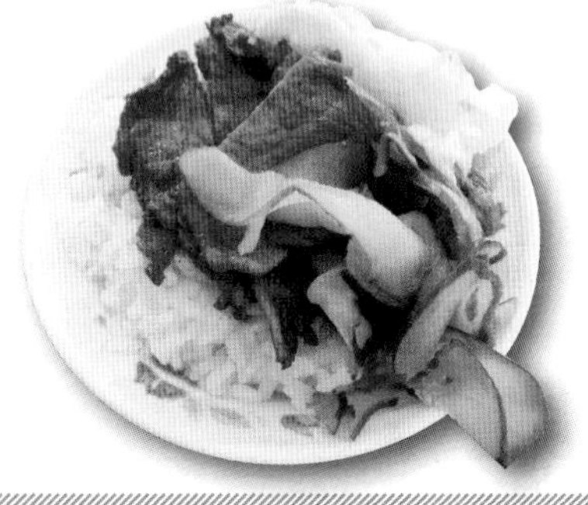

INFO

高雄市三民街 152 號 | 886-7-241-1257 | 11:00am-8:40pm

Map7-0/ D1

60年的舊火車站 ⑭
高雄願景館

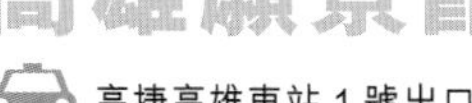

高捷高雄車站 1 號出口即見

高雄願景館其實就是舊高雄車站，車站於1941落成。主體為和洋混合式建築，日本建築師稱為「帝冠樣式建築」，具有西洋式玄關、大廳，但也具有如「日光廟」的屋宇結構，是凡爾賽宮加上日光廟的混合權威形式，3層樓的火車站是當時高雄市的地標。

為了保存這座日治時代的歷史建築，高雄市政府特別把它遷移至新火車站旁邊，更名為「願景館」，讓遊客可細味火車站的建築和歷史。

INFO

高雄市三民區建國二路 318 號 | 886-7-973-3888 | 10:00am-6:00pm；周一公休 | 免費

南北貨重點 **Map**7-0/ **A1**

三鳳中街 ⑮

高捷高雄車站 1 號出口往建國三路方向步行約 15 分鐘

三鳳中街是一個歷史十分悠久的古市集，全長約400公尺，只賣南北雜貨，包括烏魚子、八仙果、肉鬆、粉圓、餅乾蜜餞、綠豆糕和地瓜香菇等都可以買到，一次過在這條街買手信送親友便不用四處找尋了，更可省下不少寶貴的旅遊時間呢！

以南北貨為主的三鳳中街，一次過可買到不少親友託帶的手信！

INFO

高雄市三民區三鳳中街 | 9:00am-9:30pm

廉價電腦特賣！ **Map**7-0/ **A1**

高雄電腦街

高捷高雄車站 1 號出口向建國二路步行約 10 分鐘

從建國路民族路以南到林森路段，是高雄市電腦軟、硬件最大的買賣市場，又可稱為電腦街。在電腦街售賣不論數碼產品、電腦周邊產品、軟硬組件都相對比香港便宜，且軟件種類、應用程式、電腦相關雜誌種類也十分豐富和齊全。

在電腦街裡，很新型的型號但價錢卻十分便宜，分分鐘執到好貨品！

INFO

建國二路復興一路到民族一路之間 | 商店大部分於 11:00am-8:00pm 營業

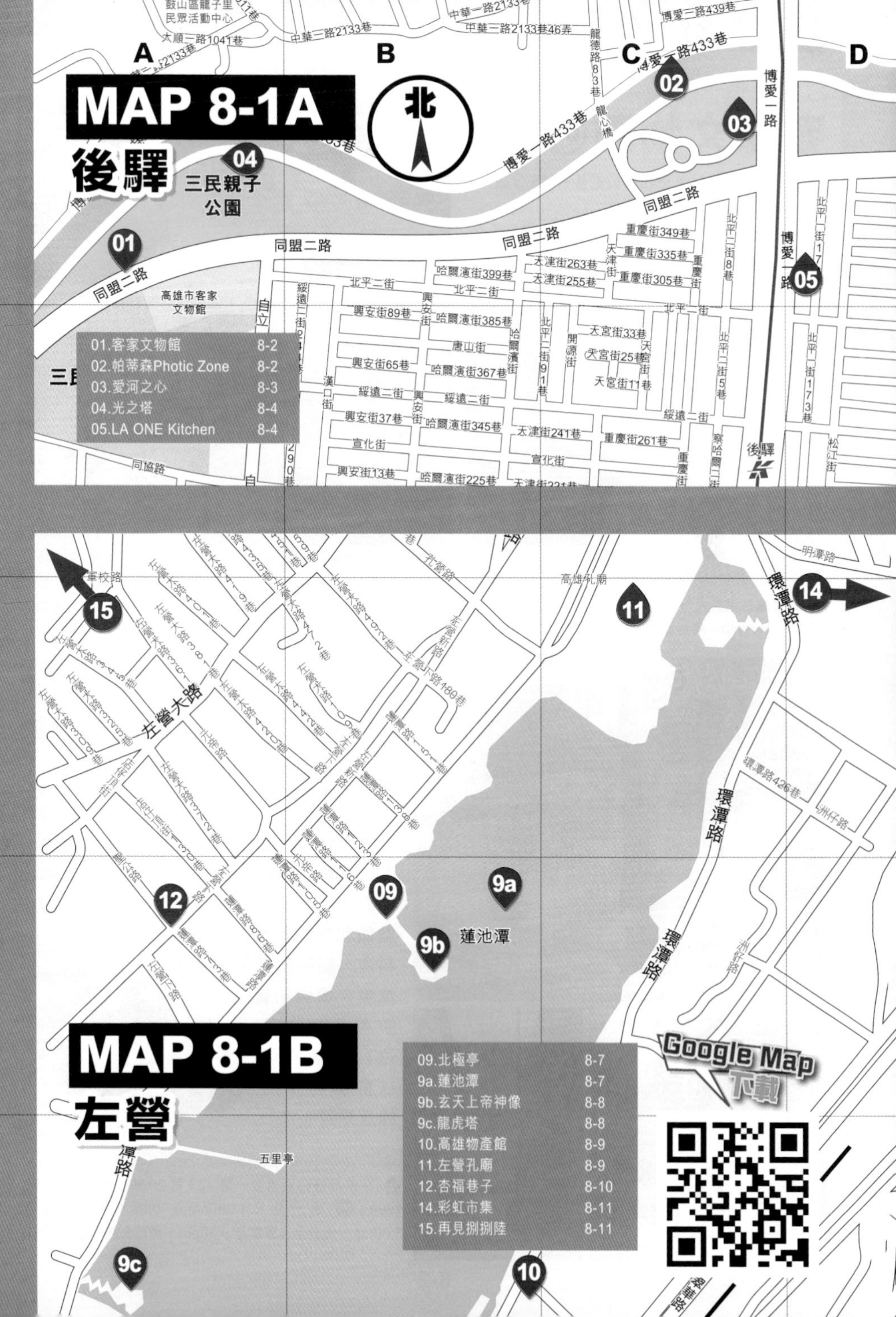

MAP 8-1A
後驛
三民親子公園
高雄市客家文物館
01.客家文物館 8-2
02.帕蒂森Photic Zone 8-2
03.爱河之心 8-3
04.光之塔 8-4
05.LA ONE Kitchen 8-4
MAP 8-1B
左營
蓮池潭
高雄孔廟
五里亭
左營大路
環潭路
09.北極亭 8-7
9a.蓮池潭 8-7
9b.玄天上帝神像 8-8
9c.龍虎塔 8-8
10.高雄物產館 8-9
11.左營孔廟 8-9
12.杏福巷子 8-10
14.彩虹市集 8-11
15.再見捌捌陸 8-11
Google Map 下載

了解客家文化 Map8-1A/ A1

客家文物館 01

高捷左營站 2 號出入口約步行 15 分鐘

高雄歷史與客家人密不可分，許多客家人從早期開始移居南部，將客家文化帶入台灣。後驛站有一座佔地800坪的客家文物館，展示客家人在台灣的生活和文化影響。文物館仿照客家建築，如紅瓦琉璃、三合院等，展品包括農業用具、嫁娶用品等，都是客家人捐贈的珍貴文物。

以玩具搭成的場景佈置，把客家人的生活景況展示，十分有趣又不沉悶。

INFO

高雄市三民區同盟二路 215 號 (三民二號公園內) | 0886-7-315-2136 | 免費 | 周一至六 9:00am-12:00nn、1:30pm-5:00pm；周日公休

Map8-1A/ C1

森林系玻璃屋

帕蒂森 Photic Zone 02

附近便是愛河之心，放眼望去盡是美好風景。

高捷後驛站 1 號出口步行約 9 分鐘，
或乘高雄輕軌愛河之心站下車步行約 6 分鐘

帕蒂森Photic Zone位於高雄愛河之心旁，隱身於茂密的樹林中，以玻璃屋打造出明亮清爽的用餐環境。餐廳提供各種意粉、燉飯和炸軟殼蟹三文治等西式料理，都是用新鮮的食材炮製。情侶約會不妨選靠窗的座位，用餐時可以觀賞河岸的綠意景致。

建築以玻璃為主體，引入自然光，打造明亮清爽的用餐氛圍。

INFO

高雄市鼓山區博愛一路 433 巷 20 號 | 886-7-552-1998 | 周一及三 11:00am-6:00pm、周二營業至5:00pm、周五至日營業至 9:30pm；周四公休 | 帕蒂森 Photic Zone

台版塞納河 Map8-1A/ C1
愛河之心 03

高捷後驛站 4 號出口步行 10 分鐘，或乘高雄輕軌愛河之心站步行約 6 分鐘

耗資了一億七千萬台幣打造，位於高雄市博愛一路和同盟一路的愛河中上游，愛河之心是由東湖與西湖構成，兩湖中間興建一座橋貫通，形狀好似一個心形。這裡的自行車道與美麗的湖岸景色，已經是高雄市人的優質休閒空間。

愛河之心原本嚴重淤塞並無美景可言，直至市政府於2007年進行大規模的改造工程，愛河之心這個人工湖才得以落成。這兒亦有單車出租，可騎著單車沿愛河自行車路線欣賞河岸美景。

愛河之心由東湖和西湖組成，東湖面積約 1 公頃，栽種蘆葦、香蒲等水生植物，以發揮綠化淨水功能；西湖面積約 2.1 公頃，較為寬廣，供愛河遊船行駛停靠，並作為景觀湖。兩湖之間有一座長約 100 公尺的情人橋，橋型優美。橋面設有燈光，夜間每隔 1 小時定時明滅一次，象徵愛河之心與情人之心的跳動，展現動人夜景。

S形橋在燈光的襯托下，顯得浪漫。

愛河流經鼓山、鹽埕、三民、前金、苓雅等區而注入高雄港。

INFO

高雄市三民區三民一號公園

千變萬化 **Map**8-1A/ **A1**

光之塔 04

高捷後驛站 4 號出口步行 15 分鐘

光之塔原為台電高架鐵塔，2017年由當地政府改造為觀光景點。光之塔高約40公尺，以紅、橙、黃、綠、藍、靛、紫七彩色彩為主，象徵著彩虹。白天，光之塔就像空中的彩虹；夜晚，燈光變幻，呈現另一番景象。遊客可從螺旋階梯登上觀景台，欣賞愛河美景，欄杆上也介紹了台電的歷史。光之塔不僅是高雄市的地標，也是遊客觀光的好去處。

INFO

高雄市三民區三民一號公園內 | 全日開放；亮燈時間：6:00pm-10:00pm

台法共融 05 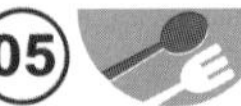 **Map**8-1A/ **D1**

LA ONE Kitchen

高捷後驛站 4 號出口步行 5 分鐘

大地之味，精選台灣小農場20種時令蔬菜，單看賣相而感到「鮮氣迫人」。

LA ONE Kitchen & Bakery由台灣名廚Thomas Chien簡天才開設。Thomas多年來曾服務多間頂級法國餐廳，又曾與米芝蓮三星主廚合作，造就一身好廚藝。他提倡融合「法式頂級　廚藝」與「台灣在地優良食材」，特別擅長展現南台灣海鮮食材的細緻鮮美。LA ONE Kitchen布局幽雅，其開放式廚房就像舞台一樣，讓客人能親眼見證廚師們華麗的表演。

INFO

高雄市三民區博愛一路380號 | 886-7-322-8864 | 午餐 11:30am-2:30pm、晚餐 5:30pm-10:00pm | http://www.laone.com.tw

火腿菠菜水波蛋早餐NT320。

鮮蝦蝦汁鳥巢義大利麵NT390，選用了南台灣特有的火燒蝦，鮮甜味美。

南台灣最大型美術館 06

高雄市立美術館

高雄輕軌美術館站下車

高雄市立美術館，簡稱高美館，是台灣第一座大型公共美術館，佔地約八公頃。展覽空間分為八區，主要展示當代藝術、南島藝術、高雄藝術等不同類型的作品，並定期舉辦國內外的特展和交流活動。此外，美術館也設有圖書室、教育室、兒童美術館、內惟藝術中心等多功能的服務空間，園區內還有雕塑公園、人工湖、戶外音樂廳和濕地等自然景觀。

龍貓隧道

美術館站旁長約 550 公尺的「龍貓隧道」，兩側小葉欖仁樹高聳茂密，陽光穿透樹葉，形成綠色隧道，宛若龍貓世界入口，吸引許多人拍照。

列車穿梭在樹林之間，形成一條綠色隧道。

INFO

高雄市鼓山區美術館路 80 號 | 886-7-555-0331 | 周二至日 9:30am-5:30pm；周一公休 | 成人 NT90、大專生 NT45；12 歲以下兒童及 65 歲以上長者免費 | http://www.kmfa.gov.tw/

同場加映

內惟藝術中心

內惟藝術中心位於高美館園區西側，於 2022 年 10 月開幕，以美術館、歷史博物館、電影館三館共構，營造出年輕人喜愛的複合式藝術據點。場內提供展覽、親子影廳、輕食咖啡、文創商品等空間，內部以無柱無梁的設計，打造出開放的空間感，讓園區既有邊界又不封閉。

一站式大型購物中心 07
漢神巨蛋購物廣場

Map8-6

高捷巨蛋站 5 號出口步行 5 分鐘

漢神巨蛋購物廣場鄰近高雄捷運巨蛋站，與高雄體育館有多處通道與體育館銜接，交通十分便利。商場包含地上八層及地下一層，專攻年輕市場以及國際潮流用品，也設有美食街、餐廳、電影院、親子樂園等設施。漢神巨蛋在建築設計上採用節能減碳的建材和空間規劃，並在建築周圍栽植了大量的樹木，營造出舒適悠閒的氣氛。

漢神巨蛋共9 個樓層，結合美食、百貨、精品及娛樂。

漢神百貨毗鄰高雄巨蛋體育館。

INFO

高雄市左營區博愛二路 777 號 | 886-800-621-688 | 周日至四 11:00am-10:00pm；周五及六營業至 10:30pm | www.hanshinarena.com.tw

全台首創精品燒肉 08
碳佐麻里精品燒肉（高美店）

Map8-6

高捷凹子底站乘的士約 10 分鐘

碳佐麻里在南部設有數家分店，而在高雄的高美店則是旗艦店，全店共設84桌，可容納500位客人，店內裝潢也是雅緻舒適。以全台首創及業界唯一的精品燒肉為旗號，選用炭火直燒的模式，食材新鮮且款式多元化。另設有午市及夜市套餐，每位港幣165起，非常抵食。

INFO

高雄市鼓山區美術東四路 562 號 | 886-7-552-6555 | 11:30am-12:00mn；周六及日提早至 11:00am 開門 | http://www.crun.com.tw/

集三大美景於一身 卍
北極亭 (09) Map8-1B/ B4

高捷左營 2 號出口乘 52 號巴士於左營市場站，下車步行 10 分鐘；或於假日在高鐵左營站乘觀光巴士「舊城區」線即達

北極亭的故事始於1982年，北極玄天上帝降臨廟內乩童諭示，玉皇上帝旨賜每年三月初三插黑令旗於潭中，後來宮廟香爐發爐，經卜筊請示，表示要興建北極亭，當地政府遂施工興建。這裡風景優美，有大型神像和蓮池潭，還有精緻的石橋和石雕。

從小路可通往蓮池潭，荷花處處，被譽為北極亭三大美景之一。

INFO

高雄市蓮潭路 106 號 | 886-7-585-4224 | 免費 | 8:00am-5:00pm

台灣十景 蓮池潭 (9a) Map8-1B/ B4

高捷左營 2 號出口乘 52 號巴士於左營市場站下車步行 10 分鐘；或於假日在高鐵左營站乘觀光巴士「舊城區」線

蓮池潭是一個清澈的人工湖，位於左營區的蓮池潭風景區，被四周廟宇環繞，由於風景秀麗，故被譽為「台灣十大美景」之一。蓮池潭舊稱「蓮花潭」，因為池畔長滿蓮花，夏天繁花盛開時，更是芳香四溢。除了賞蓮外，風景區內的春秋閣、龍虎塔和孔子廟，都是高雄非常著名的景點。

INFO

高雄市左營區蓮池潭

東南亞水上最高神像 9b
玄天上帝神像

蓮池潭畔

Map8-1B/ **B4**

蓮池潭風景區有一座高72台尺的玄天上帝神像，又叫上帝公，是東南亞水上最高的，也是左營的守護神。祂手持一把長38.5台尺、重2,300台斤的寶劍，有世界第一劍的美稱，相當威嚴。

這廟於康熙年間建築，屬古蹟之一。右為武案－趙元帥，左為文案－康元帥，其石雕於拱橋上甚有霸氣！

INFO

高雄市左營區蓮潭路 169-1 號 | 886-7-583-2468 | 6:00am-10:00pm | 免費

氣勢磅礴
龍虎塔

Map8-1B/ **A5**

蓮池潭畔

龍虎塔建於1976年，遊客要從龍口進，虎口出，有逢凶化吉之意。整座塔高7層，每層十二角，分為龍禪、虎禪兩塔。塔內有浮雕和畫，如虎塔畫有十二賢士和代表天堂極樂世界的玉皇大帝三十六宮將圖。進龍喉出虎口之後，可以從塔內通往五里亭，位於湖的中央，是拍攝角度最好的地點。

*龍虎塔目前整修中，預計 2024 年底完工，2025 年第一季重新開放。

據云：「入龍喉，出虎口」為大吉大利之象徵，遊客緊記入口為龍喉了！

INFO

高雄市左營區蓮潭路 | 886-7-585-4224 | 5:00am-9:30pm | 免費

高雄伴手禮總匯 Map8-1B/ B5
高雄物產館

10

高捷左營 2 號出口乘 52 號巴士於左營市場站下車步行 10 分鐘；或於假日在高鐵左營站乘觀光巴士「舊城區」線即達

高雄物產館是一幢位於蓮池潭湖畔的宮廷式建築，物產館分為輕食區、販售區、廚藝教室、DIY 教室、故事館、視聽教室等等。販賣部匯聚高雄在地名牌，包括農林及海洋物產。故事館導覽高雄地方物產的起源與特質，DIY 教室則會家時開班教授地道手工或小吃製作，完全寓教於樂，很適合親子共遊。

INFO

高雄市左營區翠華路 1435 號 | 886-7-582-5885 | 周一至五 1:30pm-9:30pm；周六及日 11:00am-9:30pm；周二公休

南部最大的孔廟 11
左營孔廟 Map8-1B/ C3

與北極亭相同

孔廟仿宋宮殿式建築，建於清朝年間，迄今已有百多年歷史，由於地理以蓮池潭為伴，又有鳳山對峙，屏山左拱，龜山、鼓山右輔，形成人文勝地。

孔廟內建築是仿宋代作品，紅柱迴廊的建築群是代表之一。

大成殿匾額為「萬世師表」，對聯為「氣備四時，與天地日月鬼神合其德；教垂萬世，同堯舜禹湯文武之師」。殿前有刻龍形的陛石，殿內地板全鋪古紅磚，朱紅色的圓柱身雕有12朵小花，是難得一見的建築作品。

INFO

高雄市左營區蓮潭路 400 號 | 886-7-588-0023 | 9:00am-5:00pm；周一公休 | 免費

手工天然杏仁茶 ⑫

杏福巷子 Map8-1B/ A4

高捷後驛站、左營站轉乘 301 號公車，在「左營市場」站下車步行約 5 分鐘

杏福巷子是高雄市知名的杏仁茶店，店舖位於左營區一座百年古厝內，離蓮池潭風景區不遠。食客可以在古宅中品嘗杏仁茶，感受古色古香的氛圍，別有一番風味。杏福巷子採用傳統工法製作，杏仁香氣濃郁，口感滑順，深受本地人喜愛。店內還有杏仁湯圓、杏仁豆腐、杏仁冰淇淋等，也都非常美味。

店家將古厝改造成用餐空間，保留了古厝的傳統風貌。

INFO

高雄市左營區左營下路 45 號 | 886-7-588-1180 | 11:00am-6:00pm；周一公休 | https://www.facebook.com/XinFuSweet/

親子主題館 ⑬

紅頂穀創

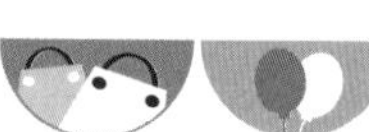

高捷左營站步行至高鐵左營公車轉運站，乘 3、90 或 E25 號公車至文藻外語大學站，下車步行約 3 分鐘

紅頂穀創是一間以穀物為主題的觀光工廠，結合穀物藝術、生產線實境、咖啡餐飲等多功能。廠內設有四大展區，介紹穀物的種類和營養價值等，讓遊客近距離觀察穀物加工的過程。一樓為工廠自營咖啡店，室內裝潢呈英式鄉村風，提供意粉、披薩、穀物飲料等料理，另有伴手禮店販售馬玉山自家製的穀物沖泡飲品。二樓設有 DIY 穀物體驗區，由專人指導選穀物、磨穀粉、包裝，製成品可帶回家享用，趣味十足。

由馬玉山食品成立的觀光工廠，館內可以選購特色手信。

INFO

高雄市左營區民族一路 709 號 | 886-7-346-0333 | 觀光工廠 9:00am-5:00pm；餐廳 10:00am-6:00pm | NT100 | https://www.redbarn709.com/

反傳統新潮市集 彩虹市集

14 Map8-1B/ D2

高捷左營站走約 2 分鐘

這個高達模型可是合照的熱點之一。

位於左營捷運站新光三越旁的彩虹市集，其實是新光三越的分館，它是一個結合觀光、購物的新興室內市集。市集分設4種主題：創意、潮流、世界、童玩，一改傳統市集的商場經營形象。除了當地的設計品牌小店外，還有 GBT II 鋼彈旗艦2號店進駐場內，高達迷絕對不容錯過。場外亦有歡樂工場、LEGO及 TOY WORLD 等玩具店，啱晒大人小孩一起遊逛。

市集內還有親子互動的小樂園可供玩樂。

GBT II 鋼彈旗艦2號店

INFO

高雄市左營區高鐵路 115 號 | 886-7-346-9999 | 11:00am-10:00pm | https://www.facebook.com/skm350

懷舊眷村園區 再見捌捌陸

Map8-1B/ A1

高捷後驛站、左營站轉乘 301 號公車，在「軍校路 (海功路口)」站下車步行約 7 分鐘

再見捌捌陸是全台最大的海軍眷村，於2018年由原來的「明德新村」遷移到現址。園區內有眷村時代館、眷村文物館、眷村生活館等展館，帶大家重回當時軍眷們的文化、生活等情景。園區還保留了許多眷村原有建築，如將軍宅、眷村教堂、眷村商店等，也有客廳、飯廳、廚房等居家場景，讓人身臨其境地感受眷村的獨特風情。

園區的名稱「再見捌捌陸」是因為全台有 886 個眷村，而這裡是最後一個保留下來的海軍眷村。

INFO

高雄市左營區海富路 | 886-7-581-2886 | 周二至五 11:00am-5:00pm；周六及日 10:00am-6:00pm；周一公休 | https://khh.travel/zh-tw/attractions/detail/337 | 成人 NT35；65 歲以上長者 NT25；120cm 以下兒童免費

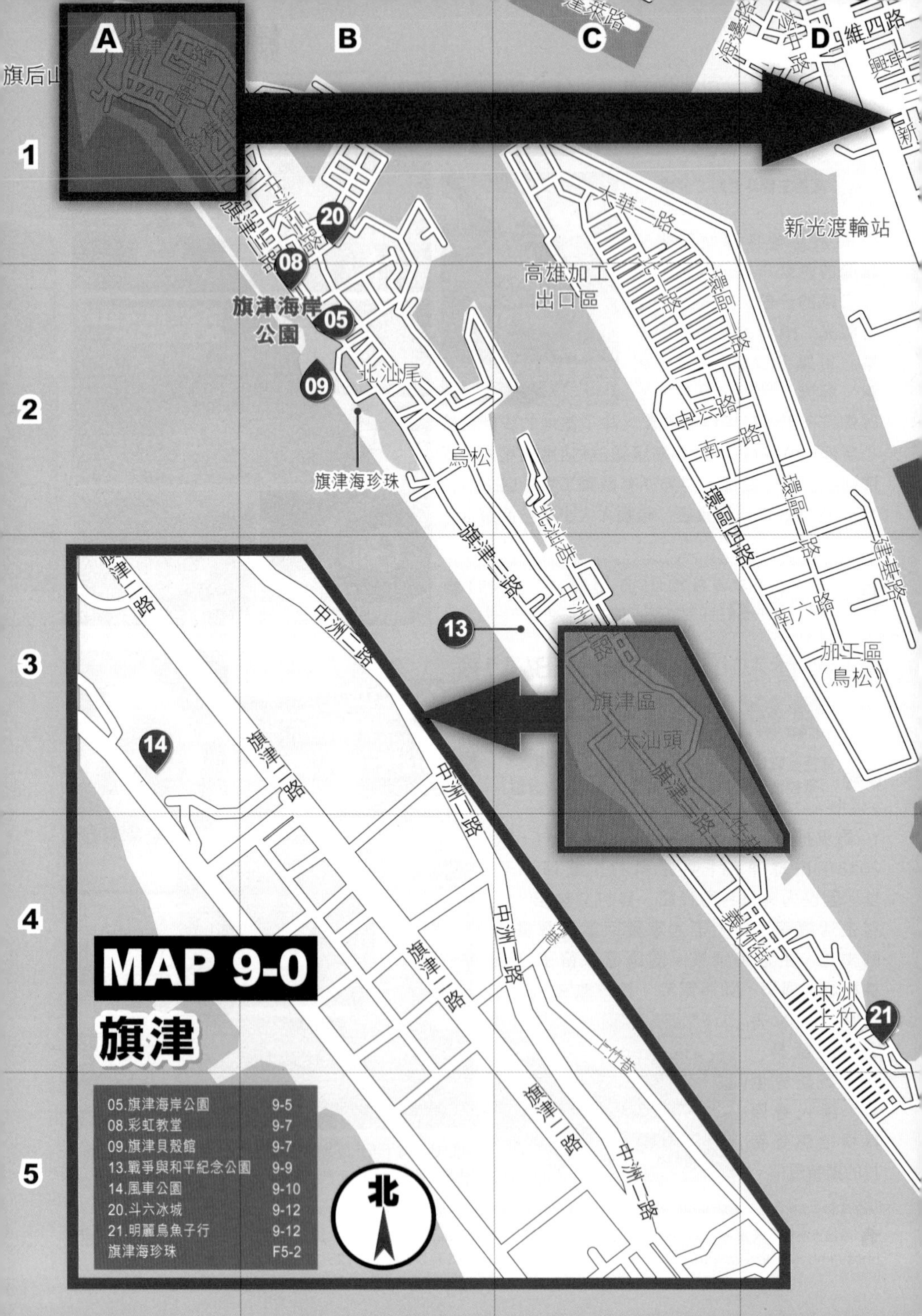
MAP 9-0
旗津
05.旗津海岸公園 9-5
08.彩虹教堂 9-7
09.旗津貝殼館 9-7
13.戰爭與和平紀念公園 9-9
14.風車公園 9-10
20.斗六冰城 9-12
21.明麗烏魚子行 9-12
旗津海珍珠 F5-2
北
旗后山
旗津海岸公園
北汕尾
旗津海珍珠
烏松
高雄加工出口區
新光渡輪站
加工區（烏松）
旗津區
大汕頭
中洲上府
旗津二路
中洲二路
旗津三路
中洲三路
北汕巷
上竹巷
環區一路
環區二路
環區四路
中六路
南一路
南六路
建基路
維四路

MAP 9-1
旗津
A
B
C
D
1
2
3
4
5
北
海岸路
高雄市政府
警察局
通山路84巷
海岸路
通山路
通山路84巷
廟前路103巷
旗下巷
文正巷
旗后山
永安巷
吉祥街
永安巷
廟前路
通山路
大關路
廟前路53巷
中洲三路562巷
大關路30巷
廟前路60巷
廟前路42巷
吉祥街
廟前路1巷
旗津醫院
廟前路2巷
廟前路42巷
大關路
發祥街
中洲三路757巷
中洲三路737巷
中洲三路
旗津三路
中洲三路687巷
中洲三路
安樂巷
安樂巷
旗津三路978巷
旗津三路970巷
旗津三路
中油旗津
高雄市立圖書
01.旗津渡輪站 9-2
03.旗後砲台 9-4
03a.星空隧道 9-4
04.高雄燈塔 9-5
06.旗津海水浴場 9-6
07.旗津沙灘吧 9-6
10.旗津天后宮 9-8
11.旗後觀光市場 9-8
12.旗後教會 9-9
15.不一樣赤肉庚 9-10
16.廟前路•豐收廣場 9-11
17.烤小卷 9-11
18.蕃茄切盤 9-11
19.椪嫂番薯椪 9-12
22.旗津海產街 9-13
23.海的故鄉 9-13
Google Map 下載

屹立半世紀 Map9-1/ D2

旗津渡輪站 01

乘高捷橘線西子灣站步行 5 分鐘至鼓山輪渡站，再乘渡輪至旗津

旗津渡輪站是旗津市唯一由水路往返鼓山的交通工具，深啡色的渡輪站帶點古樸味道，對旗津居民來說，多數居民出入高雄市便依靠渡輪作主要工具。渡輪服務時間5:00am-2:00am，單程現金優惠票NT30，一卡通、悠遊卡優惠價NT20。除了旗津線，另有海上巴士來回鼓山和旗津，中間停棧貳庫。單一票價$80，有關詳細航班資訊請翻閱2-1頁。

史努比 × 旗福二號，逢周二、四、六啓航。

咒術迴戰 × 旗福一號，逢周一、三、五、日航行。

INFO

高雄市旗津區廟前路 86 號 | https://kcs.kcg.gov.tw/

三輪車遊旗津

旗津是高雄的舊繁華區，道路窄巷多，以前居民多用三輪車代步，因時代轉變只剩下15台。在碼頭一落船便見到，想省腳力可以乘坐三輪車環遊旗津，感受不同的風景，車伕也會介紹沿途的景點。

輕鬆半日遊 Map9-3

旗津騎單車路線 02

遊客可在渡輪站的下船後，可以先在碼頭附近租車，這一帶有很多租單車店。普通單車NT100-150/小時，電動車NT200-400，雖然電動單車租金會比普通單車高，不過駕駛時超方便輕鬆，所以貴些也可接受。如果想再省一點錢，還可以租借Youbike，4小時內每30分鐘NT10。Youbike的租借處在海水浴場附近，可以由此作為起點，一直踩至旗津三路，途中可欣賞美麗的海岸線風景。

單車沿線景點

旗津輪渡碼頭
旗津區
YouBike租車地點
旗津海水浴場
旗津三路
長埕新村
旗津海岸公園
北汕尾
鳥松
中洲三路
北
旗津風車公園

海岸的守護者

日本藝術家阿部乳坊的木雕作品，背面很是帥氣的雕塑，象徵救人的勇氣。

詳細介紹：9-7頁

詳細介紹：9-10頁

海珍珠宛如一顆巨大的貝殼，高10米、寬16米、深達9米，旁邊就是貝殼館。

二級古蹟 旗後砲台

Map9-1/ A2

由旗津渡輪碼頭往旗後山隧道方向左轉見旗後炮台入口

旗後炮台位於旗後山南側，於清朝沈葆禎抵抗日軍時所建。入口處有「威震天南」和「囍」字，象徵傳統吉慶意義。傍晚時，夕陽在海面上染出一道金黃美極了！居高臨下更可無死角欣賞高雄海港景色。參觀完旗後砲台，可以繼續前往燈塔或星空隧道拍照。

INFO

旗津區旗後山頂

隧道的上空以星光打造的十二星座圖案，「抬頭望星空一片靜」。

王道十二宮 星空隧道

Map9-1/ A2

3a

由旗津渡輪碼頭往旗後砲台方向走 15 分鐘

星空隧道開鑿於日治時期，原為一條戰備隧道，穿越隧道後即見旗津灣峽，呈現壯觀的海景。星空隧道經高雄市政府改造後，成為一條有夜光星座的木棧隧道，頂部以漂流木和蓄光石裝飾，走約5分鐘就到馬雅各自行車道。隧道出口有一條海堤，將海面一分為二，海堤外波濤洶湧，還有一座珊瑚礁的自然奇景，值得欣賞。

在隧道出回處可看到巨型珊瑚礁

INFO

高雄市旗津區廟前路｜全日開放；隧道亮燈時間：5:00am-12:00mn

過往進入高雄港的船隻，都依靠燈塔辨別方向。

居高臨下 高雄燈塔

Map9-1/ A1

04

由旗津渡輪碼頭往旗後山隧道方向右轉見燈塔入口

旗后燈塔建於光緒9年，約1883年，由當時的英籍工程師於旗後山北端山頂上興建，燈塔屬文藝復興後期的巴洛克建築，主體後方則是八角形磚塔構成。在日治時代，由於日本人希望擴建高雄港而於1916年重建，現時這個在高雄港超過1世紀的燈塔，已被列入為三級古蹟。

INFO

旗津區旗下巷 34 號

Map9-0/ B2

集自然景觀和教育於一身 旗津海岸公園

05

由旗津渡輪碼頭乘的士約 10 分鐘

旗津海岸公園讓遊客能夠親身感受海岸線的風景之餘，也可從自然生態區觀賞各式各樣的植物。公園總面積佔地45公頃，景觀步道長約1公里，最具特色在於觀海平台，由15根長約15公尺的柱子支撐著觀海平台，從海岸延伸至海中，民眾可站在觀海平台上欣賞海浪的壯麗景色。目前，旗津海岸公園是高雄市最大規模的海岸公園，在旗津海岸還設置許多大型裝置藝術供拍照。

阿美族藝術家伊祐噶照的作品《心的觸角》，是章魚造型的木製裝置。

INFO

高雄市旗津區旗津三路990號 | 886-7-571-8920

每逢周末，海水浴場都吸引大批遊客專程來拍照和玩水。

夕陽下閃閃發光的沙灘
旗津海水浴場 06

Map9-1/ C4

沙灘上擺放了漂亮的沙雕供人拍照。

由旗津渡輪碼頭直走穿過海鮮街，往右直走就能到達旗津海水浴場

在海岸公園的起點位置，可以見到一個沙質細軟，海水也十分清澈的沙灘，名為旗津海水浴場，毗鄰海岸公園，當黃昏來臨時，夕陽灑落在海面上，閃爍著黃金般的光芒。沙灘的活動非常多元化，除了游泳，也有人衝浪甚至玩滑翔傘。好靜的遊客也可在觀海景觀步道漫步，欣賞海岸景色。

INFO

高雄市旗津區廟前路 1 號 | 免費

Happy Party Time 07
旗津沙灘吧

Map9-1/ C4

旗津海水浴場內

旗津坐擁清澈的沙灘、夕陽無敵靚景，當然不可或缺好玩的酒吧。旗津沙灘吧內外布置採用南洋風格、既簡單卻熱鬧。酒吧提供多樣化選擇的西式/亞洲料理及飲品，而且定時會舉辦多種沙灘體育活動，包括了沙灘足球、沙灘排球等，與及拉闊音樂會(Live Show)，讓大人與小朋友，都能體驗旗津熱鬧輕鬆的氣氛。

INFO

高雄市旗津區旗津三路 1050 號 | 886-7-571-6120 | 12:00nn-9:00pm；周五及六營業至 12:00mn | https://www.facebook.com/cijin-sunset/

旗津打卡亮點
彩虹教堂

08 Map9-0/ B2

由旗津渡輪碼頭乘的士約 10 分鐘

彩虹教堂其實不是真正的教堂，而是一組幾何形狀的裝置藝術，彩虹色系則代表幸福，為新人帶來好運祝福。裝置巧妙地與旁邊的旗津沙灘配合，構成了一幅水天一色的沙龍美景。彩虹教堂共有三組裝置，包括彩虹拱門、彩虹教堂及水池。黃昏日落是最佳取景的時機，亦吸引了很多準新人前來拍浪漫婚照，因而令景點獲選為2015雅虎10全台大爆紅景點第二名。

INFO

旗津區旗津三路 990 號 | 24 小時 | 高雄旅遊網 https://khh.travel/

震撼貝殼王！
旗津貝殼館

09 Map9-0/ B2

由旗津渡輪碼頭乘的士約 10 分鐘

高雄旗津貝殼館是全台及東南亞最大的貝殼館，收藏了超過2千種台灣常見的貝殼和200多種螃蟹。館內可觀看五大貝殼天王，包括世界最大的二枚貝、圓形口蓋的龍宮貝、活化石的鸚鵡螺等等。鸚鵡螺有「天然潛水艇」之稱，全球約有4至5種，貝殼館內就收藏了其中3種；二枚貝則是貝殼中的巨無霸，產於南太平洋等地，現場有一座70多公斤的二枚貝，不妨去參觀一下。

INFO

高雄縣旗津區旗津三路 990 號 | 886-7-571-8920 | 9:00am-5:00pm；周一公休

Map9-1/ C2

保佑風調雨順
旗津天后宮 ⑩

由旗津渡輪碼頭進入廟前路 3 分鐘即見

旗津由於面海，水產特別豐富，居民多以捕魚為生，自古以來，人和海洋的關係總是密不可分，大海養活了無數居民的生計，但也曾經無情地奪去人類寶貴的生命。

天后宮可謂旗津人民的精神堡壘，這座已超越3世紀的天后宮，終年香火鼎盛，媽祖保佑出海的漁民平安，現已是區內的三級古蹟。

INFO

高雄市旗津區廟前路 95 號 | 886-7-571-2115

超凡的建築！
旗後觀光市場 ⑪

Map9-1/ C4

由旗津渡輪碼頭步行 15 分鐘

旗後觀光市場是近年高雄市政府重新興建的建築物，位於海水浴場對面，本身是一座又老又舊的街市，經斥資2億改頭換面後，建成一座具有海洋特色的大樓，把原本又濕又污穢不堪的市場徹底改變，合共160家店舖進駐，一樓主要是開放式攤位，設有手信小食等供遊客選購，2樓和3樓則是美食街，可品嘗新鮮的旗津海產。

改建後的旗後觀光市場，其魚骨形鋼構外觀，加上雙層隔熱及太陽能光電綠建築，2010年更獲得「2010國家卓越建設獎」金質獎，成為旗津觀光的新地標。

INFO

高雄市旗津區旗津三路 | 平日 8:00am-7:00pm；周六營業至 11:00pm；周日至 9:00pm

台灣第一間基督教長老教會
旗後教會 ⑫ Map9-1/ C3

由旗津渡輪碼頭步行約 10 分鐘

教堂內展示了馬雅各醫生的簡介。

1865年清朝與英法聯軍之役後，高雄港開放通商，蘇格蘭長老教會傳教士馬雅各醫生往當地傳教並成立打狗禮拜堂。1935年教堂改建為仿羅馬式建築，黃褐色洗石子外牆古樸典雅，與熱鬧的旗津街市成強烈對比。2013年，這座過百年歷史的建築重新修繕後再度開放，保留了舊教堂的拱門、窗台，添加仿哥德式尖頂，重溫旗津人的集體回憶。

高雄市旗津區廟前路 13 號 | 886-7-571-1571 | 採預約制

許昭榮先生的紀念碑。

悲傷的歷史
戰爭與和平紀念公園 ⑬ Map9-0/ C3

由旗津輪渡站乘的士車程約 15 分鐘

旗津風車公園附近有一座紀念公園，是台籍老兵許昭榮先生為了紀念二戰和國共內戰中犧牲的六萬台籍士兵而發起興建的，於2009年落成。公園內有紀念館，展示歷史文物。主題館外牆有一幅台灣人穿不同軍服的圖，表達台籍士兵的悲哀，也期盼歷史不再重演。

高雄市旗津區旗津二路 701 號 | 886-7-571-9973 | 公園 24 小時，紀念館 10:00am-6:00pm；周一公休 | 免費入場 | https://www.facebook.com/WarandPeaceMemorialPark/

風力發電
風車公園

14 Map9-0/ A3

由旗津輪渡站乘的士車程約 15 分鐘

最初看見這7座三葉式風車時，還以為是公園內的大型擺設；想不到這幾個風車竟能供應4小時電力，晚上10時前公園的燈光便來自風力發電。現時風車公園更是全台首個集合觀光、休閒與環保的風力發電休閒公園。

INFO

高雄市旗津二路 | 全日

人氣熱店
不一樣赤肉焿

Map9-1/ C2

15

由旗津輪渡站步行 5 分鐘

赤肉火庚在台南及高雄地區相當普遍，這家自稱「不一樣」的店鋪，卻時刻擠滿人，到底它賣的赤肉火庚有何不同？淺嘗一口發覺加了高麗菜，所以不會被香菇、蝦米這些常見配料奪去湯底和肉的鮮味，味道零舍清甜。

沾上番薯粉炸熟的肉口感酥脆，配上清甜的湯底份外好吃，難怪當地人都推介為不能錯過的人氣美食。

INFO

高雄市旗津區廟前路 56 號 | 886-929-369-631 | NT150 | 平日 11:00am-8:00pm；周六營業至 5:00pm；周日公休

逛旗津老街 Map9-1/ C3

廟前路・豐收廣場 ⑯

由旗津渡輪碼頭步行約 10 分鐘

旗津豐收廣場是一個展現海洋文化的公共空間，以高9米的裝置藝術「風收・豐收」為主題，象徵海洋之母的雙臂隨風轉動，彷彿海洋女神將狂風收納起來，寓意狂風平息，漁獲豐收。廣場周邊還有許多古早美食，廟前路和中洲三路兩邊有各種小吃和海鮮店，像是炭烤小卷、赤肉羹、地瓜椪、魚肚皮湯等，一次吃到飽旗津的地道風味。

INFO
高雄市旗津區廟前路 1 號

吃貨推介

回味無窮 ⑰ Map9-1/ C3

烤小卷

由旗津輪渡站步行 10 分鐘

旗津老街上有很多售賣小食的攤檔，曝光率最高的首推烤小卷。幫襯那一家也沒有所謂，因為價錢和味道都相差不遠。烤小卷其實是燒魷魚，塗上特製的甜辣醬汁後，將魷魚烤至油亮，魷魚煙韌得來帶點辣味，好食到不得了！

INFO
高雄市旗津三路 | 9:00am-9:00pm（每檔不同）

口味與別不同

番茄切盤 ⑱

由旗津輪渡站步行 5 分鐘

這個在網上獲得一置好評的番茄切盤，無論如何也一定要試。番茄的味道和平常的沒有分別，但那碟混合了糖粉、薑末和醬油的特製沾醬，卻改寫了番茄的味道；就連平時不吃番茄的攝影師，也大讚鹹鹹甜甜十分好味。

番茄切盤
用薑末、糖粉、醬油混和而成的醬汁中和了番茄的酸味，這種美食原來是南部及高雄的特產。

Map9-1/ C2

INFO
高雄市旗津區廟前路 70 號 | 2:00pm-11:00pm

最好吃的番薯球 ⑲

椪嫂番薯 Map9-1/ C2

由旗津輪渡站步行 5 分鐘

又大又圓的番薯椪跟夜市的地瓜球有點相似，但外皮更厚更煙韌，而且餡料有番薯蓉和花生碎，熱辣辣十分好吃。不過想吃也要看緣分，因為攤檔很早就掛上「已售完」的牌子；即使早來也要慢慢輪候，所以建議你到旗津後先來攞籌，那就不會錯過這日賣千個的美味小吃。

番薯椪
番薯味超香濃，外皮很有嚼勁！

INFO

高雄市旗津區通山路 40 號 | 2:00pm-6:30pm

外層的朱古力脆皮味道濃郁，牛奶味雪糕則香滑可口，兩種口味堪稱絕配。

冰餅雪糕
用澳洲牛奶人手製造，有牛奶、朱古力、花生、酸梅等口味，配上香脆的餅乾同吃，更是一絕。

古早雪糕

斗六冰城 Map9-0/ B1 ⑳

由旗津輪渡站乘的士約 5 分鐘

隨著新派雪糕店愈開愈多，傳統冰室供應的雪糕雪條反而更叫人懷念。斗六冰城開業於1978年，多年來保持著舊式冰室的風格，售賣獨家配方手製雪糕、雪條和紅茶。牛奶冰條味道又香又濃，曾被台灣多份報章及電視台報道，是旗津著名的地方小吃。

INFO

高雄市旗津中洲三路 450 號 | 886-7-571-3850 | 10:00am-10:00pm

蔡瀾推介

明麗烏魚子行 ㉑ Map9-0/ D4

由旗津輪渡站乘的士約 5 分鐘

香港甚少機會吃到烏魚子，來到旗津這個盛產烏魚子的地方，當然要買一些送給親戚朋友做手信。芸芸店子中，嗜吃烏魚子的蔡瀾就推介了明麗烏魚子行；這家店製作烏魚子已有20多年，做出來的成品油潤富光澤，味道濃淡得宜，想試試味的話，也有烤熟的烏魚子供應。

INFO

高雄市旗津區中洲二路 68-11 號號 | 886-955-082-129 | 7:00am-8:00pm

海鮮迷必到 Map9-1/ C2

旗津海產街 ㉒

由旗津輪渡站步行約 3 分鐘

旗津漁獲豐富，想買手信可到旗津海產街，那兒的產品種類豐富，保證大有收穫。想即時開餐歎海鮮，碼頭附近就開了不少海鮮店，全部在門前即點即煮。講好食未必及得上西貢，但這兒有不少特色海產供應，而且價錢也比香港便宜幾倍。

就連鹹魚、醃肉也有得賣，與一般手信店分別極大。

海產街內有數十家售賣海產及乾貨的店舖，熱鬧程度可媲美街市。

INFO

高雄市旗津區廟前路 35 號 | 10:30am-8:30pm（各店營業時間不同）

特色手信店

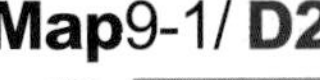

Map9-1/ D2

海的故鄉

旗津輪渡站對面

一踏出碼頭就被醒目的招牌所吸引，最初還以為是一家售賣普通精品的手信店，誰知裡面竟收藏了上千件與海洋有關的古董！在旗津土生土長的店主自小就喜歡收集船上器具及零件，20多年前開設了這家小店，售賣紀念品之餘，亦展示了他的珍藏品，儼如一間小型海洋古董博物館。

除了旗津的特色手信外，還展出了船藝品及大量航海設備古董，叫人眼界大開。

INFO

高雄市旗津區海岸路 14 之 9 號 | 886-989-862-221 | 9:00am-9:00pm

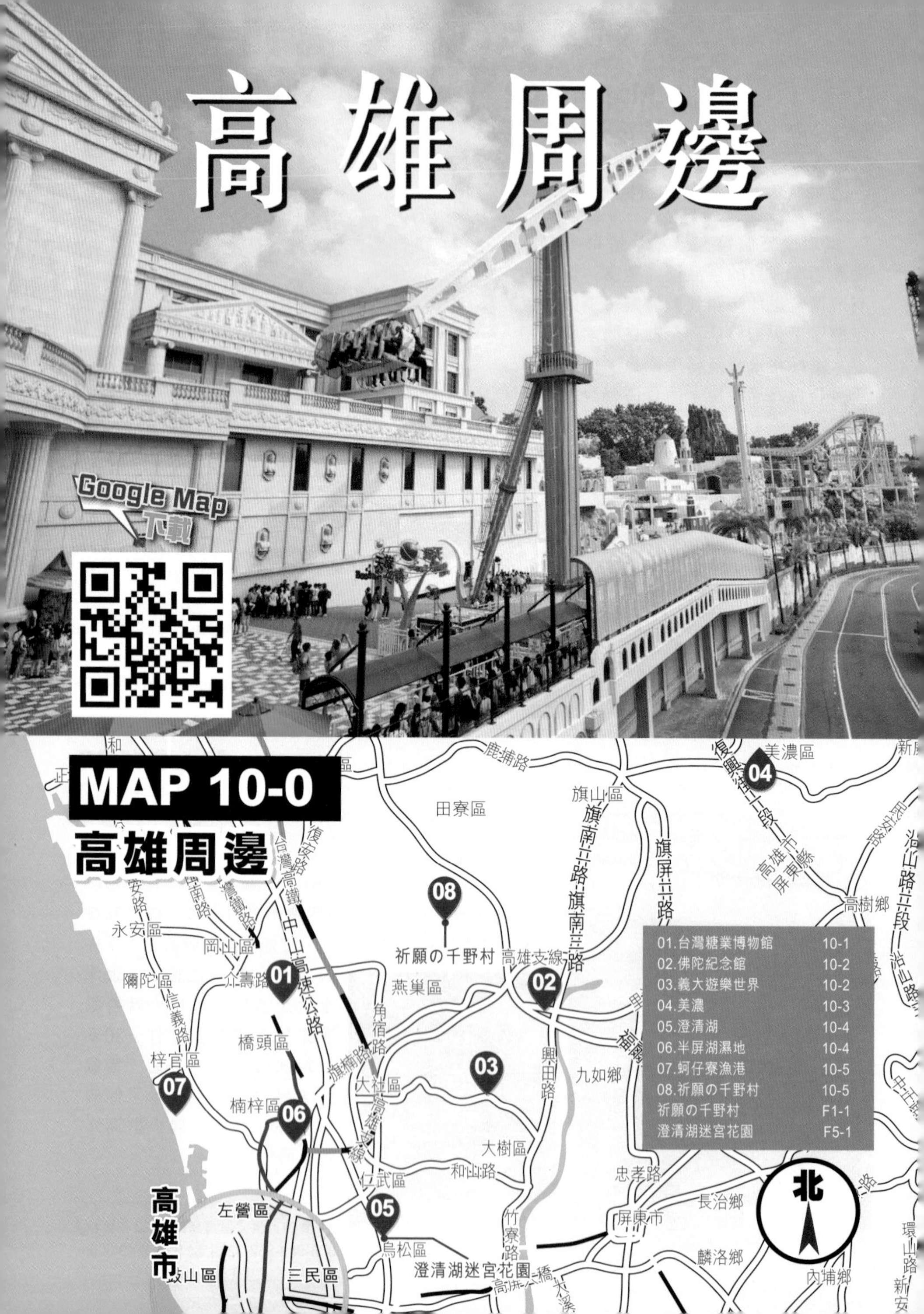
高雄周邊
Google Map
下載
MAP 10-0
高雄周邊
01.台灣糖業博物館 10-1
02.佛陀紀念館 10-2
03.義大遊樂世界 10-2
04.美濃 10-3
05.澄清湖 10-4
06.半屏湖濕地 10-4
07.蚵仔寮漁港 10-5
08.祈願の千野村 10-5
祈願の千野村 F1-1
澄清湖迷宮花園 F5-1
祈願の千野村
澄清湖迷宮花園
田寮區
旗山區
美濃區
永安區
岡山區
彌陀區
燕巢區
橋頭區
梓官區
楠梓區
大社區
大樹區
仁武區
左營區
鳥松區
三民區
九如鄉
長治鄉
屏東市
麟洛鄉
內埔鄉
高樹鄉
高雄市
北

歐陸建築風格的前糖廠行政區。

Map10-0

賣糖的光輝年代 01
台灣糖業博物館

高捷橋頭糖廠站 2 號出口

高雄台糖廠建於1901年，糖廠目前已停產，原有建設被保留下來，打造成博物館。館內展示了台灣糖業的發展和文化，遊客可以參觀日式宿舍、防空洞、紅磚水塔等古蹟。糖廠內有大樹、鐵道和花田，廠方特意把當年用以運庶的五分仔車，用作園內觀光車供人使用，終點為高雄花卉農園中心。

INFO

高雄縣橋頭鄉橋南糖廠路 24 號 | 886-7-611-9299 | 9:00am-4:30pm | www.taisugar.com.tw

【園區歎茶之選】

昔日的糖廠宿舍，隱身在園區之中。

吉照故里 茶道院

前身是糖廠的廠長宿舍，保留了日據時代的建築風格。現改造為茶館，提供日式茶道體驗，你可以在古色古香的氛圍中，品嘗抹茶、和菓子和茶泡飯的滋味。

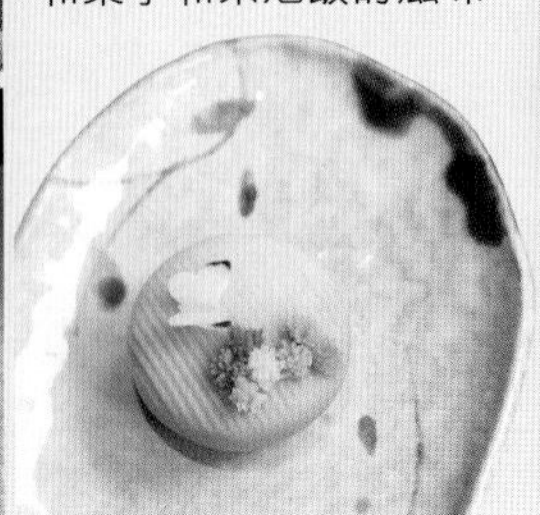

禮佛聖地 02 Map10-0

佛陀紀念館 卍

高雄左營高鐵站轉乘台鐵至九曲堂站，再轉搭高雄客運或的士至佛光山

高雄佛陀紀念館佔地一百餘公頃，館內可見到一尊五十米高的銅佛、八座代表「八正道」的寶塔，以及四座代表「四聖諦」的菩提伽耶正覺塔，地下設有地宮四十八間，可欣賞到各種與佛陀有關的聖物，如恆河金沙、轉法輪塔石塊、涅槃塔的五穀磚等，無論是否佛教徒都非常值得參觀。

佔地甚廣的佛陀紀念館，由星雲大師耗時9年才建成。

INFO

高雄市大樹區統嶺里統嶺路 1 號 | 886-7-656-3033 | 本館平日 9:00am-6:00pm；周六及日 9:00am-7:00pm | http://www.fgsbmc.org.tw | 免費

Map10-0

主題樂園X購物中心

義大遊樂世界 03

高捷左營站 1 號出口至公車第五號站牌，轉搭義大客運前往

以希臘式場景打造的義大樂園，有三大主題區：衛城、聖托里尼和特洛伊城堡，還有大型劇院和5D鬼船等特色體驗。旁邊的義大世界購物廣場是台首座品牌直營的Outlet Mall，700個品牌全年2折起，還有摩天輪、美食廣場、電影院等設施。

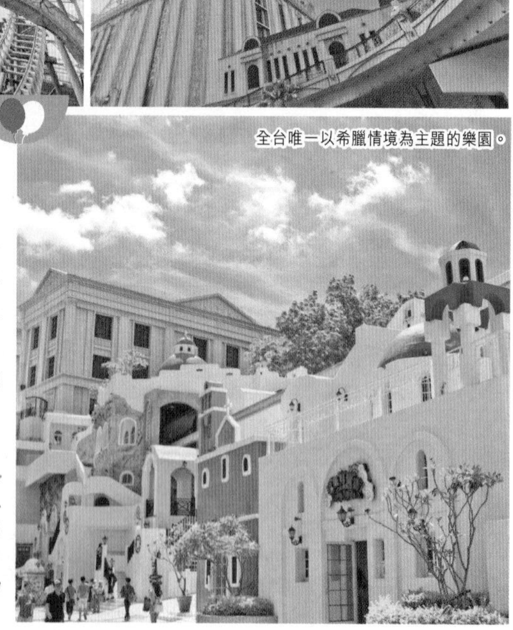

全台唯一以希臘情境為主題的樂園。

INFO

高雄市大樹區學城路一段 10 號 | 886-7-656-8080 | 樂園平日 9:00am-5:30pm；周六營業至 8:00pm；購物中心 11:00am-10:00pm；周六及日 10:00am 開始營業 | www.edathemepark.com.tw | 全票 NT899，小童 NT580

客家小鎮
美濃 04

Map10-0

高雄火車站乘 151、305、316 號客運往美濃，車程約 1.5 小時

美濃位於高雄縣東北隅，東、西、北三面環山，自然資源豐富，大多數鎮民都以務農維生，是一個民風純樸的鄉村小鎮。這兒有9成以上的居民祖籍客家，因此台灣人大都稱美濃為客家村。

INFO

高雄縣美濃鎮 | www.meinung-folk-village.com.tw

戀戀花海

每年1月中，美濃都會特別熱鬧，因為這兒的春天來得早，未到2月已百花齊放。為了吸引更多觀光客，美濃鎮由5年前開始舉行「戀戀美濃，花海饗宴」活動，種植了逾60公頃鮮花，配合美濃的好山好水，構成了一幅絕美的風景畫。

紙傘工藝

去過美濃的人，大抵都會對當地的手造油紙傘工藝留下了深刻印象。這種傳統工藝源自客家，雖然現在已沒有人使用油紙傘，不過遊客對此都很感興趣，令紙傘業成為當地其中一個重要的觀光項目，甚至成為美濃的特產。

最古老的客家菜
美光粄條店

來到美濃，當然不能錯過傳統又地道的客家菜。眾多食店中，以美光粄條店最為歷史悠久，招牌客家美食包括粄條、豬腳、炒豬腸、炒豬肚、蒸粉腸、高麗酸菜湯等。

粄條即河粉，在台灣其他地方吃粄條，前面通常都會加上美濃兩字，全因這兒的粄條出名好食。這個乾炒粄條用特製的油蔥炒香，配料不多，卻已叫人垂涎三尺。

INFO

高雄縣美濃鎮中山路一段 87 號 | 886-916-216-314 | 9:00am-6:00pm；周六及日 8:00am-7:00pm

迷宮花園中隱藏了一間猶如《魔戒》電影般的哈比屋。

迷宮奇幻之旅
澄清湖 05

Map10-0

高雄火車站乘紅 30A、60 號高雄市公車至澄清湖站，車程約 30 分鐘

位於高雄縣鳥松鄉的澄清湖，面積達103公頃，是高雄第一大湖，亦由於湖水清澈，故有「台灣西湖」之美譽。澄清湖分為風景區、水源區和遊憩區共三部分，除水源區不對外開放外，其餘地區均可入內參觀。澄清湖風景區必去處包括全台最大的迷宮花園、中興塔、鳥松濕地公園和九曲橋，當中又以九曲橋的景色最為人稱道。

INFO

高雄縣鳥松鄉大埤路 32 號 | 886-7-370-0821 | 4-9月6:00am-6:00pm；10-3月6:00am-5:30pm；周一公休 | 成人 NT100、6-11 歲兒童 NT50

九曲橋建於1960年，橋長230公尺，寬2.5公尺，支柱7支，仿上海城隍廟之九曲橋而造，是全台最長的九曲橋。由於橋面迴折九彎，因而得名。

Map10-0 06

超美的自然生態地
半屏湖濕地

高捷左營站下車步行 10 分鐘即達

半屏湖溼地串聯壽山、龜山、蓮池潭、金獅湖、援中港、美術館內惟埤、本館埤等，成為北高雄綠色廊道，另有觀景平台、木棧道、賞鳥用的鳥屋等，面積達二十公頃，各種植物和昆蟲、兩棲、爬蟲和鳥類都可以直接欣賞，運氣好一點更可看到各種溫馴的野生小動物如野兔、梅花鹿、山羌等。

INFO

高雄市左營區半屏山後巷 | 886-7-582-2371

魚市拍賣的熱鬧情況。

蚵仔寮漁港是全台現撈漁獲之冠，也是烏魚子的重要產地。

即捕即吃海上鮮 Map10-0
蚵仔寮漁港 07

高捷左營站 2 號出口轉乘紅 53 主線公車，在蚵仔寮漁港站下車，步行約 2 分鐘

蚵仔寮漁港是全台首座通過食物安全認證的魚市場，也是烏魚子的重要產地。遊客可以在這裡參觀魚市拍賣的過程，又可以在觀光市場挑選新鮮的海產，讓場外的攤檔即劏即煮，享受海上鮮的美味。蚵仔寮漁港也很重視推廣在地文化，例如提供參觀冷凍工廠、海鮮飯團DIY活動，以及乘坐觀光船遊覽，難怪在2012年榮獲十大魅力漁港第一名。

就算不吃海鮮，場內外也有很多美食小吃的攤販。

INFO

高雄梓官區漁港二路 32 號 | 886-7-619-4100 | 9:00am-6:30pm

日系景觀園區 Map10-0
祈願の千野村 08

台鐵岡山火車站乘 8008 或 8020 客運至燕巢區公衛所，再轉乘公車式小黃至燕巢區金山國小，步行約 8 分鐘

祈願の千野村是南台灣最大的日式主題園區，2023年重新改版及擴展。遊客可以免費穿上和服一小時，也可以免費參與手作活動，如手繪風鈴、扇子和搗麻糬。園區內有日系的千本鳥居、紙傘牆、燈籠牆和櫻花步道供拍照，亦可以在水池邊與可愛的水豚君們近距離接觸。晚上還有水上飄飄燈許願儀式，讓人感受日本的小村落氣氛。

INFO

高雄市田寮區七星路 80 之 20 號 | 886-909-263-105 | 2:00pm-9:00pm；周六及日 9:00am-11:00pm | 成人 NT300，門票可折抵 100 元園區內消費 | https://senyavillage.com/

高雄住宿推介

Google Map 下載
高雄住宿位置

購物金三角 01 Map5-2A/ C2

和逸飯店・高雄中山館

高捷三多商圈站 3 號出口即達

和逸飯店位處高雄市內最繁華的三多商圈，飯店被新光三越、SOGO及大遠百貨包圍，食買玩都超級方便。飯店不走豪華路線，但暖色調的裝潢及大量原木傢俱，讓住客感到溫馨。飯店首創彈性住宿安排，無論何時入住都可用足房間24小時才離開，不用上午趕頭趕命退房，體貼安排值得加分。

頂樓餐廳
Cozzi THE Roof擁有270度景觀，可以盡覽高雄夜色。

INFO

高雄市前鎮區中山二路 260 號 | 886-7-975-6699 | 雙人房 NT3,000/ 晚起 | https://hotelcozzi.com/

《舞動的粒子》裝置藝術。

藝力滿瀉 Map5-2A/ C2

晶英國際行館 02

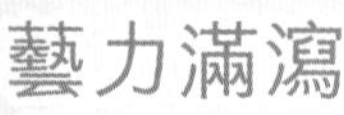

高捷三多商圈站步行 10 分鐘

晶英國際行館行精品路線，以藝術為主打。酒店陳列了台灣本土及境外共百多位藝術家的作品，有大型的裝置、亦有不同風格的掛飾。最矚目的首推設於一樓，由德國藝術團隊ART+COM Studio打造的《舞動的粒子》。在水池上的168顆金屬球，會隨著音樂躍動，金屬球、倒影、水波勾畫出不同線條，動態優美。餐膳方面，酒店設有米芝蓮星級鐵板燒UKAI亭，與及著名的日本夢幻酒吧「獺祭」，足不出戶已可在酒店盡享美食，超級方便。

黃昏時分可以在天台泳池欣賞愛河的日落美景。

INFO

高雄市前鎮區中山二路 199 號 | 886-7-973-0189 | 雙人房 NT6,500/ 晚起 | https://www.silks-club.com/

海洋皇宮 03 Map6-1/ C2

英格迪酒店 Hotel Indigo

高捷中央公園站出站即達

來自北美的英迪格酒店是洲際酒店集團的新品牌，首度赴台即選址高雄市交通四通八達的中央公園落腳。除了佔盡地利，酒店亦非常尊重高雄作為傳統海港的在地文化，在設計上融合了海洋的特色，例如在大堂會見到巨型船錨、鐵索，連房間都會仿造一些舊木箱作裝備。最特別是屋頂酒吧 Pier No.1，除了能居高臨下鳥瞰市內景致，布置亦似置身郵輪的甲板上，讓客人逍遙盪漾於美酒及夜色之中。

INFO

高雄市新興區中山一路 4 號 | 886-7-272-1888 | 雙人房 NT3,500/ 晚起 | https://www.ihg.com/

住得綠色又健康 Map7-0/ D2

Just Sleep 高雄站前館 04

高捷高雄車站或美麗島站步行約 6 至 8 分鐘

Just Sleep 捷絲旅以綠色為主調，主題套房有不同的花花圖案，甚至有兒童主題房，打造與眾不同的感官享受，貼心又溫暖。而且館內還設有 jessicafe 讓大家能喝到本地的精品咖啡，以及人氣的蔬菜自助餐廳蔬食百匯，為客人打造與別不同的綠色假期。

城市套房的設計也有好幾種，例如熱帶、質樸、淡雅風等等。

過百道的精緻蔬食料理，食得健康又放心。

INFO

高雄市新興區中山一路 280 號 | 886-7-973-3588 | 雙人房 /NT3,200/ 晚起 | http://www.justsleep.com.tw/KaohsiungStation/zh/index

數十款設計任你揀 Map6-1/ D1

艾卡設計旅店 05

高捷中央公園站 3 號出口步行約 8 分鐘

這家設計旅店就在捷運中央公園站附近，鄰近玉竹商圈，購物、覓食及交通都算方便。艾卡的房間以白色為基底，與十多位來自世界各地的藝術創作者合作，打造出數十款主題設計房間。房型共六種，雙人至六人的客房皆有提供，房內空間充盈且選擇多。

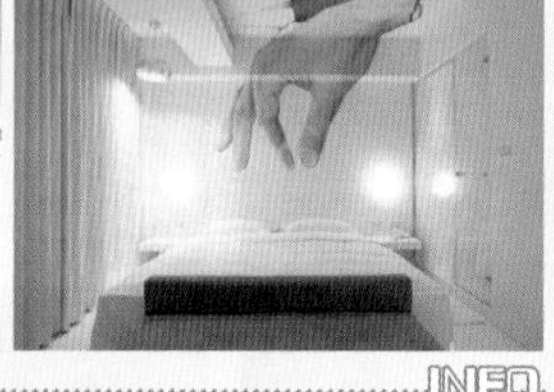

INFO

高雄市新興區民生一路 328 號 | 886-7-281-8999 | 每晚每房 NT1,280 起 | http://www.iconhotel.com.tw/rooms-tw.html

頂層的全透明泳池，號稱全台首創。

透明泳池

水京棧國際酒店 06

高捷巨蛋站步行 5 分鐘

除了英格迪，水京棧國際酒店同樣以水為主題，連名字也要加上H2O，不過此H2O不但指水，也是「Home & 2nd Office」，提供細緻的服務，包括高鐵站接送，與及免費提供旅客專用手機，讓觀光及商務旅客都住得安心。酒店外牆以LED燈光系統打造出流光水影，非常吸睛。而更大的賣點是頂層的泳池酒吧，雖然泳池不算大但採用全透明設計，不過在此暢泳一定要有see and be seen的勇氣。

免費借給住客的Handy手機，有通話及上網功能，內存高雄旅遊資訊。

INFO

高雄市鼓山區明華路 366 號 | 886-7-553-7001 | 雙人房 NT5,000/ 晚起 | http://www.h2ohotel.com.tw/

屏東市

屏東市位於屏東縣西北部，是屏東縣的縣治中心。昔日屏東市原為平埔族阿猴社的聚落，在17世紀末，開始有漢人在屏東市開墾。屏東市雖然不似高雄已發展成現代化的都市，但卻有豐厚人文歷史遺產，而且地道美食豐富，是屏東縣非常值得遊覽的景區。

高雄市往屏東市交通

由高雄左營火車站，每天有數十班開往屏東市的火車，平均每小時有3-4班，車程約40至50分鐘。

台鐵火車班次查詢：

01.屏東書院 11-3
02.阿猴城門 11-3
03.下淡水溪舊鐵橋 11-3
04.山東阿亮蔥油餅 11-4
05.台糖屏東總廠(阿緱糖廠) 11-4
06.千禧公園 11-4
07. 屏東夜市 11-5
08.王朝香菇肉羹 11-5
09. 阿良綜合冰 11-6
10.小櫃子滷味 11-6
11.阿狗切仔擔 11-6
12.滙克早午餐(屏東店) 11-7
13.鐵皮啤酒屋 11-7
14.楊家涼麵 11-7
15.張媽媽涼麵 11-8
16.大埔肉圓 11-8
17.菜寮豆花 11-8
18.大埔松仔腳肉燥粿 11-9
19.嘉樂豆花 11-9
20.唐寧苑 11-9
21.祝媽媽早餐店 11-10
22.劉記早點 11-10
23.Lili手作烘焙 11-11
24.廖家肉燥飯 11-11

接近二百年古蹟 **Map11-2/ C1**

屏東書院 01

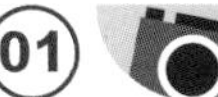

 屏東火車站步行約半小時即達

屏東書院始建於清嘉慶廿年（1815年），至1977年由名建築家漢寶德教授主持修復。 屏東書院孔子廟可以說揉合了傳統書院及大成殿的風格，前殿奉祀孔子、孟子、顏子、曾子四聖，後殿奉祀孔子世祖。至於東西廡廂形同書院齋房，則祀孔門四科十哲等成名弟子，及歷代經學家如鄭玄、朱熹等。因書院具歷史文化價值且保存尚稱完整，於1985年被評定為三級古蹟。

INFO

屏東市太平里勝利路38號 | 886-8-736-1544

見證屏東滄桑 02

阿猴城門 Map11-2/ C2

 屏東火車站步行約 20 分鐘即達

屏東市原名阿猴或雅猴，是平埔族阿猴社民所居之地，因在翠屏山之東，日據時期改為屏東。清初康熙年間，開始有漢人至屏東開闢。道光十六年（1836年），官民合力築成東西南北四城門。直至日治期，日方拆除城牆和城門，只保留東門「朝陽門」，後世稱為阿猴城門。城牆壁體用本地所產的玄武岩亂石堆砌，中央部分以紅磚砌成拱門，由內而外共有三個不同的拱徑變化，造型非常古雅。

INFO

屏東市公園段 3 小段 17 地號（縣立體育場內）

百年雄偉大橋 **Map11-2/ A4**

下淡水溪舊鐵橋 03

 屏東火車站乘的士約 30 分鐘即達

下淡水溪大鐵橋建於日治大正二年（1913年），採用「鋼桁架橋樑」結構形成，是日本工程師飯田豐二負責監造，所有的鋼樑構材皆在日本製造後，再運來台安裝，當年曾經是東南亞最長的鐵橋。二戰後，台灣政府重新修築橋樑，配合橋下河濱公園的規劃整建，重新塑造在地居民的休閒生活空間。

INFO

屏東縣高屏溪下游

鬆軟可口

Map11-2/ B2

山東阿亮蔥油餅 04

屏東火車站步行 20 分鐘即達

阿亮是來自山東的老闆名字，他年輕時開始以蔥油餅維生，累積了好口碑。蔥油餅麵皮層層分明，外皮酥香，裡面的麵香讓人停不了口，鬆軟口感與紮實麵香、蔥香充滿傳統古早好味道。店家更提供了沒有殺傷力的不辣辣椒醬，只有鹹甜的味道，跟蔥油餅可是絕配。

麵皮層層分明，外皮煎到酥香。

蔥油餅煎好後再切成小塊方便入口，最後裝入紙袋，完全沒有加胡椒粉之類的。

INFO

屏東市公園西路 1-7 號 | 886-8-734-0185 FB：阿亮蔥油餅 | 2:30pm-6:30pm；周日公休

色彩繽紛小火車 05

Map11-2/ C4

台糖屏東總廠(阿緱糖廠)

屏東火車站步行約 30 分鐘即達

屏東總廠是台灣糖業公司昔日的三大總廠之一。工廠建於1909年，直至1997年才停產。現存於廠內的除了文物館，還有5棟日式昭和時期建築(不對外開放)。糖廠內設有冰店，可以品嘗不同口味如紅豆或花生的冰品。而最珍貴是展示當時運送蔗糖往全台糖廠，稱為五分車的小火車。火車產自不同國家，有德國、比利時，且各具特色，火車迷不可錯過。

INFO

屏東市復興路 245 號 | 周一至五 9:00am-5:00pm；周六及日公休

都市之肺

Map11-2/ D1

千禧公園 06

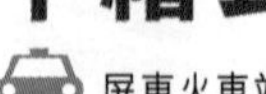

屏東火車站步行約 30 分鐘即達

千禧公園被稱為「都市之肺」，佔地13.2公頃，是屏東兩大公園之一。千禧公園採自然工法設計，低密度開發，保留了原始綠地的清新自然。而為了保留自然風貌，千禧公園建造時盡量減少人工建物，因此放眼望去一片新綠，讓人心曠神怡，四季各有不同樣貌。

INFO

屏東縣屏東市勝利路

由朝食到晚 Map11-2/ B3

屏東夜市

屏東火車站步行約 5 分鐘即達

在台灣，要了解一個地方的飲食文化最好的方法就是逛夜市。位於屏東市民族路口上的屏東觀光夜市，以美食小吃著名。每天從早到晚都有營業，攤位各具特色，各式佳餚包羅萬象，不管是肉圓、雞肉飯、肉粽或者是茶飲、冰品應有盡有，實在是老饕逛街的好去處。除了美食，夜市四周亦有不少售賣百貨飾品的攤販，其款式未必合你心意，但也可近距離了解當地人的生活和品味。

INFO

屏東市民族路與復興路口

屏東夜市美食

住家口味 08 Map11-2/ B3

王朝香菇肉羹

屏東夜市不像一般夜市有分時間營業，幾乎是全年無休服務著在地人，屏東夜市幾乎包辦了許多人的三餐，每到用餐時間，總是人聲鼎沸。置身其內的王朝已經有三十年歷史，不知陪伴了多少屏東人，價格實在卻又不失美味，菜式簡單卻甚有住家味道。

香菇肉羹 王朝

香菇肉羹，滑嫩的肉塊與酸味適中有著柴魚味的湯頭，簡單得來不失美味。

炒飯，米飯炒得粒粒分明，油油亮亮卻有著濃郁蛋香。

炒米粉，米粉炒上色之後放入少許豆芽菜，最後淋上肉燥，這就是屏東夜市的炒米粉。

INFO

屏東市民族路 29 號 | 886-8-7662068

冷熱隨意  **Map11-2/ C3**

阿良綜合冰 ⑨

阿良綜合冰在屏東算是小有名氣的冰店，即使寒流來襲，屏東人照樣買冰來吃。這裡的冰料都是比較傳統，採用自助式，自己拿容器裝冰料再秤重，與一般的甜品店大有分別。天氣較冷時，店家也有提供熱湯品。

老闆娘的拿手酸梅，只此一家。

冰料種類和份量按個人喜好挑選。

INFO
屏東市民族路 62 號 | 886-8-732-0838

經濟又飽肚 **Map11-2/ C3**

小櫃子滷味 ⑩

小櫃子滷味的種類至少有三十幾種，多數種類都是單價NT10，只有少數像豬肝或鴨翅、腸子等單價比較貴，海帶、小豆干、豆皮、黑輪片、百頁豆腐、米血等都是每樣NT10，客人只要告訴老闆所需的種類，老闆就會幫客人夾到塑膠袋裡，每一樣數量都不少，實在是非常經濟又飽肚。

店家還會免費贈送酸菜，甜甜脆脆地配滷味真好吃。

INFO
屏東市民權路 20 號（郵局對面）| 6:00am-11:00pm；周三休息

馳名黑白切 **Map11-2/ C3**

阿狗切仔擔 ⑪

所謂黑白切就是一些豬的內臟或其他部位做成的小菜，客人只要拿起前方的盤子夾取想吃的部位，然後交給老闆並告知桌號就可以。黑白切之所以很受屏東人的喜愛，主要是醬汁味道獨特，不同的食材要沾不同醬汁，吃起來形成很特別的味道。

選料完全自助，要什麼豬雜自行挑選。

INFO
屏東市民族路 57 號 | 886-8-732-2992 | 10:00am-10:30pm

田園風味早餐 ⑫ **Map11-2/ B3**

濰克早午餐 (屏東店)

屏東火車站出站即達

在高雄著名的濰克早午餐來到屏東開店了。店內採光明亮，木質溫暖裝潢，加上鄉村風的桌椅，讓整間店充滿異國鄉村風格。點餐方式採自助式，早午餐價格NT100左右，質素雖不是很高，勝在同類食肆在屏東市較罕見，所以依然大受本地人歡迎。

冰榛果拿鐵(左)、柳橙汁(右)

主廚嫩雞拼盤(紐澳良火辣雞腿)，內容除了雞腿肉之外，有生菜沙拉、脆薯、水煮蛋、亞麻籽麵包。

INFO

屏東市上海路 1 號 | 886-8-765-6222 | 平日 6:30am-1:30pm；假日 7:00am-2:00pm；周三公休

向七八十年代致敬 ⑬

鐵皮啤酒屋 **Map11-2/ C2**

蔥爆松阪豬，松阪肉與醬汁非常配合。

泰式炸蝦。

屏東火車站步行 15 分鐘即達

取名為鐵皮屋並不是餐廳用鐵皮所打造，而是老闆在經歷大風大浪之後，選回了自己熟悉的餐飲，以一種「鐵了心要皮下去的心態」來經營，才會被取名叫「鐵皮屋」。結合了各式熱炒，加上調酒飲料等等，可以讓屏東鄉親平常有個聚餐吃飯的地方。

INFO

屏東市林森路 40-6 號 | 886-8-723-3799 | 5:00pm-12:00mn

屏東涼麵專家 **Map11-2/ A3**

楊家涼麵 ⑭

屏東火車站步行 15 分鐘即達

説起屏東涼麵，任家、王家、楊家在當地都有名氣，也是電視台美食節目報道對象。楊家涼麵一開始是在大武町眷村營業，後來眷村改建便遷移至和平路上，一賣也三十個年頭。這家的麵皮相當搶手，老闆是向眷村陝西大娘學習，其麵皮長相似客家粄條，彈牙的口感令許多老饕甘願一大早來品嘗。

涼麵(上)、涼麵大(下)，大盤的幾乎是小盤1.5倍的份量。

INFO

屏東市和平路 26 號 | 886-8-753-7364 | 6:00am-1:30pm；周一公休 | 楊家涼麵

味道啱啱好

張媽媽涼麵

Map11-2/ D2

15

屏東火車站步行 15 分鐘即達

吃涼麵，麻醬不可或缺，真正好吃的麻醬要香又不能苦，於是店家還會另加糖粉。接下來是為涼麵加醋或蒜味，醬汁的比例很重要，只要某一種味道稍為過於突出，味道就會偏差，而這家涼麵的所有調味料都發揮了各自專屬獨特味道。

要吃到好吃涼麵絕對不能心急，首先要將所有醬汁與麻醬充分拌勻。

INFO

屏東市林森路 24 之 1 號 | 886-8-722-8653 | 早上 -11:00am 左右

另類肉圓口味

大埔肉圓

Map11-2/ A2

16 

屏東火車站步行 10 分鐘即達

屏東的肉圓在全國也算知名，主要是蒸炊為主，和彰化以北炸肉圓，形成南北二大肉圓版圖。大埔肉圓卻是屏東少數以炸肉圓為主，在當地相對顯得稀少而特別。除了肉圓，店家的大腸與粉腸都相當有名，值得一試。

肉圓的外皮是炸肉圓和蒸肉圓的綜合體，有一點軟，裡面餡料豐富。

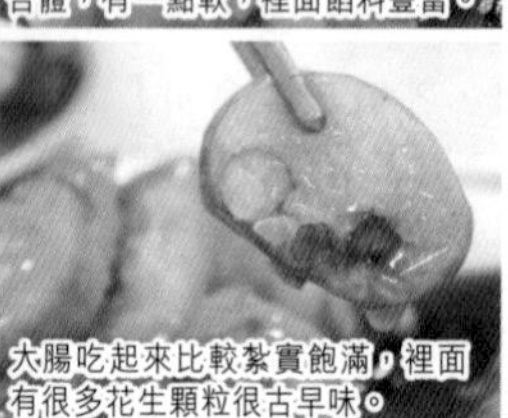

大腸吃起來比較紮實飽滿，裡面有很多花生顆粒很古早味。

INFO

屏東市忠孝路 14-1 號 | 886-8-732-5761 | 11:00am-7:30pm；周日及六公休

超濃味豆花

菜寮豆花

Map11-2/ B2

屏東火車站步行 10 分鐘即達

菜寮豆花源自高樹的菜寮，是當地有名的豆花工廠，劉老闆結束了原本的榻榻米事業，回到家人開設豆腐工廠，學到了製造豆腐的好功夫，便帶著妻子回到故鄉開設豆腐工廠。老闆堅持健康自然理念，不添加防腐劑，讓好品質的豆花，就這麼靠著客人口碑，而打響名號。

豆花細緻柔滑，而且很濃稠。

豆漿一樣很濃稠，不像外面喝到的豆味很稀。

INFO

屏東市忠孝路 84 之 1 號 | 886-8-733-3198 | 10:00am-6:00pm；周日公休

簡單又美味餐 Map11-2/ A2

大埔松仔腳肉燥粿 ⑱

屏東火車站步行 10 分鐘即達

這家已有五十年以上歷史的老店，當地人吃過都稱讚不已。東西不複雜，卻是阿嬤年代簡單又美味的小吃，多虧後人努力維持，讓我們今天能體驗濃濃古早味的肉燥粿。

INFO

信義路 45 號 900 | 886-966-557-908 | 周一至五 7:00am-1:00pm；周六及日 8:30am-1:00pm

筒仔米糕

綜合(粿、大腸)，看起來極普通的粿裡面包了好多餡料。

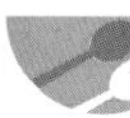

溫柔的甜味 Map11-2/ C2

嘉樂豆花 ⑲

屏東火車站步行 10 分鐘即達

這家豆花攤已有二十年的歷史，老建築配老攤子頗有古早味。這裡有豆花、綠豆湯、紅豆湯等，價格幾乎都在NT25左右，相當便宜，有冰豆花，也有熱豆花，餐枱很乾淨，所有甜品原料都放置在有蓋的容器裡，並未暴露在空氣中，衛生乾淨讓人放心。

熱花生豆花，吃在嘴裡竟然有土豆的香氣。

綠豆湯。

INFO

屏東市林森路80號前 | 9:30am-9:30pm

麻辣鍋吃到飽

唐寧苑 ⑳ Map11-2/ A1

屏東火車站步行 30 分鐘即達

店家主打鴛鴦麻辣鍋，除了麻辣鍋外，有四款白鍋口味可以挑，如日式原味鍋、養生嫩雞鍋、酸菜白肉鍋、韓式泡菜鍋。在這裡消費方式是以吃到飽為主，假日用餐限時二小時，一人NT375，不另外收服務費。小朋友依身高不同，而有不同價格。

INFO

屏東市自由路 596 號 | 886-8-733-5715 | 5:00pm-1:30am

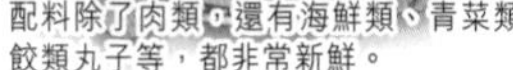

配料除了肉類，還有海鮮類、青菜類、餃類丸子等，都非常新鮮。

招牌水煎包
祝媽媽早餐店

Map11-2/ A1

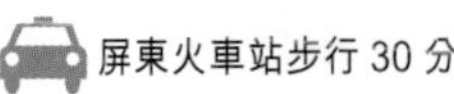

屏東火車站步行 30 分鐘即達

屏東勝利路是食肆必爭之地，要脱穎而出一定要有一項可以贏過別家的產品。祝媽媽在當地算是大店，除了早上賣早點外，其他時間也有賣臘肉、香腸，真是五花八門。而祝媽媽的水煎包特別受到當地人的喜愛，實力不容忽視。

INFO

屏東市勝利路 186 號 | 886-8-766-5651 | 8:00pm- 翌朝 9:30am；早餐逢周四公休、宵夜逢周三及四公休

煎得金黃酥脆的韭菜盒 NT25。

蛋餅NT30，手工蛋餅是當場現煎，餅皮是使用麵糊煎至熟成，特別是蛋香味四溢。

店家招牌之一的臘肉花捲NT30。

勝利路王者
劉記早點

Map11-2/ A1

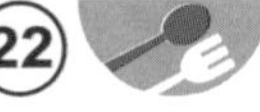

屏東火車站步行 30 分鐘即達

説起屏東勝利路這條路上的美食，不得不提人氣相當火紅的劉記早點，其熱門程度聽説連買早餐也要拿號碼牌。店家製餅的火候有一定水準，小籠包更是第一名商品，蔥花大餅口味多種，幾樣酥餅很適合當下午茶點心，燒餅夾蔥蛋也很推薦，所以它成為王者也絕非僥倖。

蔥花大餅是店家招牌之一，裡面的蔥花烤過後和麵皮散發十足香。

小籠包裡面比較像肉包，主要以鮮肉為主，鮮肉味道鮮甜味美。

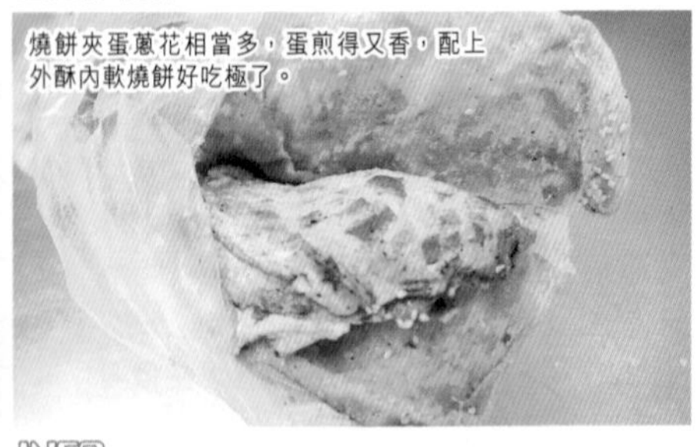
燒餅夾蛋蔥花相當多，蛋煎得又香，配上外酥內軟燒餅好吃極了。

INFO

屏東市勝利路 206-5 號號 | 886-8-766-0395 | 4:30am-11:30pm；周一公休

由老屋改建的烘焙咖啡店，保留著古舊紅磚建築特色。

明窗淨几 23

Lili 手作烘焙

Map11-2/ A1

屏東火車站步行 15 分鐘

相比起高雄市的繁鬧，屏東市顯得較平靜古樸，而Lili手作烘焙則是一間令人眼前一亮的小店。Lili手作烘焙雖鄰近屏東市最熱鬧的勝利道，但卻隱身巷弄裡。小店以老屋改建，卻保留了樸素的紅色磚牆，單單外觀已充滿文青味道。店內提供手作麵包和甜點，也有簡單的輕食，簡樸之餘又不失精緻。必試招牌老奶奶檸檬蛋糕，口感清新，令人回味。

紅豆牛奶吐司
NT140

每天限量供應的手工草莓生乳卷。

INFO

屏東市空翔里永城 16 號 (勝利路丹丹漢堡旁) | 886-8-765-7020 | 9:00am-6:00pm | https://www.facebook.com/lilicakehouse

屏東人秘店

廖家肉燥飯

Map11-2/ D2

24

屏東火車站步行 15 分鐘即達

從鐵皮屋搭建的店面來看，廖家肉燥飯在當地經營相當久，店家很低調，連招牌都是擺在最不顯眼的地方，要不是媒體介紹，幾次經過恐怕都不會留意這家店。總括而言店內的食品大部分訂價在NT60以下，排骨飯更是必吃之選，是一家性價比極高的小吃店。

肉燥飯，肉燥中有鹹香，飯上還撒了肉鬆，吃來有種鹹甜滋味。

魯蛋、香腸，魯蛋中的蛋黃非常香，香腸肥肉不會很多，還蠻有咬勁的。

排骨飯，炸過的排骨再輕輕浸過滷汁，非常入味，吃得出肉質新鮮。

INFO

屏東市公園東路 118-2 號號 (公園東路與民享一路交叉口) | 6:00am-1:30pm；周日公休

墾　丁

台灣南部以墾丁為最南端，面對廣闊的台灣海峽、太平洋，和巴士海峽，景色十分壯麗，素有亞洲夏威夷之美譽！

墾丁是水上愛好者天堂，喜愛衝浪的朋友可到佳樂水，浮潛、水上單車等，更可大玩特玩；不善水性的遊客可探索墾丁自然風貌，墾丁國家公園、龍鑾潭、貓鼻頭、關山日落等自然景色令人陶醉！故墾丁可謂是一年四季都適合旅遊的好地方！

恆春鎮
萬里桐
龍鑾潭
後壁湖
出水口

墾丁3大潛水勝地

墾丁除了有漂亮的海灘，同時也是潛水愛好者的天堂。以下幾個景點，都是墾丁公認的潛水勝地，無論是初學者或潛水迷，都會被海底豐富的地貌及生物深深吸引。

萬里桐

萬里桐是恆春鎮西側的一處小漁村，海底地形多變，有巨礁、深溝及裂谷，形成懸崖絕壁、峽谷隧道等奇觀。萬里桐水深10公尺以下，海床長滿各類石軟珊瑚、海扇、海柳及成群的珊瑚礁魚類等；各種貝類及海百合、海藤等分佈其中，打造繽紛的水底王國，無論是浮潛或乘坐半潛艇，都會被水中絕色著迷。

【萬里桐‧海邊水上育樂行】

地址：屏東縣恆春鎮山海里萬里路16-1號
電話：886-8-886 -9355　**費用**：體驗潛水NT2,500
FB：萬里桐‧海邊水上育樂行

後壁湖

後壁湖是恆春最大的漁港以及最大的遊艇碼頭，在浮潛區有大片的珊瑚沙灘，是浮潛、半潛艇及水上電單車等水上活動玩樂熱點。浮潛區海床夾雜著一塊塊珊瑚礁岩，其中有一個餵魚區，該處的熱帶魚群比較大膽，亦令潛水人士可以一嘗水中餵魚的樂趣。

【墾丁南勇潛水】

地址：恆春鎮大光里大光路79-56號
電話：886-8-886-6329
費用：體驗潛水NT2,500，
三合一水上活動(浮潛、快艇、香蕉船)NT600
FB：https://www.facebook.com/NanyungDiving/

出水口

出水口海灣位於後壁湖附近，由於後壁湖至南灣一帶為護漁區，魚群特多，有機會看到少見的火焰貝、梭魚群、烏賊及比目魚等，而且也不怕人。出水口以冰藍色清澈水質而聞名，因為近岸與離岸水的顏色有明顯分別，所以有陰陽海之稱，海底生態也非常多姿多彩。

【CTDiver潛水中心】

地址：恆春鎮大光路85-5號　**電話**：886-931-030-567　**費用**：體驗潛水NT2,500　**網頁**：https://www.ctdiver.com/

18-1 車城鄉、四重溪
21-0 後灣
13-1 恆春鎮
15-2 滿州鄉、佳樂水
社皆坑
楠仔
太古
屏頭公路
水坑
海口港
海口
鼻尖
石頭公
頂田
中央
北門路
中山路
海墘路
屏鵝公路
保力
保新路
新生路
大埔
省北路二段
下城仔
竹城仔
恆春五里亭機場
仁壽路
網紗
頭溝路
貓仔坑路
檻林路
太平路
麥仔田
草埔路
隱半島
四溝
四溝路
悠活度假村
悠活兒童旅館
悠活單車會館
五八山
龜山
龜山後
海生館
後灣
後面有灣
後灣36
茄苳路
南方部落餐廳
中間路
石門山
大梅
石門埔
海口山
四重溪
下埃
磊泉路
車城鄉
南港
內埔路
大石板
竹社
四林格山
四林
虎頭山
老佛山
貓仔坑內
火塘
原野
原野地
加都魯
春興路
七孔瀑布
大崎
庄內路
新庄路
恆東路
東門路
下大埔
曲境
出火
小路
福興路
福興二路
九唐
長樂
萬得路
大公路
檳榔路
檳榔
南山路
萬里得山
八瑤
上部落
高士
港仔路
港仔
港仔大沙漠
尖峰168車隊
九棚
水燭仔
埤赤山
老佛
響林
福德路
老佛路
滿州
中山路
里德
舊公路
溪仔口
呷呷連

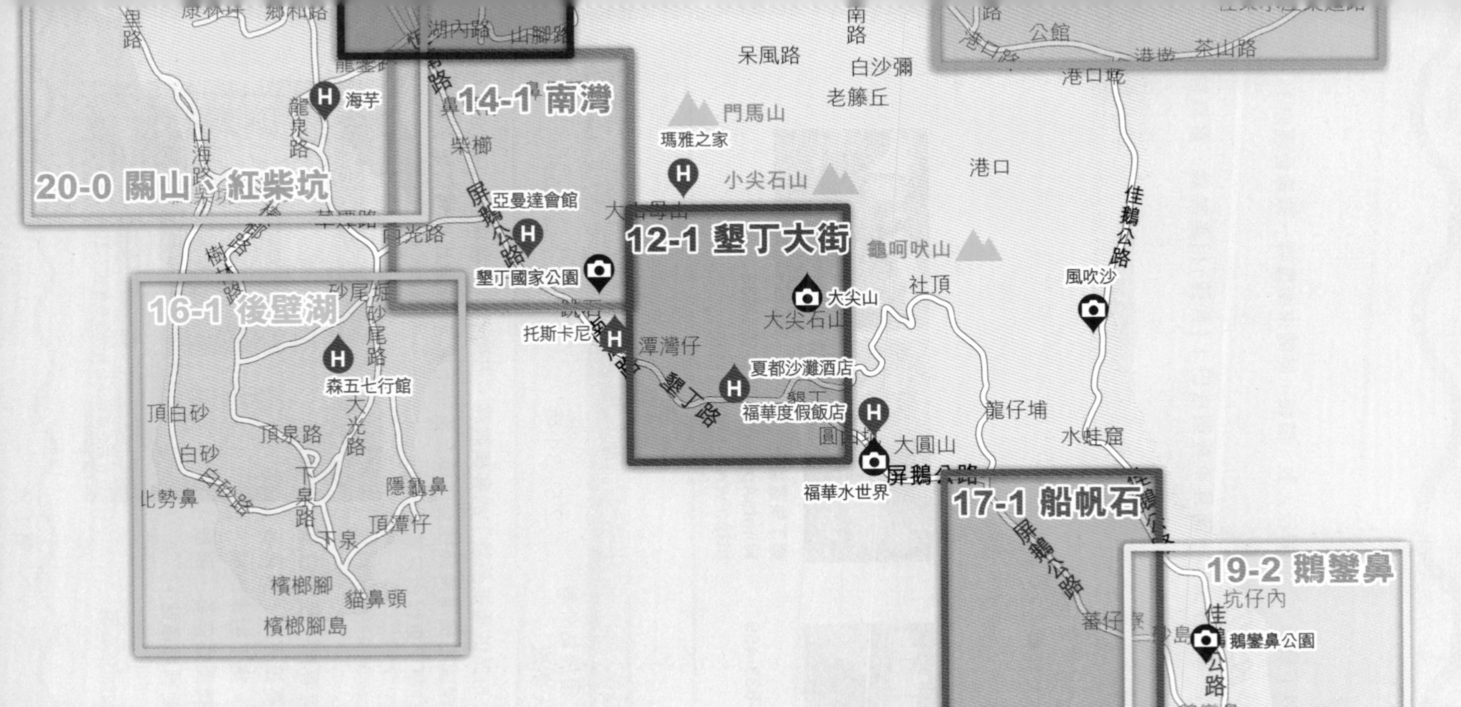

MAP 墾丁-2

恒春半島廣域圖

交通接駁資料

由高雄往墾丁的方法有以下幾種，可依同行人數、價錢、時間來衡量哪一款最合適你！

1.高雄機場/高鐵左營站>的士/共乘車

直接由高雄搭的士或包車前往墾丁，而且車費與搭巴士(客運)相差無幾，實為首選，謹記出發前一天預約。

	價錢	時間	舒適	方便
的士/共乘車	人頭計NT350/450，不足5人會與其他人共乘	2 - 2.5小時	*****	*****

旅遊達人推薦

南台灣大車隊
Whatsapp：886-935-833-459
https://stwgo.com/

墾丁快速接送
WhatsApp：886-987-101-633
http://www.kt-fast.com/

2.高雄機場>客運>墾丁

	價錢	時間	舒適	方便
9117	票價NT364，須於站外等候，一天多班	2.5 - 3小時	***	**

＊高雄市有多間運輸公司提供高雄至墾丁的客運服務，但途經小港機場的，只有9117號巴士，班次相對疏落。建議由機場乘捷運至高鐵左營站下車，至2號出口轉搭墾丁快捷公車，不但班次較頻繁，往墾丁車程也只需2小時。

3.恆春客運站>墾丁

恆春客運站位於屏東恆春鎮，是前往墾丁半島的交通樞紐，包括高雄客運、屏東客運、國光客運及中南客運。墾丁街車的橘、藍、綠、黃線都會在恆春轉運站停靠，這裡是遊客來往墾丁各處的主要轉線車站。

恆春站的原建築是舊恆春公會堂，建築極具古風。

4.高雄市>客運>墾丁

由高雄市往墾丁，有多條客運路線可選擇，且集中在高鐵左營站及高雄火車站上車，快捷方便。當中以台灣好行的墾丁快線車程最短發車最密，不過停站較少，如不是住恆春鎮、南灣、墾丁大街及小灣一帶，交通會較麻煩。

客運名稱	9189線 (台灣好行 墾丁快線)	9188線(88快速)	9117線
停站	共9站	超過20站	超過30站
車程	120分鐘	180分鐘	240分鐘
車費(全費)	NT401 (來回NT600)	NT359	NT364
起點站	高鐵左營站	自立站	自立站
途經	台鐵枋寮站、恆春轉運站、南灣、墾丁派出所	台鐵枋寮站、恆春轉運站、南灣、墾丁、小灣	高捷美麗島站、小港機場、恆春轉運站、南灣、墾丁
終點站	小灣	鵝鑾鼻	小灣
班次	發車時間 8:30-19:10 每15分鐘至半小時一班	發車時間 6:00-22:00 約每半小時一班	發車時間 4:15-22:30 約每1小時一班

客運路線及時刻表查詢：https://www.ksbus.com.tw/

墾丁巴士觀光團

團名	收費	行程	備註
恆春半島東海岸線	NT700 (大小同價)	港口吊橋→龍磐公園→最南點→鵝鑾鼻公園→貝殼砂島→船帆石風景區→回程 (行程約4小時)	含鵝鑾鼻門票、吊橋門票
恆春半島西海岸線(海生館)	NT1,000/成人 (大小同價)	海生館→貓鼻頭風景區→關山夕照→回程 (行程約2.5小時)	成人價內含海生館門票，其他請現場自行購買海生館優惠票
恆春半島西海岸線(半潛艇)	NT1,000 (大小同價)	紅柴坑半潛艇→白沙→貓鼻頭風景區→關山夕照→回程(行程約2.5小時)	含 關山夕陽、貓鼻頭門票
恆春半島全島旅遊線	NT2,000/成人 (大小同價)	港口吊橋→龍磐公園→最南點→鵝鑾鼻公園→貝殼砂島→船帆石風景區→享用午餐→海生館→貓鼻頭風景區→關山夕照→回程 (行程約8.5小時)	含 鵝鑾鼻、吊橋、海生館、關山日落、貓鼻頭門票

※三歲以下孩童保險費NT100，12歲以下請由父母陪同

費用：含車資、保險、導覽解說

查詢：台灣觀巴 https://www.taiwantourbus.com.tw/

巴士暢遊景點

墾丁市內 - 巴士暢遊景點

如果你沒有自己開車或租車的話，搭墾丁街車是最方便的選擇。墾丁街車有四條路線，每條都有自己的特色和景點，你可以在車上欣賞恆春半島的美景。這四條路線分別是橘線、藍線、綠線和黃線。橘線可以帶你到鵝鑾鼻和海生館，欣賞海洋生物和日落。藍線可以帶你到南灣和貓鼻頭，享受海灘和衝浪。綠線可以到達出火，觀看火山噴發的奇景。黃線可以前往車城，參觀古老的城牆和風車。如果你想去墾丁大街，你可以選擇乘橘線或藍線，體驗墾丁的夜生活和美食。

一日通行乘車券 NT150

墾丁街車的票價是按里程計價，例如從恆春轉運站乘街車前往海生館，車費為NT26。使用一日通行乘車券，可於當日無限次數乘搭。

墾丁街車路線

橘線(101)	海生館→恆春轉運站→南灣→墾丁→小灣→鵝鑾鼻
藍線(102)	恆春轉運站→紅柴坑→貓鼻頭→後壁湖→墾丁→小灣
綠線(103)	恆春轉運站→出火→港口→佳樂水
黃線(201)	海生館→海生館轉乘站→車城→四重溪→南大梅路

墾丁客運路線圖

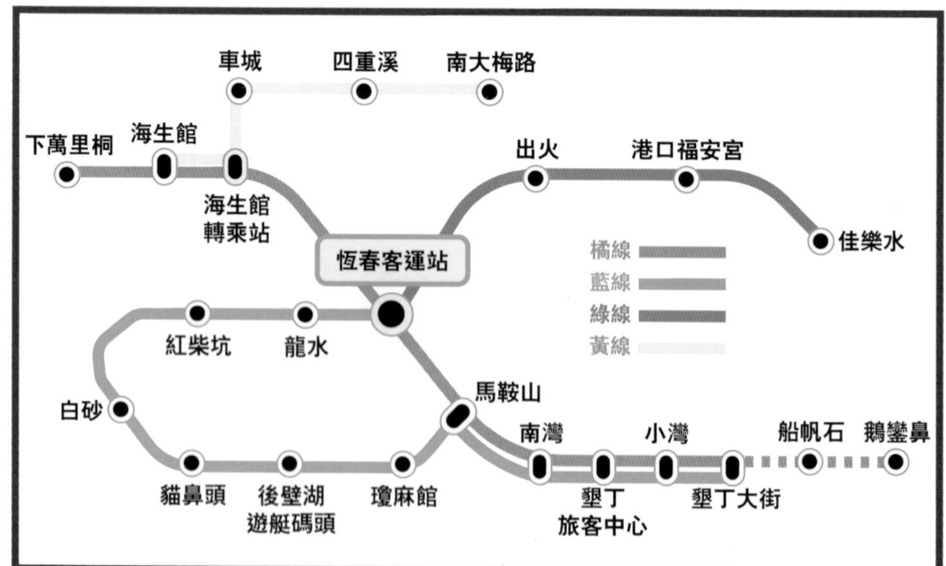

*以上路線圖僅供參考，部分車站從略。

1. 機場自駕 > 墾丁

各機場高鐵站均設專櫃 - 格上租車

如果打算由高雄出發自駕往墾丁的話，建議可到格上租車，車款多且規模為全台數一數二，大小馬力的汽車均備，記得先在香港辦理國際駕駛執照後才可在台灣駕車呢！

格上租車高雄部分分店

左營高鐵站
地址：高雄市左營區高鐵路105號
電話：886-7-349-7808

高雄小港機場租車中心
地址：高雄小港區中山四路1、3號
電話：886-7-802-5577

高雄建國站(近高雄車站)
地址：高雄市三民區建國二路264號
電話：886-7-236-5510

高雄三多商圈站
地址：高雄市前鎮區中山二路70、72號
電話：886-7-333-6161

網：http://www.car-plus.com.tw/
費：視乎車輛型號而定，每天約NT2,000至2,500起（已包保險）

2. 墾丁 >< 恆春半島自駕遊

可能你會擔心由高雄出發至墾丁，不熟路的話便問題大了，但又想在墾丁一嘗自駕樂趣，旅遊達人建議你，乘坐交通工具到墾丁後才於墾丁大街租賃車輛，一來油錢划算，二來墾丁車路方便駕駛，目的地容易到達！

墾丁電單車自駕

出遊更自在方便！

租電單車自駕

遊墾丁除了選擇搭公車或的士，也可以考慮租電單車(機車)作為交通工具，不但自由度大，也能夠到訪更多大街小巷。一般租車公司都會提供50cc、100cc、125cc等多種車款。墾丁大街上有多間租車公司，機車上一般還附設手機充電孔，也可以向租車行推薦附近的景點跟美食。注意還車時間若逾時，需補超時費約NT50/小時。

鳳翔租車

地：屏東縣恆春鎮墾丁里墾丁路243號
電：886-8-886-1880
時：9:00am-9:30pm
FB：鳳翔租車
費：一天（24H）計算定費：NT450-600不等，依車子的新舊以及假日而有所差異

出發前申請國際車牌！

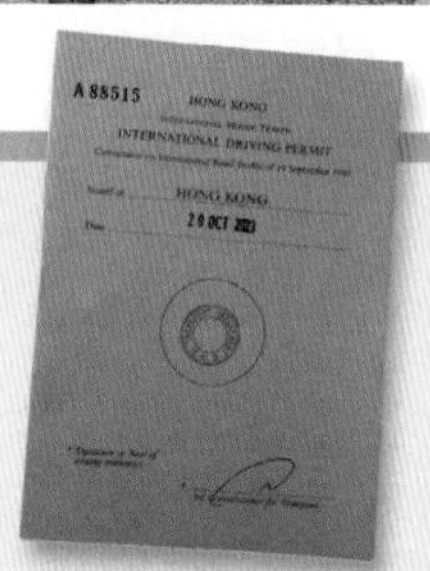

香港和台灣屬互惠地區，原則上使用香港駕駛執照已經可以直接在台灣租車，無需申請國際車牌。但根據一些旅客經驗，部分台灣租車店並不清楚以上條例，租車時或會要求旅客出示國際車牌。穩陣起見，出遊前還是申請國際車牌以防萬一。

國際車牌**有效期由簽發日期起計一年**，到期日前可多次使用，申請費為HK$80。一般來講，即日申請可以即日領取。如想省下排隊時間，可以事前網上預約辦證時間。此外亦可以郵寄方式申請，辦理時間需10個工作天，連同郵寄時間至少要**預2至3個星期**做準備。

所需文件：

1. 填妥的國際車牌申請表 TD51
2. 身分證明文件（正本/ 副本）
3. 正面近照兩張
4. 最近 3 個月內的地址證明（正本/ 副本）

TD51 申請表

墾丁、恆春、屏東

搞不清楚？

高雄市
台東縣
屏東縣
恆春鎮
恆春半島
墾丁

屏東縣範圍非常廣，包括屏東市、恆春鎮、車城鄉、滿州鄉、墾丁等33個鄉鎮市。遊客心目中的墾丁一般指墾丁大街及其周邊景點，像是大灣、佳樂水、後壁湖、鵝鑾鼻等多個地方。墾丁的知名度雖然比恆春還要高，但墾丁其實只是一個統稱，它是恆春半島的一小部分。

而恆春半島又隸屬於「屏東縣」境內，它位於屏東縣最南端，三面環海。早期，恆春半島上因只有「墾丁森林遊樂區」較為人熟悉，所以大家都習慣將恆春半島稱作「墾丁」。

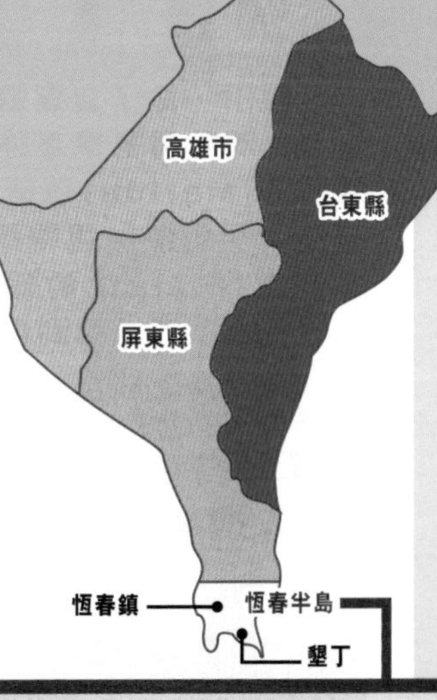

墾丁單車路線圖

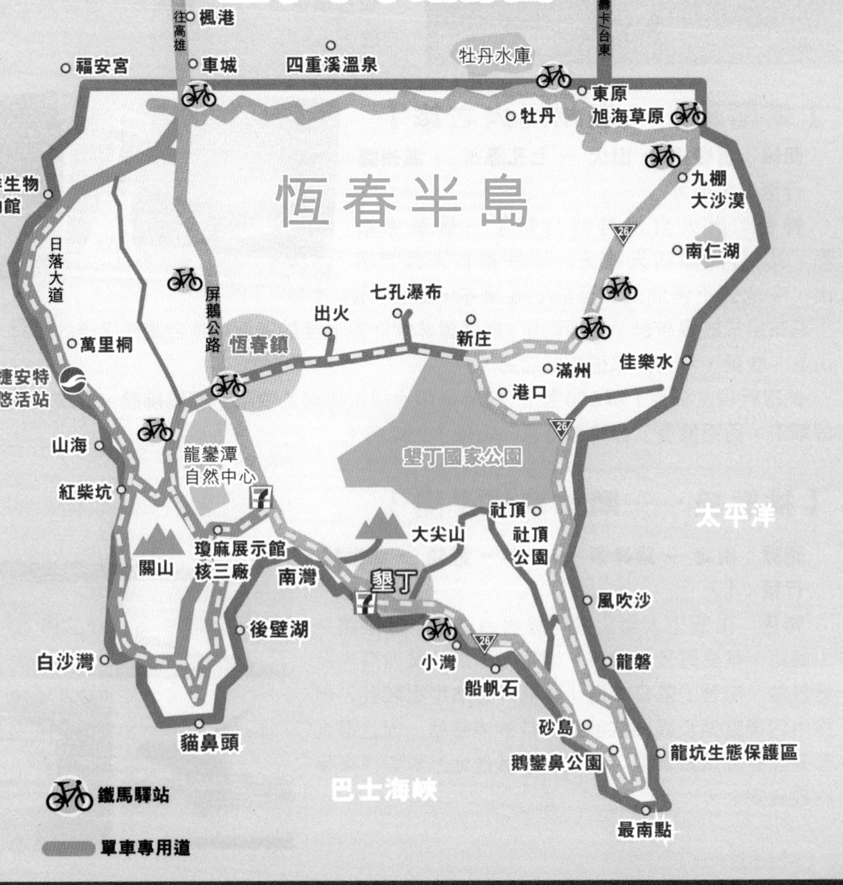

26
往高雄
楓港
往壽卡/台東
福安宮
車城
四重溪溫泉
牡丹水庫
東原
牡丹
旭海草原
恆春半島
九棚大沙漠
海洋生物博物館
日落大道
26
南仁湖
屏鵝公路
七孔瀑布
出火
新庄
萬里桐
恆春鎮
滿州
佳樂水
捷安特悠活站
港口
26
山海
龍鑾潭自然中心
墾丁國家公園
紅柴坑
台灣海峽
太平洋
社頂
大尖山
社頂公園
關山
瓊麻展示館
核三廠
南灣
墾丁
風吹沙
後壁湖
26
白沙灣
小灣
龍磐
船帆石
砂島
貓鼻頭
龍坑生態保護區
鵝鑾鼻公園
鐵馬驛站
巴士海峽
最南點
單車專用道

墾丁單車遊

遊墾丁，除了自駕遊或包車外，騎單車也是非常悠遊的方法。台灣號稱為單車強國，除了因為擁有捷安特(Giant)、美利達(Merida)這些著名單車品牌外，本地人對騎單車運動也非常狂熱，連帶騎單車的配套也發展得十分完善。無論是選擇hea住的短途路線，還是挑戰極限的長途征戰，在墾丁都能找到合宜的單車路線。

I. 路線篇

單車自由行

【入門級——恆春古城遊】

恆春鎮東門

路線：恆春鎮西門 → 南門 → 東門 → 北門

行程：約1.5小時

特色：恆春古城是由清朝派沈葆楨負責築城的，也是台灣古城保留著城牆與城門最完整的一處，四個方位城門上設置有城台、城樓及砲台，並且有護城河環繞，目前城門跟城牆已列入二級古蹟保護。由於路線短，適合大小朋友一起同遊。

【進階級——滿州出火之旅】

路線：恆春鎮 → 出火 → 七孔瀑布 → 滿州鄉

行程：約半天

特色：出火自然奇觀乃墾丁一個著名景點，365日無論晴天陰天，地底都有天然氣噴出，令地面不停燃燒。至於七孔瀑布，是由7層小瀑布組成的瀑布群，由頂處第7層觀望非常壯觀。至於滿洲鄉是台灣最南端的鄉村，以落山風、牧草、灰面鷲和伯勞鳥聞名。

此段行程主要走「屏200縣道」，縣道兩旁綿延無盡的牧草，輕風拂起，形成一波接一波的草浪，因而擁有「台灣最寫意的公路」之美名。

【挑戰級——騎單車賞夕陽】

路線：南灣 → 貓鼻頭 → 白砂 → 紅柴 → 海生館

行程：1天

特色：由墾丁大街出發，途經白砂路、紅柴路、山海路、萬里路及後灣路，順著海岸線飽覽西海岸壯麗景觀，有著「落日大道」之稱。雖然路程較長，但途中的後壁湖及紅柴坑都是極佳的補給站，而且很大部分設有專用單車徑，比在墾丁其他地方要與汽車爭路較為安全。

與愛車共眠
悠活單車旅館

交：恆手春鎮恆春轉運站乘的士車程20分鐘

位於墾丁萬里桐的悠活麗緻渡假村，坐擁全台最美日落大道的景色。渡假村設有不同主題的住宿區，而當中的單車旅館，更是與暢銷世界的台灣單車品牌捷安特攜手打造；一系列貼心的設計完全滿足「騎士們」的需要，包括「CHECK-IN不落地之騎士專屬櫃檯」、「單車電梯」，房間牆壁更設有單車懸掛架，讓客人安心與愛車同眠。此外，由捷安特技術支援的「單車車體SPA」、「單車維修服務站」可讓愛車隨時保持最佳狀態。

地址：恆春鎮萬里路27-8號
電話：886-8-886-9999
費用：雙人房NT8,800/晚起
網頁：http://www.yoho.com.tw/

II. 租車篇

大部分墾丁的酒店及民宿都有單車供遊客租用，收費每天由NT150-300不等，也可往專門的單車鋪挑選心儀的座駕。

單車貴族
捷安特

台灣捷安特(Giant)盛名遠播，品牌不但有40年歷史，贊助的車隊更屢次在國際一級的單車競賽得獎，可謂單車中的貴族。捷安特售價每輛由NT7,800-380,000不等，所以單車的租金也較高，一天租金NT350-450，三天租金NT1,000-1,300左右。不過一分錢一分貨，租捷安特雖然比普通單車昂貴，卻有專人依每個騎乘者體型、體力及騎乘路線、時間不同，提供不同的車款、車架尺寸等專業建議及調整。

捷安特達陣單車

地：屏東縣枋寮鄉中興路5-1號　時：10:00am-8:00pm　電：886-8-878-0530　FB：FB捷安特達陣單車

榮輪腳踏車店

地：屏東縣恆春鎮中山路180號(恆春鎮內)　時：9:00am-8:00pm　電：886-8-889-1029　FB：恆春榮輪腳踏車店

越野車名牌 墾丁悍馬租車

悍馬HUMMER單車是美國通用汽車(GM)經營的品牌，特別以越野車聞名。悍馬租車位於墾丁大街小灣商場前，提供機車、電動車、自行車出租。而個性爽朗的阿不老闆為了遊客玩得盡興，不只於租車後的維修救援貼心透徹，更免費提供相關旅遊景點諮詢，讓你無負擔的輕鬆玩樂墾丁！

	2小時	全日(平日)	全日(假日)
HUMMER單車	NT100	NT300	NT350

單日租賃之時間計算方式：下午2 點前承租，租用時間以 24小時計算。下午2 點後承租，租用時間至隔日下午 2 點為止。

地：屏東縣恆春鎮墾丁路17號旁（墾丁青年活動中心旁）　時：9:00am-9:00pm　電：886-958-919919(阿不)　FB：墾丁悍馬租車

懶人首選 電動自行車

如體力有限有想享受單車樂趣，可以選擇騎電動單車。電動單車雖然配備摩打，駕駛者卻不須擁有機車牌照，最高時速達45-55公里，絕對慳番不少腳力。不過租車前應查詢電池的續航力，如果充足電也只能行駛10-20公里，即是想駛遠一些也不能，那便非常掃興了。

古城機車出租

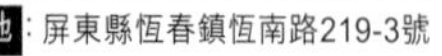
地：屏東縣恆春鎮恆南路219-3號

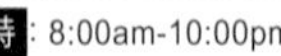
時：8:00am-10:00pm

費：NT600/日

電：886-8-889-9779

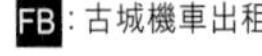
FB：古城機車出租

III. 配套篇

佳冬分駐所鐵馬驛站

枋寮派出所鐵馬驛站

鐵馬驛站

為了服務全台灣的「鐵馬族」，台灣警察局特別在全台各地廣設鐵馬驛站。當中枋寮分局在其轄區包含枋寮鄉、佳冬鄉、春日鄉、枋山鄉、獅子鄉等5個鄉鎮，設置了13個鐵馬驛站，提供簡易醫療、打氣、簡易維修、飲水、休憩、旅遊諮詢等服務。驛站都設於派出所內，內外裝潢布置都在駐守員警及當地藝術家主理，有濃厚「古早味」，遊客甚至可當作景點參觀。

單車徑

墾丁不是所有地方都有單車徑，單車使用者主要是在公路兩旁駕駛，而台灣的司機亦見慣不怪，採取互相尊重態度。事實上墾丁有幾條公路甚受單車客贊賞，包括墾丁西海岸公路，從車城鄉保力經海生館到天鵝湖飯店段，約15公里，被公認為是墾丁最優美及最安全的單車公路之一，這裡也是墾丁少數有單車專用道的公路。

此外，從鵝鑾鼻到佳樂水長約11.5公里的佳鵝公路，沿台灣最壯麗之一的崩崖地形而行，緊臨浩潮太平洋，台灣超級鐵人三項協會秘書長鄭文章形容為「世界排名第3的鐵馬路線」。

墾丁單車遊

IV. 單車Q&A

：騎單車前後為何都要做熱身操？

：騎車前之熱身操，讓身體進入備戰狀態，增加關節靈活度。也可藉此避免肌肉突然間用力過猛，造成抽筋等運動傷害。

騎車後收操：騎完單車後，可針對幾處使用頻繁的肌肉部位，進行舒緩運動，像是背部、肩頸及腿部，不僅可以減少痠痛感，也能避免運動傷害 。

：甚麼是騎單車的基本裝備？

：**排汗衣**：防風、具排汗功能的襯衣，讓你長時間的騎車更舒適

安全帽：跟騎乘機車一樣，騎單車也必須要戴安全帽

水壺：隨時幫你補充流失的水分

地圖：一份詳盡的地圖，能夠指引你到想去的地方

防風太陽眼鏡：阻隔騎單車時迎面而來的風沙以及刺眼的陽光

：騎單車還有甚麼安全守則？

：騎單車務必戴安全帽、穿上護膝及護肘

調好鞍座，並確保煞車系統操作正常，及各部份零組件是否完好

不要載人、載運妨礙自己或他人視線之物品

切實遵守交通規則、號誌、燈號，禁行駛快車道

不可逆向或並排騎車

不可載人或載重物

下坡時，應減速並先按右煞車

若要把單車停泊在室外，把單車停泊在有人氣和有照明的地方，並且一定要上鎖

：單車有甚麼種類？

：單車種類大致可分為優閒單車、公路單車、越野單車和技術單車。店員會根據你計劃的行程而推薦合適的單車。

精選墾丁酒店及民宿

香港人食慣嘆慣，搵酒店要住旺中帶靜，仲要最好是Villa式獨立別墅兼有私人泳池。所以酒店業競爭激烈的墾丁，近年亦有多間Villa酒店異軍突起，對住宿有一定要求的客人提供了另類選擇！

秒飛峇里島 01

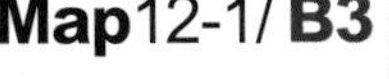

Map12-1/ B3

巴里巴里Villa民宿

民宿位於墾丁大街通海巷內，離大街只有幾十步的距離，到大灣海邊也只要2-3分鐘，絕對是靜中帶旺的典範。民宿只有三間套房，分別是「巴里巴里villa」、「巴里極境」和「小巴里」，都是有著滿滿熱帶情調—戶外海景戲水池、木製傢俬、茅草公主床，讓人仿如置身峇里島，為假期添上色彩。

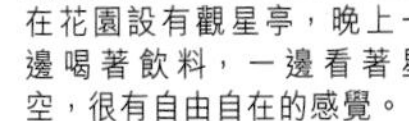

在花園設有觀星亭，晚上一邊喝著飲料，一邊看著星空，很有自由自在的感覺。

房間外的露天心形Spa池，在燈光配合下顯得特別浪漫。

INFO

屏東縣恒春鎮墾丁路通海巷 22-1 號 | 886-983-826-111、886-980-346-062 | 雙人房 NT1,800/ 晚起 | https://www.facebook.com/8080villa/

Map12-1/ B3

戶戶有陽台 遇見墾丁 02

民宿分有2至4人房間，以顏色營造地中海輕鬆自在的氣氛，幾乎所有房間都配有陽台，可以看到大灣部分海景。民宿距離大灣海灘只有5分鐘步程，可盡情享受日光浴，同樣，5分鐘可步出墾丁大街，一動一靜，隨客人喜歡。

INFO

屏東縣恒春鎮墾丁里大灣路 120 巷 1 號 | 886-8-886-2368 | 2 人房 NT1,800-4,600/ 晚

經濟實惠之選 03 Map12-1/ A3

寧靜海度假旅館

全旅館共有山景2人房、海景2人房、山景4人房、海景4人房等多種房型。海景客房是旅館最有特色的地方，除必備景觀陽台可欣賞墾丁大灣日落的景致外，更提供雙人按摩浴缸。距離大街只有5分鐘步程，徒步可達，且價錢便宜，實屬經濟實惠之選！

海景2人房設計簡約，雙人按摩浴缸是情侶首選！

INFO

屏東縣恒春鎮墾丁里大灣路 180 號 | 886-8-885-6808 | 2 人房 NT2,000 起

玩盡型格色調 Map12-1/ B2

橘月民宿 04

以橘色作主調色彩的民宿，看起來已經入型入格，其民宿內的橘色懷舊電話擺設，掛在門前一把把的傘子，天然木色打造的簡約客廳，以及小型的藏書閣都能百分百展現民宿主人的格調和品味，一橙一白的效果原來這樣精彩。位置於牧場區，距離墾丁大街只需約4分鐘步程，卻感覺遠離煩囂，民宿老闆還特意打造天井，讓自然光線透入每個房間。

每天早上也可品嘗到民宿主人悉心為客人安排的手作早餐。

民宿內的迷你大廳，木製傢俬溫暖之餘，也帶出民宿主人的品味。

INFO

屏東縣恒春鎮墾丁路和平巷 77-2 號 | 886-8-886-1230 | NT3,900 起 | https://www.orange-moon.com.tw

寧靜和諧的民宿 Map 墾丁-2

瑪雅之家

民宿分為本棟及小木屋，所有房間均建有陽台，每天早上約6時，更可安坐陽台上觀看日出的景致，到了傍晚時分，由於位置地點沒有光害的影響，抬頭一望便可以見到閃爍著無數的繁星，是城市人難得一見的景觀。

民宿主人為了讓住在這裡的小朋友歡喜，特別斥資興建兒童遊戲區，增設了滑梯及盪鞦韆等設施。值得一提的是，瑪雅之家擁有一大片椰子林，遊客還可以喝到免費的椰子汁！

瑪雅之家位於牧場區，不時會見到牛群追逐的場面呢！

本棟房間和木屋區的房間布置大大不同，但兩者同樣建有陽台，供客人坐下來欣賞風景。

INFO

屏東縣恒春鎮墾丁路 330-6 號 | 886-8-886-1925、886-939-588-569 | NT3,800 起 | https://www.maya-house.com.tw/

牛舍內有雙人房及4人房各一間，4人房內更設有小客廳，色彩繽紛的布置，加上小木枱椅，充滿童趣。

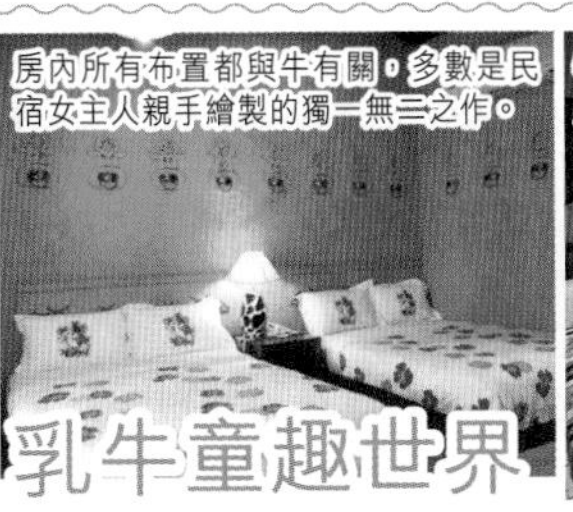

房內所有布置都與牛有關，多數是民宿女主人親手繪製的獨一無二之作。

牧場旅棧內的波波4人房，是乳牛主題外的另一個選擇。

乳牛童趣世界

Map12-1/ B1

牧場旅棧與牛舍

06

和墾丁牧場僅一牆之隔的牧場旅棧，其修讀美術的女主人一直想將乳牛搬進民宿內，最後決定利用自己的天賦，發揮創意，將民宿打造成一個繽紛乳牛空間。 無論是牧場旅棧本館，抑或相距僅20秒步程的牛舍分館，由外觀到室內的牆壁、門窗、床鋪、拖鞋，甚至洗手盆、浴簾、廁所板都與乳牛有關。

新館名為「二手童話」，就在本館旁邊，共有3間雙人房及兩間4人房。

牧場旅棧
分為旅棧本館與牛舍分館，本館共有5間主題房，牛舍則有2間客房和獨立前園，新館則設在本館旁。

INFO

屏東縣恒春鎮墾丁路和平巷 91 號 | 886-8-886-2993 | 雙人房 NT2,500 起 | www.ktfun.idv.tw

玫瑰雙人房的設計典雅，在浴室內的四腳古典浴缸裡泡澡時，可透過天窗遠眺美景。

感受意式浪漫 07 **Map 墾丁-2**

托斯卡尼度假莊園

這間民宿擁有一個浪漫的名字——托斯卡尼，靈感來自電影《好想有嫁期》(Under the Tuscany)，以一個外國遊客因緣際會到意大利托斯卡尼買了一棟古老莊園而起的故事。因此民宿的客房裝潢注入了很多意大利莊園的元素，而且房名亦以該小說最常出現的花草命名，希望住在這裡的每位旅客，感受到有如置身於被鮮花和香草圍繞著的意式鄉村中。

INFO

屏東縣恆春鎮墾丁路石牛巷 1-3 號 | 886-8-886-1283 | 雙人房 NT2,750 起 | tuscany.tw

屬於自己的私人沙灘 **Map 墾丁-2**

墾丁夏都沙灘酒店 08

因為一部《海角七號》，令夏都酒店揚名四海。酒店擁有著長達2.8公里，水清沙幼的私人沙灘，住客可以清靜地享受陽光海灘。酒店共設有3種不同環境的主題客房，包括普羅館（以法國為主題）、馬貝雅（以西班牙為主題）、波西塔諾館（以意大利為主題），每個主題客房都能帶給客人不同的住宿感受。

INFO

屏東縣恆春鎮墾丁路 451 號 | 886-8-886-2345 | 2 人房間 NT7,800 起 | www.ktchateau.com.tw

體驗水世界的歡樂

墾丁福華度假飯店 09

Map 墾丁 -2

望山面海的墾丁福華度假飯店，有著地中海式的建築外觀，擁有405間精緻的度假客房。位於小灣沙灘旁邊，客人從飯店的隧道便可前往直達沙灘，既安全又便利。福華飯店最大特色，便是擁有面積廣達3,000坪的水世界，內含12項刺激飆水設施、三溫暖、Spa專區等，滿足遊客吃、喝、玩、樂、住等各項遊樂需求。

西班牙風的房間，紅色令人感受到西班牙的熱情動力！

藍白作主調的希臘風房間，一走進房間已感到輕鬆自在！

台灣首座巨蛋飆水渡假樂園，水世界飄飄河刺激又好玩！

INFO

屏東縣恆春鎮墾丁路 2 號 | 886-8-886-2323 | 2 人客房 NT3,900/ 水世界入場門票 NT500 | kenting.howard-hotels.com.tw

宮殿式的華麗設計

墾丁Amanda 亞曼達會館 10

Map 墾丁 -2

墾丁亞曼達會館設計風格以古帝國宮廷堡壘為題，磚紅色砂岩外牆，星星形噴泉前庭，摩洛哥式浴池設計的Spa水療能量池，充滿回教建築風格的雕花拱門，貫穿所有廊道，走進亞曼達會館，令遊客就好像走進皇宮的感受一樣！會館內7個不同主題的房間，King Size的雙人床，貴族式手工鑲嵌梳化等都讓住客有不一樣的入住感覺。

INFO

屏東縣恆春鎮南灣路 330 號 | 886-8-888-3399 | 2 人房間 NT12,000 起 | www.amanda-hotel.com

遙望巴士海峽！ Map 墾丁-2

福容大飯店

酒店坐擁大圓山丘陵之巔，眺望波瀾壯闊巴士海峽，更可從居高臨下的角度，俯瞰著名的船帆石海景和擁有著名美譽的「東亞之光」——鵝鑾鼻燈塔。酒店設備完善，但價錢卻比一般大型度假村反而便宜，的確是一個輕鬆度假的不錯選擇！

福容的兒童嬉水區面積雖不算大，但相信小朋友一定會流連忘返！

2人房間設有陽台，遙望巴士海峽的壯麗景色。

INFO

屏東縣恒春鎮船帆路 1000 號 | 886-8-885-6688 | 2 人房間 NT7,500 起 | https://www.fullon-hotels.com.tw/kd/tw/

進入紅了的花園 Map17-1

花園紅了

民宿主人是一對十分熱情和友善的外籍夫婦，房間設計甚有亞熱帶峇里島的特色，走進花園紅了，目光第一時間便會被庭園中色彩斑斕的花卉吸引著，多得民宿主人悉心的栽種，打造一個漂亮的環境給每一位住客。

除民宿外，花園紅了的老闆在墾丁大街同時經營兩家食店，花園紅了的住客更可享九折優惠折扣呢！

民宿有精緻雙人房、海景雙人房、溫馨海景雙人房可選，當中睡床是特大尺寸，海景雙人房更配有海景陽台，遙望海邊景色。

INFO

屏東縣恒春鎮船帆路 846 巷 18 號 | 886-8-885-1001 | NT2,980 起 | https://red-garden.ezhotel.com.tw/

住在地中海小白屋 Map17-1

墾丁伯利恆民宿 ⑬

伯利恆民宿於2009年重新裝潢，分別設有1館和2館，房間以2至4人為主，室內的擺設別具心思，房間坐擁無敵大海景，並且附有私人獨立陽台，距離沙灘可謂近在咫尺。除此以外，民宿主人每天為住客製作新鮮美味的早餐，實在令人倍感窩心！

INFO

屏東縣恒春鎮船帆路 674 號 | 886-8-885-1236 | NT1,700 起 | https://www.bethlehemkenting.com/zh-tw

嬉水首選 Map17-1

海灘戀情 ⑭

海灘戀情民宿一家三口就住在充滿希臘愛琴海風情的民宿底層，而且民宿就在船帆石沙灘對面，步行兩分鐘已身處水清沙幼的海灘。對住客來説，這還未算吸引。原來民宿主人本身是水上活動教練，可代為安排水上電單車、香蕉船、浮潛等活動，在墾丁土生土長的他，更會替住客編排行程，讓你嬉水逐浪後，仍可用最省時的方法暢遊墾丁各景點。

房內布置極具心思，牆身和小櫃都刻意仿效希臘風格，並以藍、白色為主調。

INFO

屏東縣恒春鎮船帆路 852 巷 21 號 | 886-8-885-1151 | 2 人房 NT2,000 起 | http://www.beachlove-tw.com/

幸福製造工廠 Map17-1

小徑民宿 15

女主人因為愛上墾丁，毅然放棄了事業，將一棟破舊不堪的建築，變成洋溢著愛琴海米克諾斯風格的民宿。經過280天的努力，小徑民宿終於竣工。有誰想過眼前的藍白色小屋、花形石階、花磚地板、放滿風車、小花擺設的走廊，昔日竟是一片頹垣敗瓦呢？

6間主題房中，以船屋最為特別，不但在床尾擺放了船形裝飾，連地板也鋪滿小石。

小徑民宿以藍白色為主調，再添上菊黃、洋紅、嫩綠作調和，處處洋溢著幸福感覺。

小徑民宿是《王子變青蛙》、《敲敲愛上你》等浪漫台劇，以及吳尊寫真集《海角一樂園》的拍攝場地。

INFO

屏東縣恒春鎮船帆路 846 巷 65-1 號 | 886-8-885-1031 | 雙人房 NT2,600 起 | http://www.kentingpath.tw/index.html

坐擁360度海景 Map17-1

微．逗留 16

微。逗留位於船帆石沙灘第一排，享有得天獨厚的美景。民宿全幢雪白亮麗，配合墾丁的碧海藍天，甚有希臘聖托里尼島上小白屋的氣息。民宿只有8間房，頂層的「藍瓜馬車」套房面積達 33.5平方公尺，不單居高臨下，更設有大玻璃幕牆及戶外陽台，可以盡情欣賞船帆石日出日落的動人景致，最啱情侶們享受二人世界的甜蜜時光。

隔條馬路就是船帆石沙灘，啱晒水上活動愛好者。

INFO

恒春鎮船帆路 848 號 | 886-8-885-1185 | 雙人房 NT2,000/ 晚起 | https://westay-inn.com/

精選墾丁酒店及民宿

一人有一種顏色

Map 墾丁 -2

墾丁海芋Villa ⑰

海芋提供4間獨立式Villa民宿，最多的一間可容納8個人。民宿每間都有不同的設計特色，但都配備私人花園和泳池。包括靈感來自藝術家高更的「大溪地裸女」、獨具東方美感的「兩個月亮」、取自藝術家波納爾畫風的「山馬茶花」，與及很有田莊風貌的「花紅葉紅八人房」。每棟Villa都用上鮮明的色彩，令住客踏進房間已感受箇中活力，令人舒暢。

INFO

屏東縣恆春鎮赤崁路 51-1 號 | 886-917-653-332 | 雙人房 NT8,000 起 (假日) | https://callylilyvilla.hi-bnb.com/

Map 墾丁 -2

集親子挑戰於一身的旅店

悠活度假村 ⑱

悠活集團於墾丁有多家主題旅店，除了本館還有3個特色的主題館，分別是「兒童旅館」、「單車旅館」及「巧克力館」。悠活度假村座落於的萬里桐海岸，正是墾丁著名的日落大道，擁有由石珊瑚群所形成的潮間帶，與及天然之白色貝殼沙灘的迷人景觀！

酒店提供410間客房，設有峇里島式海景水療池，及六十多項水陸活動與設施，是目前墾丁水陸活動設施最多、規模最大的度假村。

INFO

屏東縣恆春鎮萬里路 27-8 號 | 886-8-886-9999 | 雙人房 NT4,800 起 | https://www.yoho.com.tw/zh-tw

精選墾丁酒店及民宿

小朋友話事！ **Map 墾丁-2**

悠活兒童旅館 ⑲

小朋友自己Check in話晒事!

全館以34個有趣的故事來串聯68間主題家庭客房，充滿了童話色彩。館內同時加入3D科技，閱讀、環保等健康元素，並設有專業的指導教師提供興趣小組課程，透過各種遊樂方法來激發孩子們無限的創新潛能，讓度假之餘兼具學習意義。

INFO

www.yoho.com.tw

木力無窮

隱半島

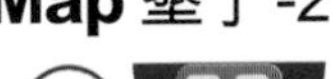
Map 墾丁-2

⑳

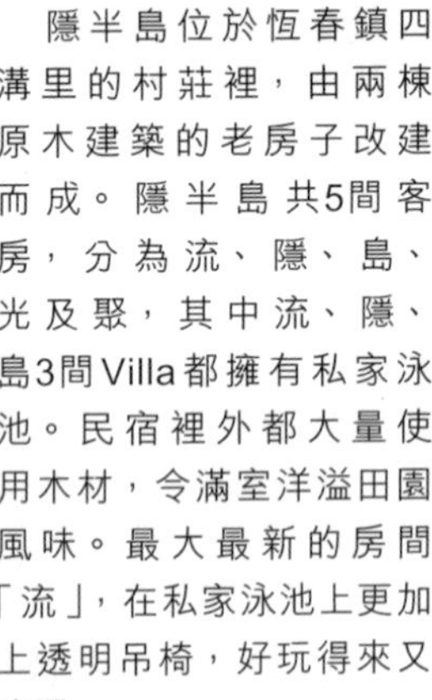

隱半島位於恆春鎮四溝里的村莊裡，由兩棟原木建築的老房子改建而成。隱半島共5間客房，分為流、隱、島、光及聚，其中流、隱、島3間Villa都擁有私家泳池。民宿裡外都大量使用木材，令滿室洋溢田園風味。最大最新的房間「流」，在私家泳池上更加上透明吊椅，好玩得來又浪漫。

INFO

恆春鎮興北路 21 號 | 886-8-888-0830 | 雙人房 NT4,200 | https://www.facebook.com/inn21.bnb/

歸園田居 Map20-0

貝拉司漫民宿 ㉑

墾丁除了陽光海灘，也有翠綠青蔥的一面。貝拉司漫民宿位於恆春鎮的龍水里，捨海邊而近農地，旁邊就是一大片的稻田，視野非常美也非常廣闊。雖然要玩水上活動可能距離較遠，但民宿亦有一個小水池，足夠小朋友盡情嬉水。而民宿距離恆春鎮僅10分鐘車程，搵食方便之餘又沒有墾丁大街一帶的喧鬧不休，最適合想安安靜靜追求身心放鬆的旅客。

INFO

恆春鎮龍泉路 117 號 | 886-905-652-818 | 雙人房 NT3,280/晚起

簡約豪華㉒ Map 墾丁 -2

森 • 五七行館

這裡雖然鄰近後壁湖，其實離海邊頗遠，反而可算是融入林中。森 • 五七行館分為時尚館與和風館，前者走現代簡約風，後者則充滿東瀛的禪味，而每館只接待一組客人。行館裡外的設計都非常講究，簡樸的水泥外觀，已甚有安藤忠雄的風格；室內的音響用B&W、浴缸採用德國的Bravat，沐浴用品則來自美國的Bath & body works，一絲不苟的態度，打造出與別不同的住宿體驗。

INFO

恆春鎮大光里砂尾路 68-2 號 | 886-8-886-7658 | 雙人房 NT15,000 起 | https://www.shen57.com/

Map16-1/ D4

後壁湖區之最 ㉓ 墾丁卡米克特色民宿

墾丁卡米克民宿，位於著名的浮潛勝地後壁湖區，水上活動十分方便，而後壁湖除了浮潛出名外，其新鮮的魚生市場亦吸引了很多遊客慕名前往。

進入民宿範圍後，可見到草園區的一大片綠地上，坐落著透明玻璃配白色建築的房子，配合藍天海景，民宿的外觀甚是令人著迷！提供2至6人的特色客房供遊客選擇，房間全部面海、觀星等多種景觀。另外，房內引入溫泉水，備有天然硫磺冷泉和暖呼呼的溫泉，讓遊客把所有的勞累全部盡消。

雙人房面積寬敞，落地玻璃窗外可走到陽台。

INFO

屏東縣恆春鎮大光里大光路 79-68 號 | 886-8-886-7997 | NT3,200 起 | www.comicbnb.com

型格民宿 光現旅宿

Map16-1/ D1 ㉔

墾丁一帶有很多充滿陽光海灘氣息，洋溢度假風情的民宿，但走型格路線，甚至帶點粗獷工業風的民宿卻比較罕見。光現旅宿位於後壁湖漁港旁的山腰上，鳥瞰後壁湖、南灣及船帆石等美景。民宿建築以類清水模工法，運用自然石材、原木、黑鐵、玻璃等元素構成，甚有日籍建築大師安藤忠雄作品的風貌。整幢民宿仿似一座巨型的層層疊，不同房間有不同坐向，讓光影與框景互動創造對話。

INFO

恆春鎮大光里大光路 78-6 號 | 886-8-886-7768 | 雙人房 NT2,600/ 晚起 | https://www.the-light.com.tw/

寧靜漁港

後面有灣

Map 墾丁 -2

後面有灣嚴格來說不算是Villa，只是一幢三層的別墅，不過如果你人腳夠多，大可以自己友全包三層玩晒！民宿最值得推介的是地下樓層，因為住客可以私有化民宿的庭園和泳池。日落時分，可以與愛侶涼浸浸泡在池內欣賞夕陽美景。民宿位處的後灣交通及食買玩當然比不上墾丁大街方便，不過勝在寧靜浪漫，而且鄰近後灣漁港、海生館及鯨典館，要吃喝玩樂都有選擇。

INFO

車城鄉後灣路 34 號 | 886-968-165-500 | 雙人房 NT5,200 起 | https://www.facebook.com/HooopeInn/

坐看雲起時

後灣36

Map 墾丁 -2

後灣36之所以得名，因為民宿距離漂亮的後灣海灘僅僅是36步。民宿樓高4層，擁有四間獨立的套房。其中一樓的全海景雙人Villa房，住客可獨享私人露天泳池。由於泳池比地面高半層，所以景觀更開揚，可以一邊暢泳，一邊飽覽無敵海景。至於二三樓的海景套房雖然泳池欠奉，但勝在居高臨下，浸在蛋形浴缸欣賞後灣美景，同樣快樂不知時日過。

INFO

車城鄉後灣村後灣路 36 號 | 886-922-682-600 | 一樓全海景雙人 Villa 房 NT9,800 | https://www.facebook.com/HomeOne36/

古宅大翻新

曲境

Map 墾丁-2

台灣有很多以老房子翻新的民宿，不過由古宅變身Villa則比較少見。曲境的兩位老闆都是設計師，選擇遠離海邊的恆春鎮開設Villa都算藝高人膽大。民宿前身為老倉庫，所以間隔寬敞。Villa一分為二，兩組客人可以互不相干。每間民宿都設有兩層，裝修布置略有不同，但都是簡約中帶點粗獷及工業味道，非常有型格。兩座民宿都設有迷你泳池，一個有超Hea梳化，一個設浪漫鞦韆，玩味十足。加上與恆春鎮超近，食買玩及交通都非常方便。

INFO

屏東縣恆春鎮西門路 23 號 9 巷 | 886-908-170-808 | 雙人房 NT6,500 起 | http://www.windingland.com/

闔府統請

Map13-1/ A1

墾丁怡灣渡假酒店 ㉘

位於恆春鎮附近的墾丁怡灣渡假酒店，是墾丁最新大型渡假酒店。酒店主要吸引家庭客，所以添置大量小朋友喜愛的設施，包括一條高5層樓的飛天彩虹滑梯、空中攀岩及空中吊橋，連泳池都闢有兒童戲水池，方便隨時打水戰。加上酒店鄰近恆春鎮，無論人流與消費都比墾丁大街優勝，是悠活渡假村以外墾丁親子遊的最佳選擇。

INFO

恆春鎮恆公路 998 號 | 886-8-889-9968 | 3 人房 NT4,688/ 晚起 | http://grandbay-resort.com.tw/

世外桃源的景照

牡丹灣 Villa 29

酒店坐落牡丹鄉富盛名的旭海部落，一間間在林中豎立的獨立小白屋，滿眼翠綠和無邊無際的藍天白雲，私隱度極高，每間獨立屋均配備私人泳池、私人露天湯池。牡丹灣Villa的原湯，泉質為弱鹼性碳酸氫鈉泉，出水口溫度高達51.5度，富含碳酸氫鹽、鈉、鈣、鐵、鎂、鉀等礦物質，符合日本溫泉法中，定義為療養泉的嚴格標準，對人體肌膚保養及身體保健有相當的功效。

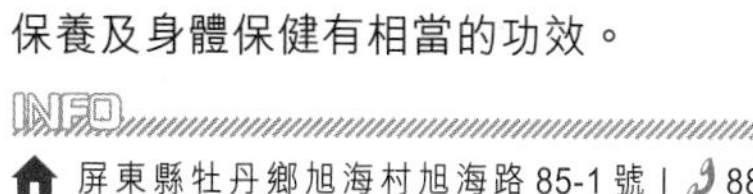

INFO

屏東縣牡丹鄉旭海村旭海路85-1號 | 886-8-883-0888 | NT13,600 起 | https://www.mudanwanvilla.com.tw

海天一色 30

H會館 (H Resort)

H會館位於屏東縣獅子鄉，倚山面海而建，坐擁9.9公頃廣大腹地，為恆春半島最高、視野最美的高級景觀渡假會館。酒店設備完善，最矚目的首推外型似足飛碟的UFO Lounge餐廳，以及一望無際的infinity Pool，是觀賞日落的最佳地點。

INFO

屏東縣獅子鄉竹坑村竹坑巷60號 | 886-8-877-1888 | 2人房間 NT11,000 起 | http：//www.h-resort.com/

墾丁大街

交通策略

高捷美麗島站 ●●●●● 乘9117號公車 ●●●●● 墾丁

恆春轉運站 ●●●●● 乘墾丁街車101至102號 ●●●●● 墾丁

MAP 12-1
墾丁大街
A
B
C
D
1
2
3
4
5
22
23&24
公園路
牧場旅棧
和平巷
橘月民宿
墾丁路和平巷
國家公園
警察大隊
墾丁路
佛光巷
墾丁牧場
大灣路
巴里巴里
寧靜海
文化巷
屏鵝公路
14-16
遇見墾丁
墾丁
國小
興南巷
墾丁路
屏鵝公路
01.AMY'S CUCINA 12-2
02.諾薩餐酒館Nossa Bistro 12-2
03.雲鄉 滇泰緬料理 12-3
04.佳珍烤生蠔 12-3
05.白沙灘泰式料理 12-4
06.旅南活海鮮 12-4
07.曼波泰式餐廳 12-5
08.鄧老師腳底按摩 12-5
09.丫寶寶煙燻滷味 12-5
10.墾丁顏姐qq蛋奶 12-6
11.Mr.波 薯條廚房 12-7
12.Mr. Ball 炸肉球 12-7
13.嘟嘟熊可麗餅 12-8
14.My醉_Buy Drunk 精神病院 12-8
15.打洞香腸 12-8
16.鏘熊微醺冰棒 12-9
17.墾丁脆皮湯包 12-9
18.陳師傅新疆肉串 12-9
19.一品滷味 12-10
20.吳師傅魯味 12-10
21.大灣 12-11
22.大尖山 12-11
23.墾丁國家森林遊樂區 12-12
24.GADUGADU Brunch 12-13
25.青蛙石 12-13
巴里巴里 H-1
遇見墾丁 H-1
寧靜海 H-2
橘月民宿 H-2
牧場旅棧 H-3
Google Map
下載
北

超有名的義大利Pasta美食
AMY'S CUCINA 01

Map12-1/ B3

高捷美麗島站乘 9117 號公車至墾丁派出所站，步行約 1 分鐘

「AMY'S CUCIAN」在墾丁具超過10年歷史，這著名的菜式包括海鮮披薩、鮪魚通心麵沙拉、意大利蔬菜湯、茄汁墨魚意大利麵、南瓜鮮蝦意大利麵、潛水艇三文治、意式臘腸沙拉等。通通充滿傳統意大利口味和製作風格。店內食物以料多份量足夠見稱，故如果兩個人享用的話，一個Pizza配沙律小食便足夠了。

INFO
屏東縣恆春鎮墾丁路 131-1 號 | 886-8-886-1940 | 11:00am-9:30pm | www.amys-cucina.com

摩洛哥風情 02
諾薩餐酒館 Nossa Bistro

Map12-1/ A1

高捷美麗島站乘 9117 號公車至墾丁牌樓站下車

2023年新開幕

Nossa Bistro是一間充滿地中海風情的西餐廳，粉色摩洛哥風格建築坐落於墾丁大街，且鄰近海邊。內部裝潢也充滿了異國情調，有彩色瓷磚、木製桌椅及鮮花裝飾。店內提供地中海料理，室內空間寬敞舒適，有大片落地窗，享用美食時可以直接看到海景。

INFO
屏東縣恆春鎮墾丁路 329 號 | 886-901-356-329 | 12:00nn-8:00pm | Nossabistro

30年打滾經驗 03 Map12-1/ C3

雲鄉 滇泰緬料理

高捷美麗島站乘 9117 號公車至墾丁國小站，步行約 1 分鐘

餐廳老闆是一位緬甸華僑，在台灣開設雲鄉滇泰緬料理店，以最地道的熟練手藝，創造出最傳統的雲南、泰國、緬甸等地美食。

店家特殊的香料及配料充滿了風味，酸辣微麻且重油味的口味，十分正宗，用以下飯極之匹配。當中，涼拌青木瓜可說是餐廳裡的人氣推介，加入了檸檬、小蝦米以及帶有椰香味的香椰糖提味，集香、甜、辣的口感於一身的前菜，用來作餐前小食或下酒菜，開胃且新鮮。

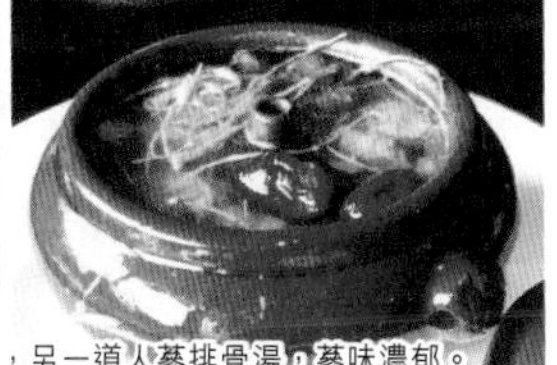

推薦冬粉蟹煲，冬粉把蟹汁完全吸收，另一道人蔘排骨湯，蔘味濃郁。

店內無論裝修，以至盛水器皿都很有泰國特色。

泰式特飲能解辣。必點！

INFO

屏東縣恆春鎮墾丁路 19 號 | 886-8-886-2150 | 11:00am-3:00pm， 5:00pm-10:00pm

街上吃新鮮生蠔 Map12-1/ B2

佳珍烤生蠔 04

高捷美麗島站乘 9117 號公車至墾丁站，步行約 1 分鐘

擁有豐富海產資源的墾丁，海鮮店多不勝數，但數到第一家創立於墾丁大街上，可以即場食生蠔的，便是佳珍烤生蠔店了，老字號加上多年經驗，價錢便宜且店主經常創出不少新菜式，令每一次光臨的食客，不論新舊客人都充滿了期待和新鮮感！

店內放滿了新鮮生猛的海鮮，店外即食生蠔風味十足，感覺好像走在日本街頭一樣，還有風味烤風螺、大蛤等。必試！

除了烤生蠔外，還有風味烤風螺、大蛤，即叫即烤！

烤生蠔

INFO

屏東縣恆春鎮墾丁路 203 號 | 886-8-886-1017 | 11:00am-2:00pm， 5:00pm-10:00pm

做得出色的泰式料理 Map12-1/ C3

白沙灘泰式料理 05

高捷美麗島站乘 9117 號公車至墾丁國小站

店內掌廚的是位泰國廚師，故傳統的泰式料理根本難不倒他，為了配合台灣人的口味，店廚還悉心地把料理的口味作出少量改變，既保留泰緬料理酸辣濃郁的特色，也兼顧台灣人的口味。

其中開胃菜月亮蝦餅和香酥田雞，外表炸得金黃香脆，蘸點特製醬汁，若然配上台式啤酒，真是人生一大樂事。另外筆者也誠意介紹雲拌椒麻雞、椰汁蝦仁、三味鱸魚，和充滿泰式風味的酸辣海鮮湯，親身來感受一下吧！

泰式蝦醬空心菜、雲拌椒麻雞，味道同樣出色。

店內環境舒適，並用上泰國餐廳專用的銀水杯。

INFO

屏東縣恒春鎮墾丁路 58 號 | 886-8-886-1689 | 10:30am-3:00pm，4:30pm-10:00pm

墾丁大街海產第一店 06

旅南活海鮮 Map12-1/ B2

高捷美麗島站乘 9117 號公車至墾丁站，步行約 1 分鐘

旅南活海鮮店的理念一向是食材新鮮，吃得健康，多年來累積了許多好口碑，加上常創新的風味料理在墾丁已成為一家無人不識的老店。

店內放滿了新鮮生猛的海鮮，客人可按自己喜愛挑選作食材，筆者推介金瓜米粉，金瓜融化在米粉裡，且米粉沾滿了汁，又香又好吃。穩陣之選清蒸蒜蓉龍蝦，價錢絕對合理，大飽口福了！

INFO

屏東縣恒春鎮墾丁路 193 號 | 886-8-886-1036 | 10:30am-10:00pm

泰菜一哥

曼波泰式餐廳

Map12-1/ C3

07

高捷美麗島站乘 9117 號公車至墾丁國小站

這間餐廳是墾丁第一間泰式餐廳，開業十多年依然人氣高企，每到晚飯時間例必出現人龍。台灣很多餐廳都以「專」取勝，只供應幾款招牌菜；此店卻積極研發新菜式，食物種類多達數十款，難得全部都在水準之上，而且經過特別調配後，酸辣味適中，更合香港人口味。

店內的擺設與播放的音樂，都呈現著濃烈的泰式風情。

酸辣魚，魚完全沒有腥味，搭配恆春特產洋蔥，正！

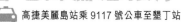

INFO

屏東縣恆春鎮墾丁里墾丁路 21-4 號 | 886-8-886-2878 | 11:00am-3:00pm、5:00pm-11:00pm

分店遍布台灣

鄧老師腳底按摩

Map12-1/ A2

08

高捷美麗島站乘 9117 號公車至墾丁站

台灣南北東部都有鄧老師的店，店內主要提供3種主打按摩，包括「上海泡腳」，採用特效藥草泡腳，可打通氣血經絡促進循環，「全身指壓」針對經絡穴位給予適當的刺激，以達舒筋活血之效，「腳底按摩」刺激臟體活絡，啟動自動修復功能，提高人體抵抗力。

INFO

屏東縣恆春鎮墾丁路 251 號 | 886-8-885-6839 | 周一至四 12:00nn-12:00mn；周五至日 11:00am-1:00am | NT150（10 分鐘）

香而不膩

ㄚ寶寶煙燻滷味

Map12-1/ B2

09

高捷美麗島站乘 9117 號公車至墾丁站

ㄚ寶寶滷味在墾丁大街打出名堂，全憑加入中藥的特調滷汁與及新鮮供應的滷料。ㄚ寶寶滷味口味香而不膩，配上自製的「開胃辣醬」，倍添滋味。獨家研發的「黑胡椒雞腳凍」，「紹興醉鵝」更是必吃之選，用來送酒絕配之選。

INFO

屏東縣恆春鎮墾丁路 182 號 | 886-8-886-3338 | 4:30pm-2:00am | https://www.facebook.com/duckbabykenting/

墾丁大街 掃街小食！

墾丁大街兩旁，夾雜著不同大大小小的店舖，各式各樣的小食攤檔，售賣不同的小食，且一般小食價錢只有NT50左右，不需花費太多，足以填飽肚！大街可謂一個不夜天，充滿了生氣，一於開始「掃街」吧！

既QQ又得意 ⑩

墾丁顏姐qq蛋奶

Map12-1/ A2

這家在墾丁街前端，人流特多的攤店，名為QQ蛋奶，也是墾丁首創的蛋奶本店，所謂QQ蛋奶，是把黑糖粉圓加進鮮奶中，牛奶採用台灣自家生產，衛生和品質絕對有保證，且特別香濃，自行熬煮的濃郁黑糖粉圓是店主親手製作，不含防腐劑，故造成特別Q的效果。

QQ蛋奶入口果然香滑，口味有5款，推薦加入綠豆的Q蛋綠豆奶，好飲！

《食尚玩家》推薦後，來到墾丁試QQ蛋奶的遊客漸多，不少台灣明星也是QQ蛋奶的Fans呢！

INFO

屏東縣恆春鎮墾丁路 237 號（雅客之家前）| 886-933-384-813 | 5:00pm-11:00pm

12-6

薯不簡單 11

Mr. 波 薯條廚房

Map12-1/ B3

Mr. 波是墾丁大街近年的人氣小吃，屢獲媒體報導。Mr. 波有十多種薯條口味，包括經典的鞋帶細薯條，還有地瓜、沃夫薯格格及荷蘭捲等。他們每天會推出5款，連同煙燻火雞肉，客人以NT150就可任選3款，並且齊齊整整放入食物盒內，一邊逛街一邊品嘗也不會食到「論論盡盡」。

褐皮馬鈴薯、紅皮馬鈴薯、紫皮馬鈴薯等，連顏色也有分門別類。

無論薯仔的品種、形狀及口味都有不同選擇。

隨食物盒會附上酸奶醬與咖哩番茄醬，令薯條更添風味。

INFO

恆春鎮墾丁路 115 號

Map12-1/ C3

認住「侵侵」嘜頭就冇搵錯。

球球是道 12

Mr. Ball 炸肉球

Mr. Ball將日本傳統美食可樂餅改良，並研發出創新的口味。Mr. Ball共有4種口味，必試莫札瑞拉起司(Mozzarella)牛肉球，它以手打牛肩肉、多種新鮮香草和莫札瑞拉起司一起炸成金黃香酥肉球，外脆內軟仲有拉絲效果。其他的韓式泡菜、培根青蘋果豬肉球和咖哩牛肉同樣值得一試。

韓式泡菜豬肉球

莫札瑞拉起司牛肉球

INFO

墾丁路 115 號 (全家海洋店前面)

咸甜皆宜 ⑬ Map12-1/ B2

嘟嘟熊可麗餅

可麗餅是台灣夜市必備的小吃，在墾丁大街的嘟嘟熊可麗餅更有超多的口味選擇。簡單的可選單一口味如抹茶或草莓，想色彩繽紛的可加入七彩的棉花糖，吃得再「刁鑽」可選海苔肉鬆、黑椒牛肉，最貴的總匯也只賣NT100，而且份量超大，絕對物超所值。

陳柏宇也曾到此光顧。

巧克力香蕉可麗餅NT80

冰淇淋可麗餅每日限量發售。

INFO

恆春鎮墾丁路 134 號（「海人工房」前面）

酒到病除 ⑭ Map12-1/ C3

My醉_Buy Drunk 精神病院

My醉整療室有一系列鬼馬診療單，包括「我是神經病」、「我放棄治療」，甚至「我想被撿屍」等，無非是俾一班酒友借口買醉。整療室有不同「配方」，調製後以巨型針筒打進血袋之中，非常有綽頭，而且一包只售NT150左右，所以很受年輕人歡迎。不過好玩還好玩，喝酒始終要適可而止，免得樂極生悲。

INFO

恆春鎮墾丁路 111 號

50年酒香 Map12-1/ C3

打洞香腸 ⑮

打洞香腸是墾丁大街的老字號，所謂打洞，原來就是在香腸製作過程中把高粱酒灌進去，令香腸充滿酒香，烤製時份外惹味。除了酒香腸，這裡也售賣飛魚卵香腸。飛魚是屏東特產，所以這裡的飛魚卵香腸既新鮮又重手，行過路過攤檔時實在難以抗拒香味的誘惑。

INFO

恆春鎮墾丁路

大人的冰棒 16 Map12-1/ C3

鏘熊微醺冰棒

冰棒原本是小朋友的恩物，不過鏘熊微醺冰棒卻變成兒童不宜，因冰棒是以各種水果及調酒製成。冰棒除了用料特別，造型也很花心思。老闆在冰棒上加上棉花糖、杏仁片、核桃粒等配料，甚至會加上可愛的小熊軟糖，對女士們尤其吸引，成為墾丁呃like名物。

INFO

恒春鎮墾丁路 106 號

大街必吃！ Map12-1/ B2

墾丁脆皮湯包

17

脆皮小籠包的老闆充滿自信，幾乎肯定自家製小湯包必令客人滿意！的確，小湯包皮薄餡靚，包內的湯汁熱烘烘且又多又好味，值得介紹是老闆推薦脆皮湯包，脆脆的皮撒上芝麻，還有他們的香粉、蒜味、辣味、海苔、芥末、芝士等，脆皮與湯包一併吃，每次筆者來墾丁必定大快朵頤。

脆皮湯包不是炸，而是煎出脆皮，一客有8個！

芝麻、葱花這些不起眼的配料，與湯包卻產生大功用，出奇地配合。

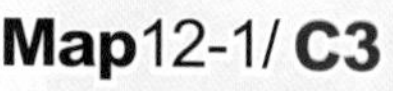

INFO

屏東縣恒春鎮墾丁路 210-8 號 | $ NT80

來自新疆的味道 Map12-1/ C3

陳師傅新疆肉串

18

陳師傅新疆烤羊肉串，師傅來自新疆，把地道肉串帶到墾丁，羊肉沒有很大的羊羶味，香料味道與羊肉本身味道中和，造成十分好的效果，羊肉本身口感十足，如不吃羊肉，還有雞肉串、豬肉串和牛肉串可選。

INFO

屏東縣恒春鎮墾丁路 65 號

「金剛」都Like！ ⑲

一品滷味

Map12-1/ A2

「一品滷味」研製了自家兩種獨門醬料，採用十多種中藥甚至還有人蔘調配成，故在一品滷味所吃到的味道，別家店舖是完全感受不到。老闆為照顧愛吃辣的朋友，特別研發「一品吆瘦辣」的斷魂辣椒醬，據說辣度達至神級，喜愛吃辣的朋友必要一試。店內最受歡迎的食物為酸棗大腸、鴨翅、豬耳朵及豆皮，食客可選外帶或入店內慢慢品嘗。

特製醬料斷魂辣，夠膽就試，可買回作手信。

明星食客不計其數，金剛也有份呢！

食材新鮮，可供選擇種類多。

INFO

屏東縣恆春鎮墾丁路 223 號 | 886- 8-886-1697 | 5:00pm- 凌晨 1:00am

食得健康

Map12-1/ B2

吳師傅魯味 ⑳

吳師傅魯味在墾丁大街上，已經有20年的經驗，其間更是獲獎無數。今天，吳師傅的店已傳至南北各地，但墾丁卻是起家總店，味道最正宗。

吳師傅提供新鮮美味的天然食材，挑選的過程更是嚴謹，堅持使用高海拔的新鮮時蔬提供給食客，真正是食得健康的滷味。

新鮮食材是吳師傅堅持的信念。

獲獎無數的吳師傅，幾乎台灣所有傳媒都採訪過他，堅！

INFO

屏東縣恆春鎮墾丁路 207 號 | 886-912-725-533 | 5:00pm-12:00mn；周三及四公休

著名夏都酒店為大灣帶來了不一樣的畫面。

大灣白天和傍晚都有著不同景色，同樣醉人。

夕陽下的橙紅海灘
大灣 ㉑

Map12-1/ A3

由墾丁大街步行 10 分鐘即達

大灣海灘位於墾丁大街附近，是政府重新打造的免費海水浴場，長3公里，面向巴士海峽，背靠大尖山。夕陽時分，海面呈現橙紅色，美不勝收。大灣人少清幽，適合海灘漫步、陽光浴，但海浪較大，只宜淺水游泳。大灣除了著名的夕陽景色外，還有夏都沙灘酒店，為著名電影《海角七號》的拍攝地點之一。

INFO

墾丁大灣海灘

墾丁地標
大尖山

Map 墾丁 -2

墾丁國家公園內

大尖山是墾丁地標，進入國家公園後一抬頭便見。大尖山海拔其實不過318公尺而已，並沒有想像那麼高，全因為四周地形過於低緩，因此才予人鶴立雞群的感覺。

砂岩和頁岩礫石塊構成的大尖山，是地質長期遭侵蝕後突露的結果。目前大尖山的登山口有兩處，從牧場出發，由東邊登頂來回約需1.5小時；由西邊登頂的話，則需2.5小時，均屬相當輕鬆的路程。登頂後整個恒春半島的景觀盡入眼底，一覽無遺。

INFO

墾丁大尖山

Map12-1/ A2

小蟹通街走 23

墾丁國家森林遊樂區

恆春轉運站乘 8248 號公車至墾丁公園站下車

此處為墾丁面積最大的遊樂區之一，佔地435公頃，分成椰子區、油脂區、橡膠區、藥用區和熱帶果樹區等，有多達1,200種植物。園內森林濃密美麗，有紅花綠葉和濃蔭夾道，讓都市人能感受大自然的氣息。因遊樂區在遠古時代為海底的一部分，所以全區遍布由海生動物珊瑚蟲之骨骼以及貝類遺骸、海藻等沉積而成的珊瑚礁岩。沿路可見大小不同的小蟹四處走，走路時小心不要踩到牠們！

INFO

屏東縣恆春鎮墾丁里公園路 | 8:00am-5:00pm | 非假日 NT100、假日 NT150 元、小童 NT75

特色景觀

1) 森林浴步道：由遊樂區門口至遊客中心。
2) 一線天：地殼變動造成岩石斷裂成兩，只能容納一個人穿過的細狹通道。
3) 銀龍洞：洞壁盡為鐘乳石，貫穿觀日峰北麓。
4) 仙洞：全長127公尺，另有支洞30公尺，是全區最長的石灰岩洞。

1 森林浴步道 Forest Trail

2 森林區內有著很多自然奇觀，圖為在洞穴內抬頭一看的景觀，名為一線天，以及鐘乳石層。

3

4

觀海秘境早午餐 ㉔ GADUGADU Brunch

高捷美麗島站乘 9117 號公車至恆春轉運站，轉乘 8248 號公車至墾丁公園站下車，步行至觀海樓約 30-40 分鐘

GADUGADU Brunch位於墾丁國家森林遊樂區，由華泰瑞苑團隊管理。餐廳擁有360度無死角的山海視野，可遠眺太平洋、巴士海峽和台灣海峽。餐廳的名字「GADUGADU」是排灣族語，有「秘境」之意。餐廳菜單以創意早午餐為主，包括經典的酪梨吐司、班尼迪克蛋、法式吐司等，還有一些特色的料理，例如鹹蛋黃奶油培根捲餅、泰式咖哩牛肉漢堡等。

一室落地窗可以俯瞰整個恆春半島的美景。

INFO

屏東縣恆春鎮公園路 201 號觀海樓 6 樓 | 9:30am-4:00pm | https://www.gloriamanor.com/

青蛙下海 青蛙石

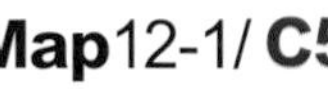

Map12-1/ C5

㉕

由墾丁大街步行 20 分鐘即達

青蛙石高度約61公尺，剛好又位處在墾丁森林遊樂區前的觀海樓遙望，若從高處向下望，其外形似青蛙正要跳躍下海，因此稱作青蛙石。

在青蛙石周邊，處處皆可見到由海浪所侵蝕的凹壁、珊瑚礁及貝殼化石等的奇特景觀，且可供鑑賞的珍貴植物奇多，很值得一看。

恆春鎮

MAP 13-1
恆春鎮
01東南西北古門 13-2
02.恆春孤棚 13-2
03.出火 13-3
04.夥計鴨肉冬粉 13-4
05.鹿境梅花鹿生態園區 13-4
06.小杜包子 13-5
07.恆春鄉村冬鴨粉 13-5
08.恆春3000啤酒博物館 13-6
09.波波廚房 Kitchen Swell 13-6
10.快樂鳥地方 13-7
11.海角七號阿嘉的家 13-7
12.鼎豐糕餅行 13-7
13.白羊道柴燒麻 13-8
14.柯記古早味綠豆饌 13-8
15.哩賀手創雜店舖 13-9
16.Step Up-夾腳拖 13-9
曲境 H-14
怡灣渡假酒店 H-14
我愛墾丁 F4-4
Shell & Cat小黑 F4-4
玉珍香 F4-4
洋蔥田 F4-5
怡灣渡假酒店
北門
西門
曲境
東門
南門
恆春鎮公所
恆春轉運站
一芳海苔醬
南門醫院
恆春旅遊醫院
屏鵝公路
中山路
中正路
福德路
東門路
文化路
恆北路
恆東路
山腳路
恆南路
恆公路
龍鑾路
光復路
Google Map 下載
北

探訪古代城門 01

東南西北古門 Map13-1/ B3

恆春古鎮內有四道城門，是古代留下的護城牆，分別駐守東、南、西、北四方，古時用以鎮守恆春城防範各方入侵，雖然在時空流逝下，城門已失去了昔日的護衛作用，但仍不失為一個注目景點，登上城門感受日月滄桑，城門保養還良好，現已列為國家二級古蹟。

INFO

屏東縣恆春鎮 | 全日 | 免費

Map13-1/ C2

特色節目

恆春孤棚 02

高捷美麗島站乘 9117 號公車至恆春轉運站，步行約 9 分鐘

搶孤活動源於古代，於每年農曆七月中元節(即盂蘭節)期間舉行。搶孤是古代用以嚇退流連人間的鬼魂，以及集中祭拜普渡的活動，但流傳至今，已改為一項當地最有特色的比賽，廣邀鎮內和鎮外的朋友組成隊伍參加，有攻炮城、「豎孤棚」的「搶旗」等活動，就有如香港長洲每年的搶包山活動般，古代孤棚是由4根丈六（約10公尺）的原木，其上放置祭品，塗滿易滑的黃油，現今恆春孤棚也完全遵照古俗；豎4根三丈六的原木代表恆春東、西、南、北4座古城，甚有特色。

INFO

屏東縣恆春鎮 | 農曆七月十五日中元節，平日只看到孤棚 | https://www.hengchuen.gov.tw/Tour Attractions.aspx

世界自然奇觀 出火 03

Map墾丁-2

高捷美麗島站乘 9117 號公車至恆春轉運站，再乘墾丁街車 103 號至出火站即達

出火自然奇觀乃墾丁一個著名景點，365日無休止不停燃燒的景觀，從石間冒出不同程度的火焰，就算下大雨或刮颱風也不會熄滅，令人覺得十分驚奇。根據恆春縣誌（山川篇）記載，早在清朝年間，出火已有記載，故意味著這個奇觀早在數百年前已形成，由於此處的地底下，蘊藏了豐富的天然氣，出火就是天然氣冒出地表，經過點火燃燒的現象，經由國家公園整理後，規劃出停車場、木棧步道，並將出火區域周邊培育大片青青草原，形成為「出火特別景觀區」。

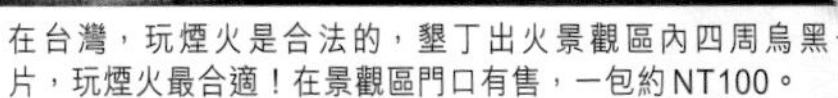

在台灣，玩煙火是合法的，墾丁出火景觀區內四周烏黑一片，玩煙火最合適！在景觀區門口有售，一包約NT100。

入口處除了可買煙火，亦可買到爆谷，自己放在火上親手燒，另有一番樂趣，爆谷NT50。

四招玩 Light Painting

1.）把相機調至手動模式
2.）把光圈調至 f/16、f/22、f/32
3.）選 5 秒快門，同時把閃光模式設後簾同步閃光
4.）開始，用任何發光物繪畫，注意左右調轉的筆畫便可

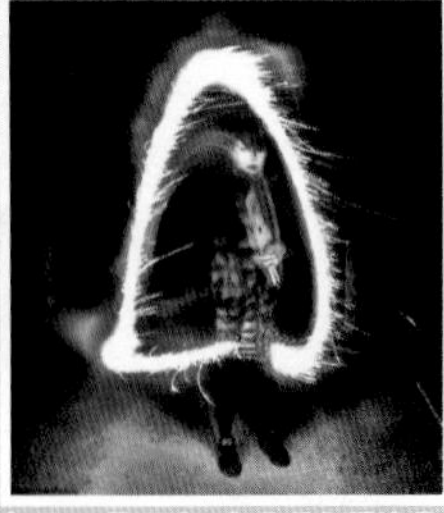

在出火區，玩Light Painting是近年最hit的玩法，把你的相機適當調校，便可在黑暗中大玩效果，不少朋友購買煙火大玩特玩。

INFO

屏東縣恆春鎮和興路 | 全天 | 免費

擠滿慕名遊客

Map13-1/ **B3**

夥計鴨肉冬粉

高捷美麗島站乘 9117 號公車至恆春轉運站即達

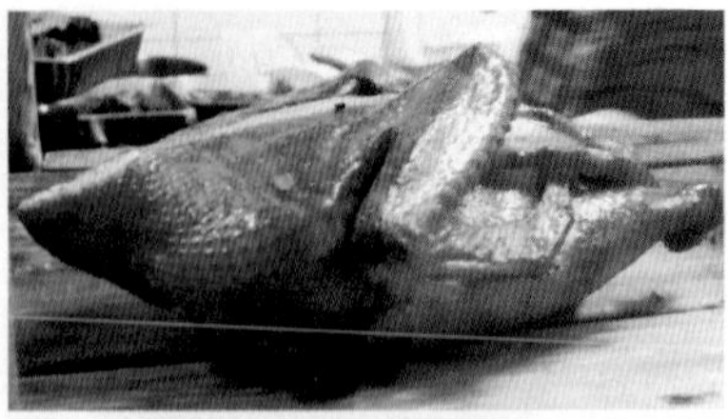

鴨肉冬粉是台南十分有特色的食物，在恆春做到街知巷聞的鴨肉冬粉，就是這家夥計鴨肉冬。每天慕名光顧的客人不計其數，店主為了應付等候的客人，更貼心到在門口準備了長凳子，細看下原來光顧的大多是當地人，可知食物質素已經不用懷疑了。

台灣的鴨肉冬粉和香港一般的鴨河粉大有不同，客人可先行挑選自己喜愛的滷味，如豬耳、豆乾、鴨舌等用作佐料，主角鴨肉冬粉不油不膩，湯底相當入味，湯頭是用鴨肉熬煮出來的，清淡鮮甜，冬粉不粗不幼，有點像幼幼的瀨粉感覺，鴨肉是煙燻過的，味道早已滲透，相當入味！

提提大家，個人認為滷味較鴨肉好吃，店家有特製的醬汁，推薦嘗嘗辣味的醬汁，和一般豆瓣醬風格不同，試試！

INFO

屏東縣恆春鎮中山路 35 號 | 886-8-889-1298 | 4:30pm-11:00pm(賣完即止)；周三公休 | 平均消費 NT150-200

Map13-1/ **A1**

零距離接觸 05

鹿境梅花鹿生態園區

高捷美麗島站乘 9117 號公車至恆春轉運站，轉乘的士約 5 分鐘

園區內有超可愛的水豚君和梅花鹿，可以零距離與可愛動物們互動，摸摸牠們或餵食物，簡直是台版小奈良。梅花鹿是台灣的特有物種，身上有漂亮的斑紋，是台灣的國寶之一。進園前有導覽人員，逛累了可以在鹿境咖啡店歇腳，離開前別忘記到園區紀念品店逛下，有許多小鹿的帽子、玩具等商品。

INFO

屏東縣恆春鎮恆公路 1097 之 1 號 | 886-8-888-1940 | 10:00am-4:30pm | 成人 NT200；6-12 歲兒童 NT50；6 歲以下免費 | paradise_of_deer

親情的味道

小杜包子

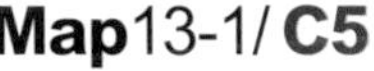

Map13-1/ C5

06

高捷美麗島站乘 9117 號公車至恆春轉運站，步行約 10 分鐘

老闆小杜原本從事旅遊業，一場大病令他意會到能嘗爸爸熱騰騰的包子才是人生最幸福。今天小杜把當年父親為自己做包子的幸福和味道，帶給了前來光顧的食客，除了父親口味的洋蔥肉塊包和五香蛋黃包外，還研發了芝士包、獅子頭包、香腸包等口味，每個包子體形巨大，且餡料充足，其中獅子頭包內肉汁十分豐富，縱使包子巨大，卻令人有一吃再吃的衝動。老闆説曾經有一位客人，一口氣吃了七大個包子呢！厲害！

辣獅子頭包NT50

洋蔥烤肉包NT50

INFO

屏東縣恆春鎮恆公路 20 號 | 886-8-889-9608 | 6:30am-7:00pm；假日營業至 8:00pm | www.siaodu.com

40年老店

恆春鄉村冬鴨粉

Map13-1/ B2

07

恆春轉運站步行 10 分鐘

鴨肉的味道和香港大有不同，不但完全入味，其汁更被冬粉全部吸收，可謂濃縮了鴨肉精華！

恆春鎮有兩家賣鴨粉的著名食店，其一是夥計鴨肉冬粉，而另一家便是鄉村冬鴨粉。顧客先要取一個籃子，把自己喜愛加入的滷味，如豆乾、海帶、滷蛋、鴨腸、鴨心、鴨頭和鴨舌放進籃中，再告訴店員鴨肉份量，加入高湯、薑絲和芹菜便可。鴨肉口感十足，獨家的調味將燻過的鴨肉帶出豐富的層次感，熱湯充滿了鴨肉的精華從而被冬粉完全吸收，故每品嘗一口冬粉都令人回味無窮。順帶一提，這家老店營業至凌晨2點，是在恆春鎮想吃夜宵的不二之選！

INFO

屏東縣恆春鎮福德路 91 號 | 886-8-889-8824 | 11:30am-9:00pm | 平均消費 NT45

Map13-1/ A1

手工啤酒大集合 08
恆春3000啤酒博物館

高捷美麗島站乘 9117 號公車至恆春轉運站，轉乘的士約 5 分鐘

潮流興飲手工啤酒，設於墾丁恆春鎮附近恆春3000啤酒博物館，對推廣手工啤酒可謂不遺餘力。博物館設計走粗獷路線，不過一走進餐廳，即被牆上以3000個啤酒杯砌成的「BEER」大字所震懾。在餐廳盡頭，一幅以萬多張啤酒label砌成的蒙羅麗莎名畫，同樣不可錯過。逛完博物館後，不妨試試他們自釀的手工啤酒，特別是以墾丁名勝如白砂及南灣等為名的6款啤酒，一定不可錯過。

INFO

恆春鎮草埔路 29-1 號 | 886-8-888-1002 | 11:00am-5:00pm；周四公休 | 免費入場 | https://www.facebook.com/3000Brewseum/

老街最美餐酒館
波波廚房 09 Kitchen Swell

Map13-1/ B2

高捷美麗島站乘 9117 號公車至恆春轉運站，步行約 3 分鐘

波波廚房是意式餐館兼手工烘焙店，由80年老宅改建，有開放式廚房和自家窯烤披薩。菜單上有各式麵包、炸物、意粉、燉飯和甜點等，招牌菜有波波媽媽的家常燉飯、波波的脆皮炸雞、爐烤船凍小卷和海味披薩等。波波廚房也是電影《海角七號》的取景地之一，店內可見電影的紀念品和照片。

INFO

恆春鎮光明路 86 號 | 886-8-889-6575 | 一樓冷飲室 10:00am-8:00pm；二樓餐廳 11:30am-2:30pm、5:30pm-8:30pm | 波波廚房 Kitchen Swell

文青酒吧

Map13-1/ B2

快樂鳥地方

高捷美麗島站乘 9117 號公車至恆春轉運站即達

一間色彩繽紛的小店，店主是喜愛閱讀的人，店內到處都是書本，主打推介披薩、意大利麵和小火鍋。

INFO

屏東縣恆春鎮中正路 69 號 | 886-8-888-0690 | 11:30am-3:00pm，5:30pm-9:30pm

恆春的共同記憶

Map13-1/ B2

海角七號阿嘉的家

高捷美麗島站乘 9117 號公車至恆春轉運站，步行約 3 分鐘

位於恆春古城內的阿嘉的家，是電影《海角七號》的經典場景之一。這棟建於1920年代的閩南式老宅，屋齡已逾百年。阿嘉的家外觀樸實，但卻充滿了古色古香的韻味。屋內的木樑、木窗、木門等，都保留了原始的風貌。在阿嘉的家裡，可以看到許多電影中的經典場景，例如阿嘉和友子的客廳、房間和樓梯等，如同電影情節重現眼前。

INFO

屏東縣恆春鎮光明路 90 號 | 9:00am-6:00pm

風行40年

Map13-1/ B2

鼎豐糕餅行

高捷美麗島站乘 9117 號公車至恆春轉運站，步行約 3 分鐘

創立於1975年，餅店伴隨著無數恆春人的記憶成長，專賣傳統糕餅、麵包，近年創辦人結合當地特產——洋葱，憑著數十年製餅經驗、相傳手藝，創出了風味獨特、香脆可口的「陽(洋)葱餅」，成為恆春半島一個最具代表性的伴手禮。

陽葱餅NT100/袋

INFO

屏東縣恆春鎮福德路 94 號 | 886-8-889-2866 | 8:00am-8:30pm | https://www.yongshin.com.tw/

古早口味良心製作 Map13-1/ B2

白羊道柴燒麻 ⑬

高捷美麗島站乘 9117 號公車至恆春轉運站，步行約 5 分鐘

白羊道門面只有木板一塊，非常不起眼。而且每周只有四天營業，幫趁時間又只有下午幾粒鐘，真的十分有個性。店家用柴火蒸製傳統麻糬，加進很多糙糯米，讓麻糬有更多的纖維及營養，吃起來腸胃較無負擔。除了麻糬，店家又精選了不同的飲品配搭。坐在百年老宅中享用良心製作，難怪成為了當地人最愛的點心小店。

INFO

恆春鎮中山路 188 號 | 886-8-889-9992 | 12:00nn-6:00pm；周二至四公休

恆春老街小吃 ⑭ Map13-1/ B2

柯記古早味綠豆饌

高捷美麗島站乘 9117 號公車至恆春轉運站，步行約 2-3 分鐘

店舖位於恆春老街的十字路口上，是恆春鎮知名景點之一。綠豆饌是一種台灣特有的甜品，用去皮的綠豆和黑糖、桂圓等熬煮成的甜湯，可以冰食或熱食，一碗只是NT40-45，口感細緻清爽，有助消暑解渴。柯記古早味綠豆饌的綠豆饌堅持古法熬煮，保留了古早的風味。傳統上是熱食的，夏天則可配搭紅豆、花生、刨冰，變成清涼消暑的甜品。

綠豆蒜為恆春一帶古早味的甜點，綠豆蒜的名稱並不是因為有蒜頭成分，而是因為綠豆仁剝殼蒸熟後，看起來很像剁碎的蒜末。

INFO

恆春鎮福德路 69 號 | 886-8-888-1585 | 9:40am-4:00pm | instagram.com/kosdessert

古老仍時興 Map13-1/ B3

哩賀手創雜店舖 ⑮

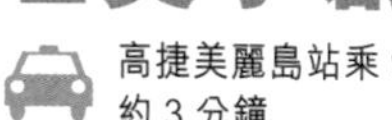

高捷美麗島站乘 9117 號公車至恆春轉運站，步行約 3 分鐘

懷舊復古是全球的大潮流，哩賀手創雜店舖設在有百年歷史的恆春古城南門附近，更加是順理成章。小店搜羅了全台灣的舊物，由玩具、文具，甚至傢俬都有，起錶價十數元港幣都有交易，非常親民。店內更有自家創作的精品，又有咖啡、雪糕等冷熱小吃發售。就算不幫趁買舊物，坐在店內邊歎咖啡邊懷古，也是人生一大樂事。

INFO

恆春鎮南門路 21 號 | 886-980-001-866 | 12:00nn-9:00pm；周二至四公休

一味好色 Map13-1/ B2

Step Up- 夾腳拖 ⑯

高捷美麗島站乘 9117 號公車至恆春轉運站，步行約 5 分鐘

墾丁滿布靚沙灘，沙灘拖當然是必要的裝備。Step Up是墾丁著名的沙灘拖品牌，在墾丁大街及恆春鎮都有分店，買的是自由配搭加色彩繽紛。沙灘拖分粗帶、細帶和後帶，鞋底和膠帶可以自由襯色。拖鞋設計看似簡單，實情是曾在Nike工作的店主與台灣的鞋廠精心研發，保證舒適之餘好行又防滑。最煞食是一對只售NT350，港幣100元都不用已威威，所以大受用家歡迎，成為另類手信。

INFO

恆春鎮中山路 190 號 | 886-921-339-975 | 11:00am-7:00pm | http://www.stepup.com.tw/

南灣

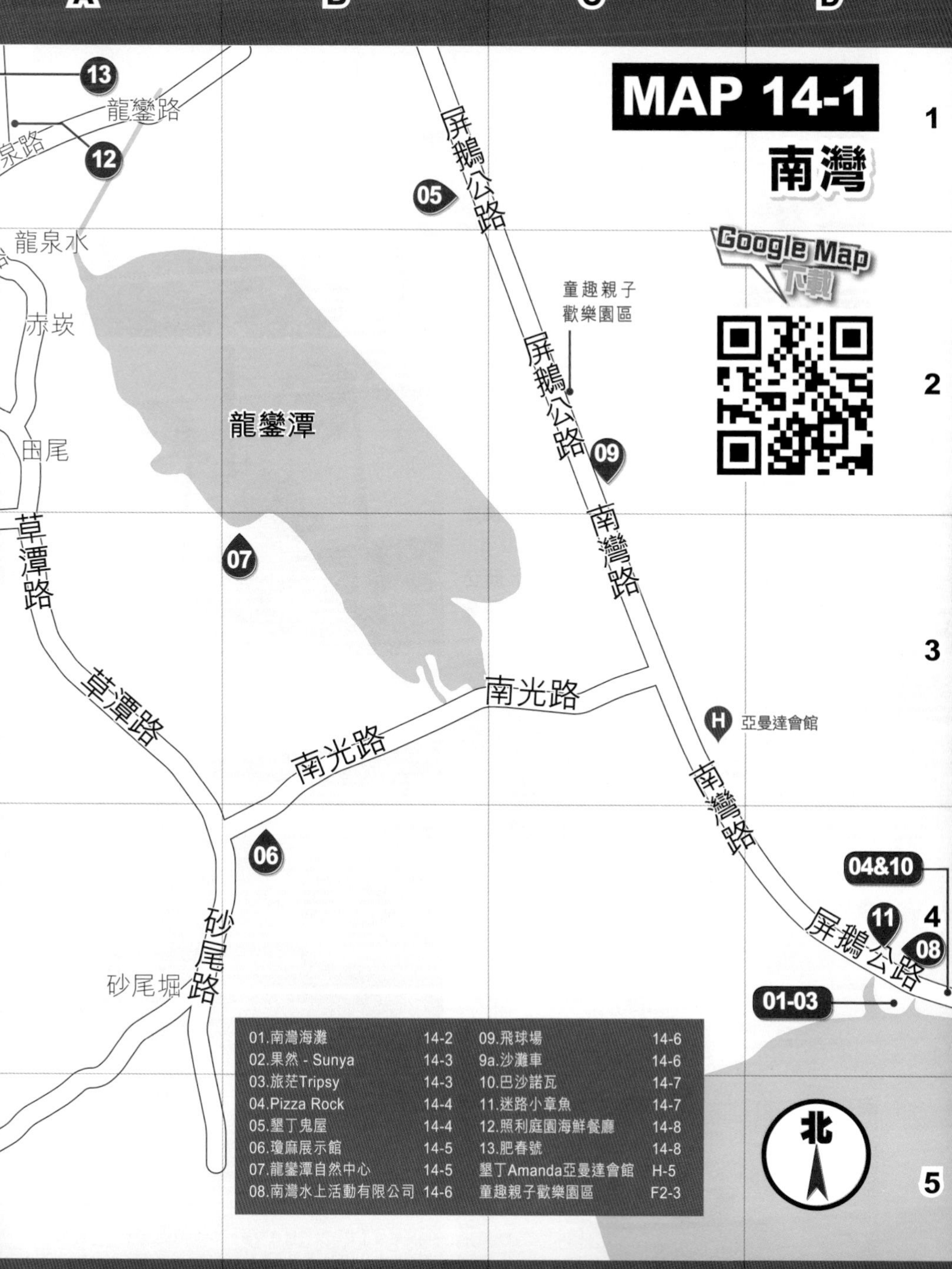
A
B
C
D
1
2
3
4
5
MAP 14-1
南灣
Google Map
下載
龍鑾路
泉路
龍泉水
赤崁
田尾
草潭路
草潭路
龍鑾潭
屏鵝公路
屏鵝公路
南灣路
南灣路
屏鵝公路
南光路
南光路
砂尾路
砂尾堀
童趣親子
歡樂園區
亞曼達會館
北
13
12
05
09
07
06
04&10
11
08
01-03
01.南灣海灘 14-2
02.果然 - Sunya 14-3
03.旅茫Tripsy 14-3
04.Pizza Rock 14-4
05.墾丁鬼屋 14-4
06.瓊麻展示館 14-5
07.龍鑾潭自然中心 14-5
08.南灣水上活動有限公司 14-6
09.飛球場 14-6
9a.沙灘車 14-6
10.巴沙諾瓦 14-7
11.迷路小章魚 14-7
12.照利庭園海鮮餐廳 14-8
13.肥春號 14-8
墾丁Amanda亞曼達會館 H-5
童趣親子歡樂園區 F2-3

WET WET WET 01

南灣海灘 Map14-1/ D4

高捷美麗島站乘 9117 號公車至南灣

南灣是墾丁眾多海灘中，最為熱鬧的一個沙灘，在南灣可以感受到一片歡樂和青春熱血的動力！藍天、碧海、白沙，再加上沙灘上的七彩遮陽傘，伴著大大小小的歡笑聲，彷彿成了南灣的標記。

從前南灣又稱作藍灣，或許是海水顏色太藍的緣故吧，在這裡，除了是著名的游泳熱點外，更是水上玩意的天堂，香蕉船、水上單車、降落傘、衝浪等玩意你可一次過玩盡，玩得累了，沙灘設有酒吧、料理區等，一邊歎著啤酒一邊享受陽光。爽！

INFO

屏東縣恆春鎮南灣里南灣路 223 號

南灣設有露天酒吧，正好一邊享受陽光，一邊品嘗美食。

南灣風浪不算太急，這樣程度的浪對初玩衝浪的朋友來説剛剛好。

辣味小吃酒吧 **Map14-1/ D4**

果然 -Sunya ⑫

高捷美麗島站乘 9117 號公車至南灣站下車，步行約 2 分鐘

果然-Sunya是一家位於南灣的海邊餐廳，也是打工換宿的熱門地點，吸引很多當地年輕人來此體驗生活。餐廳店名是老闆娘Sunya和她兒子「果然」的名字組合。店內有各式酒水、海鮮火鍋和炸物，最受歡迎的是辣椒系列，如辣椒炒飯和辣椒雞排等。

INFO

屏東縣恒春鎮南灣路 223 號 | 886-981-145-518 | 11:00am-8:00pm；周四公休 | https://www.facebook.com/Spicy20200309/

南灣泰式風情 **Map14-1/ D4**

旅茫 Tripsy ⑬

高捷美麗島站乘 9117 號公車至南灣站下車，步行約 2 分鐘

果然-Sunya的隔壁是一家氣氛不錯的酒吧，名叫旅茫Tripsy。這個名字是由英文的Trip和Tipsy組合而成，意味著旅行中的迷茫和微醉的快感。酒吧的特色是泰式美食和飲品，泰式炒飯、泰式炒河粉和泰式奶茶都是人氣之選。

INFO

屏東縣恒春鎮南灣路 223 號 | 11:00am-8:00pm；周三公休 | instagram.com/tripsy_2023

薄餅專家

Map14-1/ **D4**

Pizza Rock 搖滾披薩 ④

高捷美麗島站乘 9117 號公車至南灣站下車，步行約 1 分鐘

Pizza Rock由加拿大人Ugo創辦，這裡的薄餅拒絕拿坡里及美式的做法，認為拿坡里式太溼軟、美式則太硬又太厚，反而採用Neo-Neapolitan及羅馬式製法，令薄餅中間薄軟，外圍餅皮薄脆。另方面店家又捨棄坊間公認正宗的柴燒窯烤爐，認為用電烤箱才能避免火力溫度不平均的問題。雖然Pizza Rock另闢蹊徑，卻大受歡迎，至今在台灣已有20多間分店，成為當地薄餅名店。

INFO

恆春鎮南灣路 100 號 | 886-8-888-1535 | 12:00nn-9:00pm | http://www.pizzarock.com.tw

膽小勿入

Map14-1/ **B1**

墾丁鬼屋 ⑤

高捷美麗島站乘 9117 號公車至鼻子頭站下車，步行約 2 分鐘

墾丁鬼屋於2012年開業，先後經營了鬼屋、蠟像館、鬼劇院、風火輪等項目。2014年初，結合鬼屋的詭譎氣息，製作了以「密室亡靈」為主題的密室逃脫遊戲，全程六十分鐘的探索與解謎開創了恆春半島的先例，更曾經創下當日單館破千人的紀錄。2017年起，團隊重新打造場館，加上工業風的貨櫃為元素，開發了全新密室逃脫主題為「鐵珠密室」，帶給遊客們全新的闖關體驗。

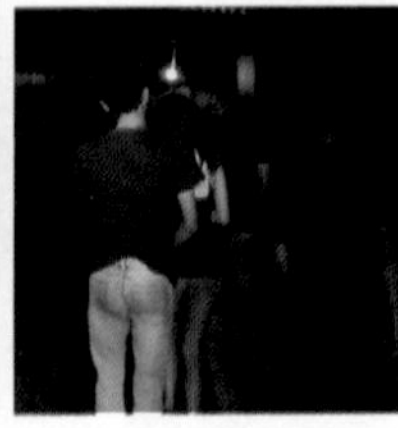

INFO

屏東縣恆春鎮恒南路 1-2 號 | 886-8-889-5979 | 9:45am-8:00pm | 鬼屋：成人 NT280，小童 NT180；密室逃脫成人 NT380，小童 NT250；鬼屋 + 密室套 NT600N | https://ighost.tw/

看看梅花鹿 06 **Map**14-1/ **B4**

瓊麻展示館

恆春轉運站乘墾丁街車 102 號至麻場站下車，或由恆春鎮乘的士車程約 20 分鐘

瓊麻是「恆春三寶」之一。在瓊麻的植物纖維中抽出組織，經加工成為瓊麻繩，一度為恆春半島主要的經濟作物。為了讓更多遊客去了解這個行業，特在恆春半島上設立展示館，透過實體展示及圖文解説製作過程。另外，墾丁國家公園管理處也在此復育瀕臨絕種的梅花鹿，由於是採取野放的方式，通常會在下午覓食時走出叢林，運氣好的遊客可以藉此親近不怕人的梅花鹿。

瓊麻能抵受猛烈陽光，現展示區仍種有不少瓊麻供遊客認知。

INFO

高屏東縣恆春鎮草潭路 4 號 | 886-8-886-6520 | 8:30am-4:30pm | 免費

恆春八景之一 07 **Map**14-1/ **B3**

龍鑾潭自然中心

由恆春鎮乘的士車程約 15 分鐘

龍鑾潭面積廣闊，早年「龍潭秋影」更被譽為恆春八景之一，而現在則有南台灣「鳥類天堂」的封號，是台灣觀鳥的勝地。每年8月，龍鑾潭首先會上演白鷺鷥的遷移。10月中旬，來自北方的小水鴨、鳳頭潛鴨開始進駐，數量在12月更達最高峰。龍鑾潭自然中心擁有完善的賞鳥設施，讓遊客舒舒服服地欣賞潭內水鳥的不同姿態。中心亦展示龍鑾潭歷史及環境的圖版、模型及標本，是了解這片得天獨厚天然美景的好地方。

INFO

恆春鎮草潭路 250 巷 86 號 | 886-8-889-1456 | 8:30am-5:00pm | 免費入場 | https://www.ktnp.gov.tw/

水上活動總匯 08

Map14-1/ **D4**

南灣水上活動有限公司

高捷美麗島站乘 9117 號公車至南灣站下車，步行約 2 分鐘

在水上活動天堂南灣，想要幾刺激有幾刺激，水上電單車、快艇等高速極樂玩意，在南灣可一次過玩盡，而配合南灣沙灘設立的酒吧區南灣之星，驚喜後來一杯凍飲，爽！

店方資料：南灣水上活動有限公司

INFO

屏東縣恆春鎮南灣里南灣路 154 號 (南灣 7-11 斜對面) | 886-989-181-444；886-937-475-087 | 8:00am-6:00pm

Map14-1/ **C2**

人肉飛球 09

哈利波特草地飛球場

店方資料：哈利波特草地飛球場

準備被工作人員推下山坡一刻。

專車由南灣海灘接送

在新西蘭、澳洲等紅極一時的飛球，近年進駐了台灣，飛球內有兩個位置，一個是面對滾動的方向，另一個是背對滾動，兩個位置驚懼的程度各不相同，玩家要先進入飛球內，並固定在一個位置，之後被人一推，飛球便從山坡天旋地轉下去，直到飛球撞到障礙物停下來為止，過程中有幾驚慌，便需要大家親身感受了。

INFO

屏東縣恆春鎮南灣里南灣路 770 號 | 886-7-346-9999 | 9:00am-5:00pm

風馳電製

Map14-1/ **C2**

沙灘車 9a

專車由南灣海灘接送

不論在沙灘上還是在草地上，沙灘車都能像真實汽車一樣如履平地，讓玩家享受奔馳的快感，店方還精心挑選了原始森林道路，令遊客駕著自己的車子，去克服各種地形的挑戰！

INFO

屏東縣恆春鎮南灣里南灣路 770 號 | 886-8-886-2777 | 9:00am-5:00pm

店方資料：哈利波特草地飛球場

走進驚險的森林，勇闖各種關卡吧！

最先進駐南灣的餐廳

巴沙諾瓦 ⑩

高捷美麗島站乘 9117 號公車至南灣站下車，步行約 2 分鐘

在巴沙諾瓦餐廳，你可以隨意選擇自己喜愛的菜式，不論泰式風格的酸辣食物，義大利的Pasta，甚至是美式大漢堡包也可以品嘗得到。推介這裡的酸辣雞、印度蝦仁沙拉，和墨西哥雞肉捲，酸辣雞特製的醬汁較辣，但味道是店主自家調校，只此一家！

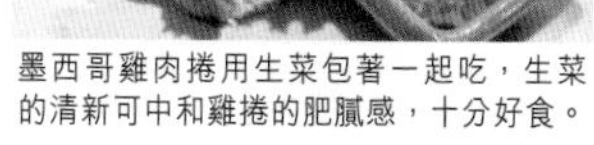

墨西哥雞肉捲用生菜包著一起吃，生菜的清新可中和雞捲的肥膩感，十分好食。

INFO

屏東縣恒春鎮南灣路 220 號 | 886-8-889-7137 | 12:00nn-3:00pm、5:45pm-9:00pm；周二公休

南灣日落配美食 Map14-1/ D4

迷路小章魚 ⑪

高捷美麗島站乘 9117 號公車至南灣站下車，步行約 2 分鐘

迷路小章魚以精緻的地中海菜而聞名，餐廳在南灣、高雄市及新北市都有分店，不過最有情調的，當然是靠近海灘面向大海的南灣店。南灣店摒棄了意菜華麗的風格，裝潢布置樸實簡約，落地玻璃窗外的海天一色，已是最美的裝飾。雖然是夏天，餐廳外的戶外區仍然比有冷氣的戶內區受歡迎，特別是黃昏日落時分更是一位難求。歎著精美的海鮮美食一邊欣賞美景，最算不是章魚也迷醉了。

INFO

恒春鎮南灣路 60 號 | 886-8-888-2822 | 12:00nn-2:00pm、6:00pm-8:00pm；周三公休 | https://www.facebook.com/PiccoloPolpoBistro/

在台灣吃黑松露 Map14-1/ A1

照利庭園海鮮餐廳 ⑫

由恆春鎮乘的士車程約 15 分鐘

這家位於恆春往關山的路旁食店，很多菜式都是店主獨家炮製，店內以吃河豚料理最富名氣，更有全台第一家刺鮭（河豚）米粉的美名！

河豚雖然有毒，但愛吃的食家一於少理，照利的師傅在製作河豚料理已經擁有長年累月的經驗，就連河豚皮也可以做出不同食法，其中，冰鎮河豚皮蘸上了店家自製醬汁，口感爽，更含豐富膠原蛋白。另招牌菜刺鮭米粉，上湯以鮮刺鮭骨熬煮，湯底清甜鮮味，值得一試！

情人的眼淚
用地耳做的主菜，地耳跟木耳相似，但更加爽口，下雨後會在草地上生長。

INFO

屏東縣恆春鎮龍水里糠林南路 6 號 | 886-8-889-6587 | 11:00am-2:00pm、5:00pm-8:30pm；每周三公休

會呼吸的房子 ⑬

肥春號 Fatchun Cafe

由恆春鎮乘的士車程約 15 分鐘

肥春號三位老闆都不是本地人，因為嚮往墾丁的寧靜生活，便決定進駐龍鑾潭附近的百年古厝，還落手落腳一磚一瓦地進行老屋大翻新。老闆們覺得這間鄉村的咖啡廳是一間會呼吸的房子，賣著他們喜愛的事物，同時也是年輕人追夢的勵志故事。餐廳主要提供飲品及輕食，屋子的裝修雖然帶點粗糙，出品的食物如蜜糖吐司及捲餅等，賣相竟也十分討好，絕對是粗中有細。

INFO

恆春鎮糠林南路 15 號 | 886-8-889-9855 | 11:00am-6:30pm | https://www.facebook.com/FatchunCafe/

滿州鄉

佳樂水

交通策略

高捷美麗島站 ● ● ● 乘9117號公車 ● ● ● 恆春轉運站 ● ● ● 乘墾丁街車103號 ● ● ● 佳樂水

滿州
滿州鄉
中興路
山頂路
滿州鄉公所
南興路
北
08
中山路
里德
MAP 15-2
滿州鄉
Google Map
下載
01.港口吊橋 15-4
02.順興港口茶園 15-4
03.佳樂水山海飲食店 15-3
08.道地山海產店 15-8
09.茶山餐館 15-8
10.阿郎衝浪店 15-9
11.白榕園 15-9
03&09
11
公館
公館路
茶山
茶山路
02&10
海墘
海墘大橋
茶山吊橋
01
佳樂水風景區

滿州鄉

高捷美麗島站乘 9117 號公車至恆春轉運站，再乘墾丁街車 103 號至佳樂水

滿州鄉現有人口約只有九千人，東濱太平洋，南臨巴士海峽，內接中央山脈末端餘脈，豐富且特殊的生態景觀，堪稱為台灣最完整的「自然學苑」。著名景點為欣賞奇型怪石的佳樂水，九棚大沙漠，以及旭海大草原等，主要為山景居多。

INFO

屏東縣滿州鄉

仙女鞋，海浪拍打下變成一雙鞋子，真奇妙，旁為處女石。

佳樂水

高捷美麗島站乘 9117 號公車至恆春轉運站，再乘墾丁街車 103 號至佳樂水

佳樂水原名「佳落水」、「高落水」(以閩南語發音)，意指「從高處落下來的水(瀑布)」。佳樂水風景區以大浪見稱，長年累月的驚濤駭浪令岩石起了很大變化，因而產生了不同形態，就像大自然自行去打造一個又一個的圖案，海岸線可觀賞海龜石、海蛙石、海兔石、棋盤石等，奇岩怪石構成了豐富的海岸景觀，佳樂水位於恆春半島的東部海岸，面向太平洋，風浪之大，為衝浪喜愛者的嚮往之處，而天然怪石令佳樂水也贏得一個海神樂園之稱。

進入佳樂水區，可以乘坐區內的觀光車，沿途配以講解不同的怪石，也可觀賞到風化紋，蠻有趣！

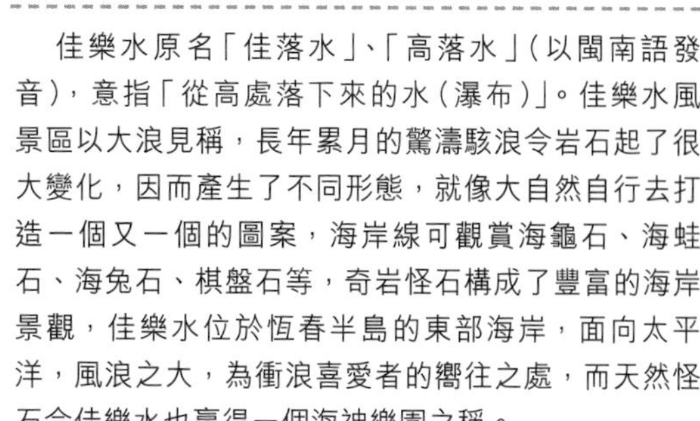

蝸牛石與海獅石，其中海獅石乍眼看去，還真像有一群海獅在石上呢。

佳樂水女王頭

INFO

屏東縣滿洲鄉滿州村中山路43號 | 成人NT150，小童NT80 | 風景區內有免費觀光車接送旅客欣賞海岸風景

墾丁大街
墾丁周邊
恒春鎮
南灣
滿州鄉 佳樂水
後壁湖 貓鼻頭

站在港口吊橋上，可將整個港口溪景觀映入眼簾。

情人之橋

港口吊橋

Map15-2

01 

高捷美麗島站乘 9117 號公車至恆春轉運站，再乘墾丁街車 103 號至佳樂水；或由恆春鎮乘的士車程約 30 分鐘

「港口吊橋」又名茶山吊橋，是東海岸一個主要的休息站，從前交通落後，吊橋成了唯一往來的主要工具，由於吊橋橋身冗長之故，因而被譽為最長的人行吊橋，吊橋上可以欣賞海口景觀，這是太平洋的出港口，風景清雅脱俗，每當清晨或夕陽時分，吊橋襯托著雲彩，就好像走進仙景一般，詩情畫意，不少遊客不遠千里，慕名而來，卻大讚值得！

吊橋至截稿前仍暫停開放，啓用時間有待公布。

有興趣還可試試在港口溪上行獨木舟。

INFO

屏東縣滿州鄉港口村 | 886-8-8802-926 | 7:30am-6:00pm | NT20 | https://www.pthg.gov.tw/

全墾丁No.1的茶

順興港口茶園 02

 港口吊橋旁  Map15-2

港口茶區鄰近太平洋，茶葉長期受近海海風吹拂，吸收到海霧精華，因此製成的港口茶茶葉綠中帶白，而不是發霉，厚實的茶葉較耐泡，可泡8至10次，先苦後甘口感很獨特，順興港口茶園園主朱順興，擁有一個5甲的茶園，種植茶樹的山坡高度約50至100公尺的低海拔山區，採有機生態的放任式栽培，不灑農藥。當地人説如果要買茶葉作手信，到順興港口茶園準沒錯！

店內面積不大，但設有品茶區，可讓遊客免費先試後買。

INFO

屏東縣滿州鄉港口村茶山路 392-1 號 | 886-8-880-2696 | 10:30am-6:30pm

地道海鮮  **Map**15-2

佳樂水山海飲食店 ③

高捷美麗島站乘 9117 號公車至恒春轉運站，再乘墾丁街車 103 號至茶山站，步行約 3 分鐘

這家餐廳專門提供新鮮的海鮮和山產，款式琳瑯滿目。店家的服務親切周到，不僅有家常小炒，還有刺身、海膽煎蛋、山豬肉和海鮮粥等招牌菜。這裡的價格比海港商業區便宜得多，一客白灼蝦NT300有交易，算是價廉物美。

INFO

屏東縣滿州鄉茶山路 392-3 號 | 886-8-880-1505 | 11:00am-5:00pm

挑戰七層難度！ **Map**15-6

七孔瀑布 ④

由恒春鎮乘的士車程約 20 分鐘

七孔瀑布鄰近出火，位於高674公尺的老佛山上，「孔」，指的是7個主要孔穴，也就是由7層小瀑布所組成的瀑布群，第一、二層瀑布溪水從岩壁直瀉而下，隨著位置越來越高，難度亦越來越高，到達7層時，才可看到三至五層連瀑的景觀。玩七孔瀑布因要攀爬，務必注意配襯合適衣服。另外，由於山坡陡斜，沿途需要攀附樹根，不慣攀爬的旅客，記得量力而為。

要攀上7層並不容易，幸好沿途有繩子作輔助。

第一層可謂未有難度，但到七孔瀑布如果不上7層，便沒有意義了！

在高層才可看到連瀑的景觀。

岸邊已可看到砂岩和珊瑚礁，在海浪拍打下，變得有層次起來。

INFO

屏東縣滿州鄉永靖村都魯路 | 7:00am-5:30pm | 免費

可選擇乘坐大腳八登山車，體驗越野行車的刺激。

Map15-6 (05)

綠油油大草原

旭海草原

由恆春鎮乘的士車程約 1.5 小時

旭海草原位置遍遠，在啟程前要有心理準備逗留一整天，位於牡丹鄉旭海村山丘上，其一望無際的大草原，有兩大主要特色，一為搭乘當地業者所提供的四輪傳動箱型車上去，甚有越野體驗的感覺；另一是自駕至草原上，可俯瞰太平洋和牡丹灣，亦是滿州鄉觀日出的要點。

INFO

牡丹鄉旭海村之山丘上 | 8:00am-5:00pm | 免費

04.七孔瀑布	15-5
05. 旭海草原	15-6
06. 港仔沙漠	15-7
07. 風吹砂	15-7
鹿兒島水豚生態園區	F1-2
茉莉灣海洋Cafe	F5-4
愛琴海岸咖啡	F5-4
海龜咖啡	F5-5
山男咖啡	F5-5

港仔大沙漠 Map15-6

高興滿意車隊 06

 恆春鎮專車接送

衝破墾丁山林，勇闖森林沙漠，由教練駕駛大腳車，玩家在車內感受墾丁的另一個世界，走進港仔沙漠中每一個角落，沿途更會體驗S急速轉彎、浪形跑道等，或在大草原上開盡引擎！牛仔大腳車隊精心設計了16道刺激的關卡，如飛簷走壁、乘風破浪、膽顫心驚、斜壁行走、直衝雲霄、巨風狂浪、麥當勞坡等，或經教練指導後，自行駕駛大腳車，一嘗沙漠行走的樂趣！

INFO

屏東縣滿州鄉港仔村港仔路 124 號 | 886-933-623-840 | NT1,300 起 | https://uukt.com.tw/kenting/18200

奇觀！ Map15-6

風吹砂 07

 由墾丁大街乘的士車程約 30 分鐘

風吹砂可謂是墾丁一個獨有的自然奇觀，每當東北季風吹起，本來在海岸的沙粒便會吹至山坡上的路面，可以想像多大的風才能夠造出如此景象，且由於特殊的地理關係，冬天強烈的落山風將沙吹上坡，夏天雨季時河水將沙沖向出海口，是只有墾丁才能有如此景色。

當風勢大的時候，沙粒更會形成砂河、砂瀑、砂丘，連馬路都會被沙覆蓋，車子也搖晃不定等，故遊客在欣賞海景之餘，也要注意安全喔！

INFO

屏東縣恆春鎮佳鵝公路（鵝鑾鼻與佳樂水遊憩區中間）

食盡山上奇珍

Map15-2

道地山海產店

高捷美麗島站乘 9117 至恒春轉運站，再乘 304 號公車至滿州站下車

滿州鄉位於山區，距離海洋有一段路程，卻打造了熱情的山區老食店。

道地山海產店位於滿州鄉的圓環，就在便利店附近，以小炒最為出名，在這裡，可以品嘗到當地獨有野菜，也可以一嘗走地雞、山豬肉等山間菜式，野豬對比一般城市中的豬肉較有嚼口，且味道較濃厚，口感極佳。由於山間野雞自由走動，故脂肪比例較低，掌廚的老闆娘原先就是當地山海產的老字號廚師，多年來擁有許多忠實的顧客，在滿州鄉可算是數一數二的食店之一。

INFO

屏東縣滿州鄉滿州村中山路 47 號 | 886-8-880-1836 | 建議先致電

恆春在地台菜

Map15-2

茶山餐館

高捷美麗島站乘 9117 號公車至恒春轉運站，再乘墾丁街車 103 號至茶山站，步行約 3 分鐘

店內沒有提供紙本菜單，只有牆上的黑板列出了十幾種餐點，包括有紅燒牛肉麵、豬肉丼飯、蛤蜊湯和有機龍鬚菜等，種類不多。蝦仁炒飯是人氣之選，一份只要NT100，份量十足，蝦仁鮮甜爽口。紅燒牛肉麵也是招牌美食，牛肉鮮嫩又大片，帶點滷香，湯頭甘甜，可以一試。

INFO

滿州鄉港口村茶山路 396 號 | 886-989-936-552 | 11:00am-2:00pm、5:00pm-8:00pm；周一公休 | 茶山餐館

補充體力去衝浪

Map15-2

阿郎衝浪店

⑩ 

高捷美麗島站乘 9117 號公車至恆春轉運站，再乘墾丁街車 103 號至佳樂水

阿郎衝浪俱樂部在佳樂水是分店，佳樂水乃墾丁最著名的滑浪勝地，吸引了無數滑浪好手一展身手，特別是日本人，更加喜歡於佳樂水滑浪。阿朗衝浪主要提供租借滑浪板、滑浪用具等，也提供滑浪教學。

INFO

屏東縣滿州鄉港口村茶山路 386 號 | 886-8-885-6806 | 8:00am-6:00pm | www.kentingsurfshop.com.tw | https://www.facebook.com/A.LANG.SURFING.CLUB/

《少年 Pi 的奇幻漂流》拍攝場景

白榕園

⑪ Map15-2

高捷美麗島站乘 9117 號公車至恆春轉運站，再乘墾丁街車 103 號至佳樂水，步行約 10 分鐘

白榕園擁有號稱全台最大的「一樹成林」自然景觀，園內的榕樹枝幹交錯縱橫，樹冠濃密鬱閉，覆蓋面積廣達2,750平方米，而且仍在持續成長中，是台灣寶貴的生態景觀資源。台灣導演李安拍攝《少年 Pi 的奇幻漂流》時，便特意在樹林取景，描述PI 漂流登岸後，遇上一大群狐獴的奇幻場面，因而吸引了大批影迷到臨「朝聖」。

INFO

屏東縣滿州鄉 | 886-8-880-1226 | 9:00am-5:00pm；周一公休

貓鼻頭

交通策略

高捷美麗島站 → 乘9117號公車 → 恆春轉運站 → 乘墾丁街車102號 → 貓鼻頭/後壁湖

MAP 16-1
後壁湖
01.後壁湖遊艇港 16-2
02.恆春區漁會 16-2
03.亞發師海鮮 16-3
04.阿興生魚片 16-3
05.台電南部展示館 16-4
06.貓鼻頭 16-5
07.南勇浮潛 16-5
08.白沙灣 16-6
09.阿利海產 16-7
10.富美海鮮 16-8
11.墾丁海世界觀光半潛艇 16-8
12.阿達海產 16-9
13.邱家生魚片 16-9
卡米克特色民宿 H-12
光現旅宿 H-12
墾丁海世界觀光半潛艇 F2-4
Google Map 下載
A
B
C
D
1
2
3
4
5
北樹林
頂白沙
大乳乳
砂尾路
大光國小
大光路
光現旅宿
大光路
大堀尾
頂水泉
頂泉路
水泉
白砂
白沙路
白沙路
下泉路
隱龜鼻
頂潭仔
南邊田
下泉
下泉路
卡米克特色民宿
下潭仔
貓鼻頭公園
檳榔腳
龍蝦堀
雞仔頭
檳榔腳島
北

全台第一 01 Map16-1/ D2

後壁湖遊艇港

高捷美麗島站乘 9117 號公車至恆春轉運站，再乘墾丁街車 102 號至後壁湖站下車

後壁湖是恆春半島一個很有特色的漁港，水產豐富，面積頗大，故外側既可供漁船停泊，而內側則可供遊艇享用，合共可容納船隻約350艘，如果單以停泊遊艇計算，算得是目前台灣一個國際級的遊艇港。

後壁湖的起源來自台語。對於早期的台灣人民來說，「後壁湖」包含有「房子後面的湖」的意思，而台語「後面」的讀音正是「後壁」，故後來世人稱此處為「後壁湖」。從後壁湖港，遊客除可欣賞漁港風情外，還可校準時間，如每年四、五月飛魚季可欣賞鯨豚和大玩各種水上玩意。

INFO

屏東縣恆春鎮大光路

平價海鮮市場 Map16-1/ D2

恆春區漁會 02

高捷美麗島站乘 9117 號公車至恆春轉運站，再乘墾丁街車 102 號至後壁湖站下車

恆春區漁會是一座複合式漁市場，擁有12個港口，因漁港位於太平洋、巴士海峽、台灣海峽等三大洋的交匯處，有豐富海產。漁業大樓以魟魚為造型，一樓為魚貨市場，可以買到剛捕回的海鮮；二樓為美食海產街，可以享用新鮮刺身魚生及各式海產，邊吃邊看海景。

INFO

屏東縣恆春鎮大光里大光路 79-66 號 | 11:00am-8:00pm(各店營業時間不同) | www.hcfishing.org.tw/main.asp

荷包友善食肆
亞發師海鮮

Map16-1/ D2

03

高捷美麗島站乘 9117 號公車至恆春轉運站，再乘墾丁街車 102 號至後壁湖站下車

餐廳位於後壁湖漁會大樓2樓，由亞發師漁會經營，提供刺身、烤魚、炒海鮮和鮮魚湯等食物，特色菜之一的酥炸海龍，細長條狀的小型魚類，連魚骨一齊吃，酥香鬆脆。食材都是當天漁船捕撈的，保證新鮮。餐廳最大特色是可以眺望後壁湖港灣的景色，享用美食的同時，還可以看到漁船和遊艇出入港口，感受海洋的風情。

綜合生魚片一份有40片，價錢只是NT200。

酥炸海龍為餐廳的特色海產美食。

INFO

屏東縣恆春鎮大光路 79-66 號恆春漁會海產街二樓 | 886-8-886-7508 | 10:00am-7:30pm | https://www.shop1688.com.tw/aom20210222010/

新鮮直送刺身
阿興生魚片

Map16-1/ D1

高捷美麗島站乘 9117 號公車至恆春轉運站，再乘墾丁街車 102 號至大光國小站，步行約 2 分鐘

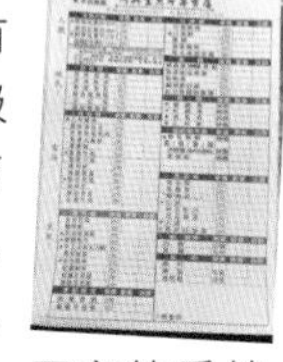

阿興生魚片開店已40多年，有自家漁船出海捕魚，每到假日都吸引許多遊客慕名而來。店舖提供的刺身除了常見的鮭魚、鮪魚、旗魚等之外，還有龍蝦、石斑等季節性的海魚，也有各種熟食熱炒類如龍蝦、扇貝、螺肉和蚵仔煎等。由於此店生意太好，假日可能要排隊等位，建議避開用餐高峰時段前往。

新鮮抵食綜合生魚片，40片售NT200。

INFO

屏東縣恆春鎮大光里大光路 8-11 號 | 886-8-886-6627 | 10:00am-7:30pm | ashinsashimi

核電廠的園區內可登上高處欣賞後壁湖美景，值得一去。

白色的風車 Map16-1/ D2

核三廠的三架白色風力發電風車，是拍攝婚紗照的著名景點之一。

台電南部展示館 05

高捷美麗島站乘 9117 號公車至恆春轉運站，再乘墾丁街車 102 號至後壁湖站下車，步行約 7 分鐘

風力發電的風車可是核三廠的標記，也間接構成了後壁湖一幅美麗圖畫，「核三廠」是台灣第三核能發電廠，雖然一般遊客要進入核電廠參觀要事前申請，但在後壁湖區的入口，大可以走進南部展示館，從而了解台灣電力發展經過，也了解何謂核能發電。為免遊客沉悶，展示館以輕鬆手法介紹給遊客相關知識，透過3D劇場、動畫、實物科學展示等把沉悶的原理文字轉化為有趣玩意。

在展示館外，遊客可從高空細看後壁湖廣闊的風景，更可近距離與白色的風力發電風車合照，這裡除了是教育要點外，還是台灣婚紗公司拍攝熱點場景之一，可以想像風景有多美了！

展示館內以有趣的方式去展示、闡釋核電原理，深入淺出。

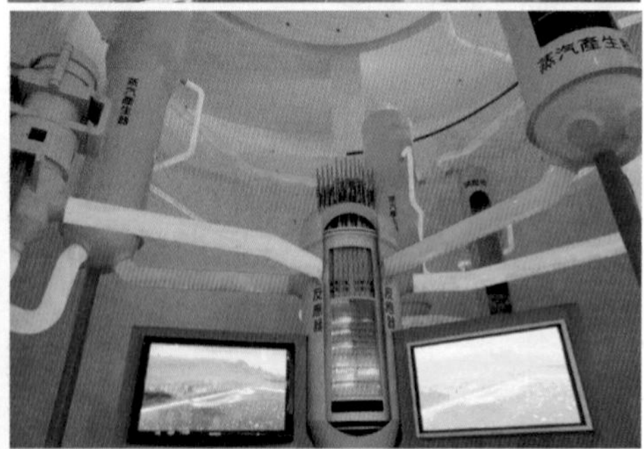

INFO

屏東縣恆春鎮後壁湖路 96 巷 33 號 | 886-8-886-7630 | 9:00am-5:00pm；周一公休 | 免費

巨貓在午睡 貓鼻頭

Map16-1/ **C5**

高捷美麗島站乘 9117 號公車至恆春轉運站，再乘墾丁街車 102 號至貓鼻頭站下車

位於恆春半島西南方的貓鼻頭，遠看就好像一隻蹲仆之貓，因而得了此名，位於台灣海峽與巴士海峽的分界點，長年累月的驚濤拍岸，岩石長期受到海浪侵蝕，形成了各種天然景觀，如崩崖、壺穴、海蝕礁柱、層間洞穴等等，進入參觀地點後有兩條步道，一條往上，前往高處景觀台，可以居高臨下，飽覽巴士海峽以及台灣海峽，盡覽美麗的裙礁海岸地形。

INFO

屏東縣恆春鎮貓鼻頭

後壁湖 南勇浮潛

Map16-1/ **D2**

高捷美麗島站乘 9117 號公車至恆春轉運站，再乘墾丁街車 102 號至貓鼻頭站下車

想浮潛的朋友，必定要到後壁湖遊艇港，此處係墾丁專供遊客浮潛的好地方。後壁湖遊艇港受到當地政府及民間團體共同保育，以至當地環境並沒有受到破壞。南勇浮潛的盧大哥獲得屏東縣政府營利事業執照、專業訓練合格教練執照，保證合格經營！為人健談又老實讓你浮潛之旅份外安心。

INFO

屏東縣恆春鎮大光里大光路 79-56 號 | 886-8-886-6329 | 岸邊浮潛 + 快艇 + 飆香蕉船 NT600 | www.nanyung.com.tw

美麗的水底世界，難得一見！

出發前獲具有專業牌照的教練指導，玩得安全！

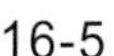

墾丁大街
墾丁周邊
恆春鎮
南灣
滿州鄉 佳樂水
後壁湖 貓鼻頭

Map16-1/ A3

少年Pi登陸地點
白沙灣 08

高捷美麗島站乘 9117 號公車至恆春轉運站，再乘墾丁街車 102 號至白砂 (白砂社區) 站下車步行約 2 分鐘

白沙灣介於三芝與富貴岬之間，以沙白水清聞名，全長500公尺，有著各種水上活動，但人流卻沒有南灣般多。白沙灣在電影《海角七號》上畫後，開始廣為人熟悉，沙灘北邊的海域水質最為清澈。淺區以石珊瑚為主，軟珊瑚夾雜在其中，生物很多。海底景觀相當豐富，有石洞、拱門、峽谷等，海扇及柳珊瑚星羅棋布，數量甚多。

不說不知，原來白沙灣也是李安《少年Pi的奇幻漂流》中少年Pi最後登陸的海灘。因這緣故，沙灘近來已成為墾丁重點觀光地。

白沙灣含有豐富的貝殼，手上一堆沙細看下有不少貝殼在內。

INFO
屏東縣白沙灣 | 全日

墾丁海產地標 Map16-1/D1

阿利海產  

高捷美麗島站乘 9117 號公車至恆春轉運站，再乘墾丁街車 102 號至砂尾路站下車步行約 2 分鐘

阿利海產出名菜式新鮮，客人可以自行挑選新鮮海產外，這裡的地瓜飯更是無限量供應的，所謂地瓜飯，其實是台灣人常吃的食法之一，地瓜即我們的番薯，加入淡而無味的白飯中，增加了飯的香甜和口感！

阿利海產出菜速度乃全墾丁最有效率，推薦這裡的生魚片、花枝丸、雨來菇、鹽焗蝦，特別是花枝丸又大又金黃，包你試一口便愛上它！

阿利海產在墾丁人所共知，餐廳內更是人來人往，不少旅行團都是座上客。

點菜方式十分簡單，只需在點菜區選擇心儀的海產便可，阿利提供2人餐至多人餐組合供食客選擇。

點菜區內讓食客自己挑選新鮮海鮮，種類繁多，部分是香港未見過的魚類！

INFO

屏東縣恆春鎮大光里砂尾路 20-1 號 | 886-8-886-6479 | 11:00am-2:30pm；5:00pm-8:30pm | https://ali-seafood.com/

地道恆春風味！ **Map**16-1/ **D1**

富美海鮮

高捷美麗島站乘 9117 號公車至恆春轉運站，再乘墾丁街車 102 號至大光國小站下車步行約 2 分鐘

富美是恆春區的海鮮老店，開業十多年，以地道口味贏得顧客口碑。店內海鮮都是當地特產，每天由店主親自從船隊挑選，只賣野生深海魚，包括石鯛、紅尾鳥、紅三角、海雞母魚等，不賣近海的珊瑚礁魚類，保證新鮮無污染。店內招牌有一魚三吃、大龍蝦三吃，以恆春風味烹調，吸引許多食家光顧。

活生生的海雞母魚，小朋友開心地拿著拍攝，食客也大飽口福！

深海魚配上紫菜做湯，清甜可口。

門外挑選新鮮海鮮，老闆即時製作。鮮！

INFO

屏東縣恆春鎮大光里大光路 87-6 號 | 886-8-886-7599 | 11:00am-2:00pm、5:00pm-8:00pm

漫遊海底探秘 **Map**16-1/ **D2**

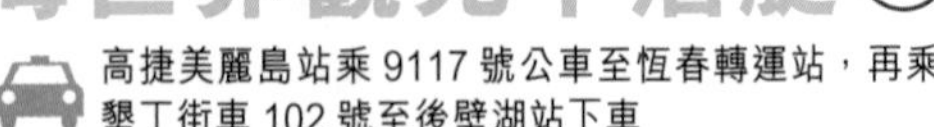

墾丁海世界觀光半潛艇 ⑪

高捷美麗島站乘 9117 號公車至恆春轉運站，再乘墾丁街車 102 號至後壁湖站下車

一艘專為觀賞海底生態而設計的船隻，船身分為甲板區和玻璃船倉兩部分。甲板區位於上層，可以讓遊客欣賞海上風光，導覽員會在航行過程中為遊客講解海洋生態知識。玻璃船倉位於船身下層，深度約2.5公尺，可以近距離觀賞珊瑚礁和熱帶魚群。半潛艇的航行速度緩慢，遊客可以有充足的時間觀賞海底景觀。

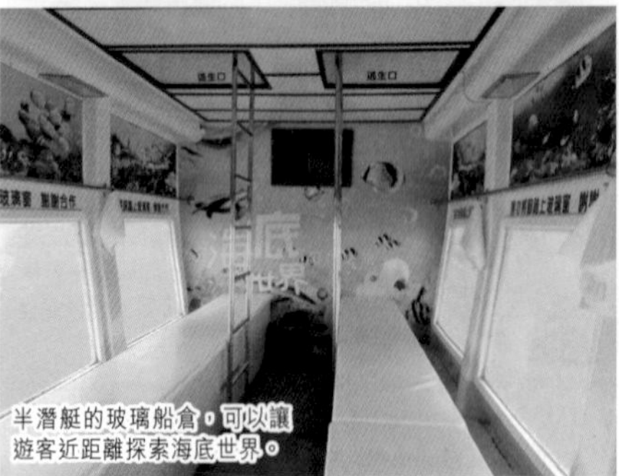

半潛艇的玻璃船倉，可以讓遊客近距離探索海底世界。

INFO

屏東縣恆春鎮大光里後壁湖路 36 巷 5 號 | 886-8-886-6938 | 8:00am-4:00pm | NT380 | https://www.facebook.com/hiworld.idv/

馳名櫻花蝦
阿達海產

Map16-1/ **D1**

高捷美麗島站乘 9117 號公車至恒春轉運站，再乘墾丁街車 102 號，於大光國小站下車步行約 2 分鐘

在阿達海產，可以品嘗到有屏東三寶之一的櫻花蝦菜式，櫻花蝦俗稱「花殼仔」，當漂浮於水面時，眺望其色澤和形態如同日本國花櫻花般小巧可愛，故而得名。外形小巧玲瓏，成蝦約5㎝大小，外殼細薄柔軟，肉質鮮美甜嫩，可謂國寶之一！店家以此做櫻花蝦飯，把蒜泥炒過後的飯，面層鋪滿櫻花蝦，並用木桶盛載，真正人間極品！另外，推介以鐵板烤製的烤風螺，一口咬下去螺汁四濺，美味非常！

新鮮魚生又豈能錯過！

INFO

屏東縣恒春鎮大光里沙尾路 16-57 號 | 886-8-886-6358 | 11:00am-8:30pm

Map16-1/ **D2**

平價又新鮮的魚生！
邱家生魚片

高捷美麗島站乘 9117 號公車至恒春轉運站，再乘墾丁街車 102 號，於後壁湖站下車步行約 5 分鐘

以新鮮、價格便宜、抵食而著名的邱家生魚片，店家不是冠冕堂皇的大餐廳，卻吸引了無數遊客專程前往。一盤新鮮十足的生魚片拼盤，除香港人至愛的三文魚外，還有多款不同食品，如海瓜子、炒蟹等可供品嘗，價錢便宜得絕對不能置信，NT200的價錢已經有40片魚生片了，可以大吃特吃了吧！

只需NT200便可食到約40片的魚生，相信在香港永遠都不可能發生！

INFO

屏東縣恒春鎮大光路 79-51 號 | 11:00am-2:40pm、3:50pm-7:30pm | https://qiusashimi.com/

企定定學衝浪
墾丁SUP立槳運動俱樂部

Map16-1/D4

14

高捷美麗島站乘 9117 號公車至恆春轉運站，再乘墾丁街車 102 號，於後壁湖站下車

SUP是「Stand Up Paddle」的簡寫，顧名思義就是站著衝浪，也是近年瘋魔各地至潮的水上活動。參與者站在一塊似衝浪板又像獨木舟的浮板，撐著船槳在水上漫遊。SUP看似艱難其實甚易上手，加上在風平浪靜的後壁湖進行，連不懂水性人士也可參加。除了SUP，俱樂部還提供免費餵魚浮潛活動，參加者載上特別的頭盔，便可在水底和魚兒作親密接觸，非常有趣。

INFO

恆春鎮南灣路信義巷 40 號 (俱樂部地址)；恆春鎮大光里後壁湖出水口 (活動地點) | 886-927-855-828 | 站立式划槳 SUP 運動體驗＋浮潛行程 NT1,850 | https://supkenting.rezio.shop (必需事前預約)

船帆石

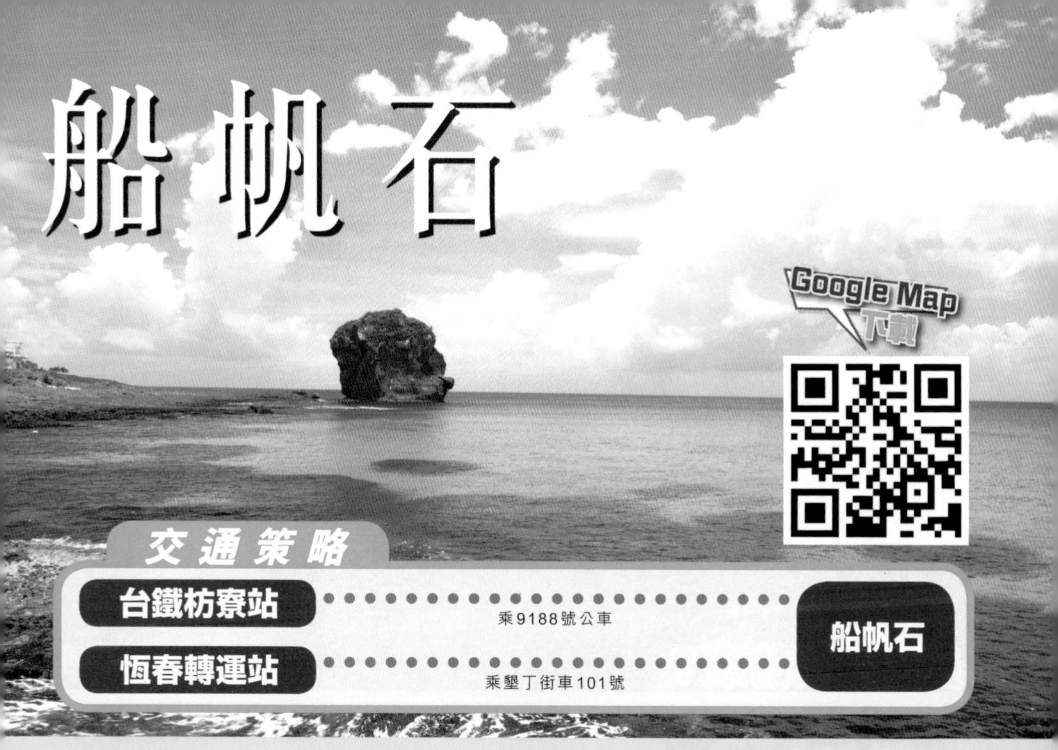

交通策略

台鐵枋寮站 → 乘9188號公車 → 船帆石

恆春轉運站 → 乘墾丁街車101號 → 船帆石

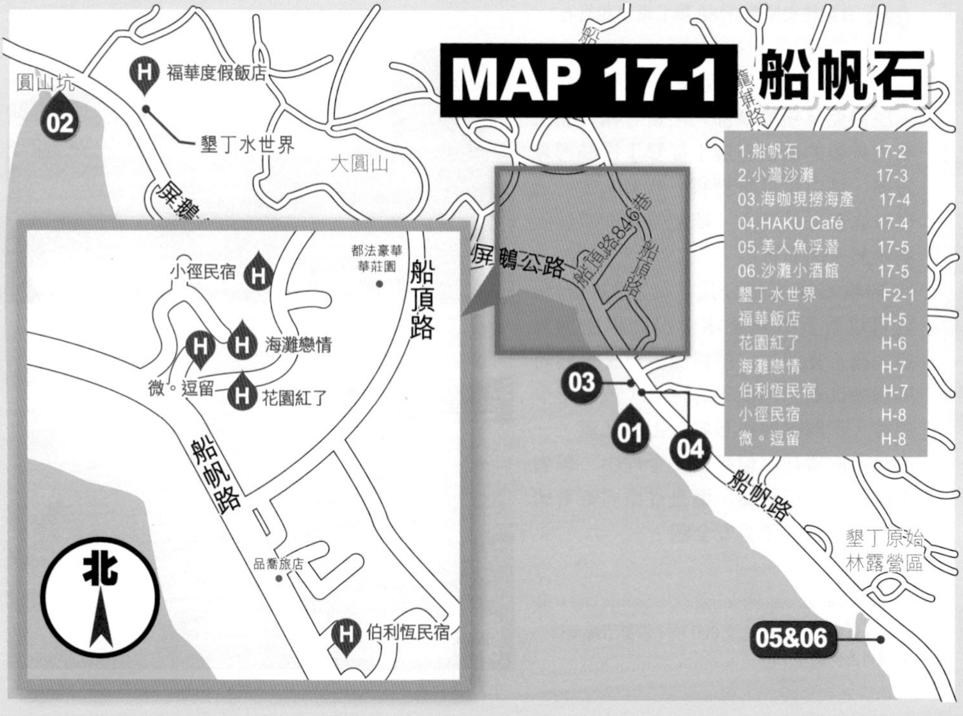

MAP 17-1 船帆石

1.船帆石	17-2
2.小灣沙灘	17-3
03.海咖現撈海產	17-4
04.HAKU Café	17-4
05.美人魚浮潛	17-5
06.沙灘小酒館	17-5
墾丁水世界	F2-1
福華飯店	H-5
花園紅了	H-6
海灘戀情	H-7
伯利恆民宿	H-7
小徑民宿	H-8
微。逗留	H-8

圓山坑
02
福華度假飯店
墾丁水世界
大圓山
屏鵝公路
船頂路846巷
船頂路
03
01
04
船帆路
墾丁原始林露營區
05&06
小徑民宿
都法豪華華莊園
海灘戀情
微。逗留
花園紅了
品喬旅店
伯利恆民宿
北

驟眼看石頭有如人的側面。

美國總統的頭？

Map17-1

船帆石 01

台鐵枋寮站乘 9188 號公車至船帆石

遠看像美國總統尼克遜的頭，亦有人説像克林頓的頭部，不管怎樣，船帆石的外觀的確很有趣！從墾丁往鵝鑾鼻方向，途中可以看到有一狀似帆船的珊瑚礁岩矗立於海中，遠望似艘即將啟碇的帆船，因而得名。

船帆石高約18公尺，從前船帆石附近可以看到鯨魚噴水，但近年由於濫捕，已不見鯨蹤，船帆石實質上是舊時的珊瑚礁石，現供雀鳥休息，或有不少旅客，駕船到船帆石攀登上鼻子處，一嘗跳水的樂趣，但基於安全理由，筆者不建議大家這樣做，還是從遠處觀看這個美國總統的頭更安全吧！

INFO

屏東縣恆春鎮船帆路 600 號（沿墾丁海岸往鵝鑾鼻方向前進）

從另一角度拍攝船帆石，不再似任何人的頭像了。

船帆石是墾丁知名的地標景點之一，不少遊客專程到此一遊。

小灣風景宜人，由於人流不多，有私人沙灘的感覺。

便利兼就腳 小灣沙灘

Map17-1 02

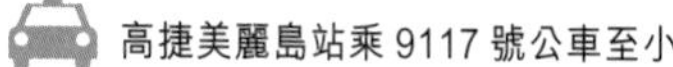
高捷美麗島站乘 9117 號公車至小灣

小灣是一個面積較小的沙灘，位於凱撒酒店前，以玩水上活動為主，雖然與人氣十分旺盛的南灣一樣主玩水上活動，但對於不想太過嘈吵，又想一嘗水上活動樂趣的朋友，這裡真是最合適不過。

小灣地理環境不俗，距離墾丁大街徒步可到，對住在墾丁大街民宿，或凱撒飯店的住客來說十分方便，現在小灣由凱撒飯店管理，環境清潔，水上活動不少，如水上摩托車、降落傘等。另泳客可以在安全區域內嬉水，附近還設有一間海灘的露天PUB，是晚上一個不錯的去處。

設有浮波，在範圍內可供泳客暢泳。

INFO
屏東縣恒春鎮墾丁路

水上活動推介

甜甜圈/香蕉船/拖曳傘

小灣沙灘上

小灣是一個水上活動勝地，人潮不多，卻有不少水上活動可以在小灣玩到，包括香蕉船、拖曳傘，和甜甜圈。所謂甜甜圈，即是玩家坐在自我空間的小圈圈裡，兩手拉緊手把，教練行駛快艇/水上摩托車，拖曳著甜甜圈，好好享受海上衝鋒擺尾的刺激快感，旋轉的刺激，讓人有好像在海洋上飛行的感受！

INFO
墾丁小灣 | 9:00am-5:00pm

自家漁船捕撈
海咖現撈海產

Map17-1

03

台鐵枋寮站乘 9188 號公車，或於恒春轉運站乘墾丁街車 101 號至船帆石

海咖現撈海產的海鮮都是當日現撈，新鮮度絕對有保證。食材全是自家漁船捕回的新鮮漁獲，並以最短的時間將海鮮送到餐桌上，讓食客品嘗到最鮮甜的海味。菜單以海鮮拼盤、生魚片、炒海鮮、炸海鮮為主，應有盡有。

自家漁船捕撈食材，新鮮直送。

INFO

屏東縣恒春鎮船帆路 656 號 | 886-938-887-871 | 11:00am-2:00pm、5:00pm-8:30pm；周一公休 | https://www.facebook.com/haiki.seafood/

海景咖啡店
HAKU Café

Map17-1

04

台鐵枋寮站乘 9188 號公車，或於恒春轉運站乘墾丁街車 101 號至船帆石

HAKU Café是一間在海邊的飲品店，位於船帆石旁，可以在這裡欣賞帆船石和夕陽的美景。內部裝潢以白色為主，搭配木質桌椅和簡單的擺設，營造出清新的氛圍。店內提供多手沖咖啡、三文治輕食和各式甜點，也可以一試充滿果香的精釀啤酒。HAKU Café還提供民宿服務，在咖啡廳裡可以欣賞海景，非常愜意。

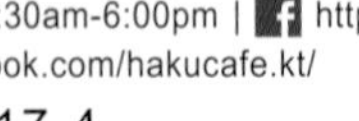

INFO

屏東縣恒春鎮船帆路 668 號 1 樓 | 11:30am-6:00pm | https://www.facebook.com/hakucafe.kt/

香蕉灣

Map17-1

美人魚浮潛

 台鐵枋寮站乘 9188 號公車至香蕉灣站下車

以往是捕鯨要點的香蕉灣，在保育後捕鯨活動已絕跡，轉眼變成了浮潛和潛水天堂。香蕉灣以熱帶魚居多，另外還有各種珊瑚礁。在香蕉灣，穿著潛水衣的人比其他平常衣著的人還要多呢！

屏東縣恒春鎮船帆路 201 號 | 886-925-252-662

食尚玩家全力推介！

Map17-1

沙灘小酒館

台鐵枋寮站乘 9188 號公車至香蕉灣站下車

店主選用了法國入口的材料，包括芝士和麵粉等，故每一道菜都充滿了法國家鄉風味，雖然可供選擇的菜式不多，但每一道菜也用心得無可挑剔，特別推介白酒蛤蜊意大利麵。至於鎮店之寶酒香鐵板冰淇淋，幾乎是每枱食客必點食品之一。侍應會在食品上枱後把酒淋上熱騰騰的鐵板上，冒出火焰之餘也同時散發出陣陣酒香，鐵板上的雪糕徐徐融化，簡直是視覺和味覺的享受。

白酒蛤蜊意大利麵，三十多隻蛤蜊足以滿足你的胃口！

法式西班牙臘腸蛋捲，味道極佳！

INFO

屏東縣恒春鎮鵝鑾里船帆路 230 號 | 886-8-885-1281 | 10:00am-10:00pm | sb.uukt.tw | https://www.facebook.com/beachbistro.kenting/

車城鎮
四重溪

交通策略

高捷美麗島站 → 乘9117號公車 → 車城農會

高捷美麗島站 → 乘9117號公車 → 恆春轉運站 → 乘墾丁街車201號 → 四重溪

A
B
C
D
1
2
3
4
5
MAP 18-1
車城鎮
四重溪
尖山路
忠孝路
車城鄉公所
中山路
新興路
統埔路
中正路
福安路
屏鵝公路
車城鄉衛生所
大梅路
文明路
溫泉路
溫泉路末泉巷
四重溪溫泉公園
Google Map 下載
北
01.車城鄉 18-2
02.鎮安宮 18-2
03.福安宮 18-3
04.林媽媽綠豆蒜 18-4
05.熊家萬巒豬腳 18-4
06.悠客馬場 18-5
07.南方部落餐廳 18-5
08.四重溪溫泉 18-6
09.四重溪溫泉公園 18-6

關洋蔥事

車城鄉

Map18-1/ A1

 高捷美麗島站轉乘 9117 號公車至車城農會

車城，原名「龜壁灣」，位於恆春之開端，介乎海口和恆春之間，車城鄉乃墾丁居民常到的大鎮之一，值得參觀是這裡的地標，全台灣最大的土地公廟福安宮，此外也可品嘗地道小吃。談到車城，這裡最著名的是恆春三寶之一的洋葱，由於恆春氣候特別適合洋葱生長，故在恆春出產的洋葱，算得全台之冠，味道特別香甜，每年二、三月便是收割季節，走在鄉間到處可見到洋葱採收的景致。

南部最大關帝廟

鎮安宮

02

Map18-1/ D1

 由車城鄉乘的士車程約 15 分鐘

鎮安宮位於車城鄉199縣道旁，建於1906年，至今已有117年歷史，從遠處就可看到一個巨型的關帝坐鎮。廟宇建築宏偉壯觀，採八卦造型，廟頂的關聖帝君神像高36尺，重達20公噸，為全台最大關聖帝君神像，雕工精湛，栩栩如生。鎮安宮的建築風格為閩南式，廟內有許多精美的木雕、石雕、彩繪等藝術品，值得細細欣賞。

氣勢非凡的關公像，以鋁合金製，可抵受風吹雨打。

鎮外宮的關公像在建成時，曾廣泛被當地傳媒介紹。

廟外不遠處為村地，有村民放牧，與關公像相映成趣。

INFO

屏東縣車城鄉統埔路 54 之 6 號

福安宮

03

高捷美麗島站轉乘 9117 號公車至車城農會，步行約 7 分鐘

福安宮堪稱為全台最大的土地公廟，不單如此，更可以說是東南亞最大，共建有4層，在恆春可謂一大地標，全年香火鼎盛，以超越300年歷史，是恆春居民的一個信仰中心。

在福安宮，可欣賞到其莊嚴的建築外，還可以參觀最有特色的金爐，此金爐有「神明點鈔機」之稱，當信眾把金紙放在金爐口時金紙就會自動飛入爐內，由於爐內有火焰形成氣旋會把金紙捲入，當地人說這是「神蹟」！

必看景點之一，會自動吸寶的「神明點鈔機」！

INFO

屏東縣車城鄉福安村福安路 51 號 | 886-8-882-1345 | 5:30am-10:00pm | 免費

福安宮外市集

福安宮前

參拜完全台最大的土地公廟，吃過車城最有名的綠豆蒜，可到土地廟旁的市集閒逛，恆春三寶洋蔥、鴨蛋都可以買到！

恆春第二寶，紅仁鴨蛋—蛋黃偏紅色，特別香和大隻。另洋蔥也特甜和多汁！

無論雞蛋或鴨蛋都充滿蛋香，好味！

恆春家鄉美食 Map18-1/ A1

林媽媽綠豆蒜 04

高捷美麗島站轉乘 9117 號公車至車城農會，步行約 7 分鐘

所謂綠豆蒜，只是把麥芽焦糖漿，加入綠豆蒜、小湯圓、紅豆、冰塊等配料，組合成特別的口感和甜甜的味道。在夏天，吃一碗冰涼的綠豆蒜，遠較一杯雪糕來得健康和好味。

這家林媽媽綠豆蒜，據説味道是全區最好的，和一般綠豆蒜不同，林媽媽用上了古法製造，獨有的香醇濃郁麥芽焦糖乃出自母親的獨門傳授，吃落無論口感和味道，都和坊間買到的有很大差別。

各大傳媒推薦、追訪，令林媽媽無人不識，也是《海七》拍攝場地之一。

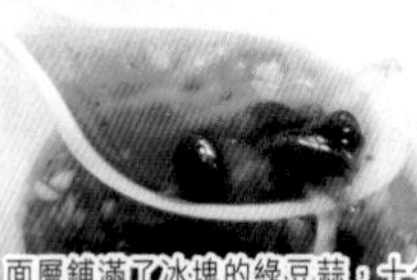

面層鋪滿了冰塊的綠豆蒜，十分清涼透心。

INFO

屏東縣車城鄉中正路 72 號（福安宮前） | 886-8-882-1233 | 周六及日 9:00am-5:00pm；周一至五暫時公休至另行公布

皮膚想靚必食！Map18-1/ A2

熊家萬巒豬腳 05

高捷美麗島站轉乘 9117 號公車至車城農會，步行約 8 分鐘

熊家萬巒豬於1948年便成立，總店設於萬巒鄉，由於太受食客歡迎，故店主在恆春半島開設分店。

豬腳採用了上乘豬前腿，放入店家秘製滷汁燉煮超過3小時而成，用上四十多種珍貴中藥材之老滷鍋滷製成的熊家豬腳，搭配50年獨家蒜蓉汁醬料，豬腳入味，甚有咬口又不會過硬，骨膠原十分豐富，女士多吃還可以令皮膚保持光澤呢！

另一推介以熊家豬腳特製的鹹豬肉，調味料醃漬後用稻草包紮，帶有清新的稻香味，口感特別有異於一般的鹹豬肉，來一碗白飯就是上佳選擇。

車城店外面有一個達3000坪的戶外空間，讓大人小朋友品嘗美食之餘可以舒活筋骨。

萬巒豬腳NT320(小)、NT500(大)。

INFO

屏東縣車城鄉保新路 105 號 | 886-8-882-5656 | 平日 11:00am-7:00pm；周六及日營業至 8:00pm；周三公休 | www.wl-bear.com.tw

騎馬樂 06 Map18-1/ D1

悠客馬場

由車城鄉乘的士車程約 15 分鐘

全台灣唯一可以野外騎馬的地方，就在墾丁的四重溪區，遊客可選擇在場內輕鬆策騎馬匹，亦可參與野外探秘，騎著馬匹走到山澗野外，開闢最原始天然山區騎乘路線，悠客馬場訓練每頭馬匹都能夠依順序排著隊出發，縱使完全沒有經驗的遊客也都可以輕鬆體驗野外涉溪、爬山等，享受真正騎馬的樂趣。

遊客可選擇在場內試騎，或野外上坡賞景、下坡入林。

INFO
屏東縣車城鄉統埔村統埔路 23 號（往四重溪途中）| 886-8-882-1122 | 周一、四、五及日 9:00am-5:00pm；周二、三及六營業至 6:00pm | www.facebook.com/york.club/

台灣部落的料理 Map18-1/ C3

南方部落餐廳 07

高捷美麗島站轉乘 9117 號公車至恆春轉運站，再乘 302 號公車至牡丹橋步行約 5 分鐘

餐廳由兩位原住民打理，研發原住民風味美食，招牌菜有石板烤肉、有機山蘇、恆春洋蔥捲等；食客亦可以在露營烤肉區，學習製作排灣族最具代表性的食物——「排灣小米粽Cinavu」。竹棚上的留言板及石牆上的彩繪石頭，都是遊客們愉快回憶的見證。

排灣小米粽，以月桃葉包覆小米、豬肉及ljavilu（假酸漿葉）。

INFO
屏東縣牡丹鄉石門村 1-16 號 | 886-8-883-1277 | 9:00am-8:00pm

台灣四大溫泉之一
四重溪溫泉 08

恆春轉運站乘墾丁街車 201 號，於四重溪下車

四重溪溫泉是台灣四大溫泉之一，日治時期與陽明山、北投、關仔嶺等並列為台灣四大名湯。溫泉區發展始於西元1895年(明治28年)，溫泉源頭來自附近頂茄芝萊山麓，水源豐沛終年不斷。清泉日式溫泉館是區內頗具特色的建築之一，舊稱山口旅館，曾是軍官將領的專屬溫泉館。從建築外觀至內部擺設，都保留了昭和年代的風情。

溫泉小 tips

四重溪溫泉是鹼性碳酸氫鈉泉，水溫 50 至 80 度，泉水清澈含碳酸鈉，可飲可浴。

INFO

四重溪溫泉區

Map18-1/ C4

走訪各大小湯屋
四重溪溫泉公園 09

恆春轉運站乘墾丁街車 201 號，於四重溪下車步行約 4 分鐘

四重溪溫泉公園建於1933年，於2013年開始被逐步整修，加入日本神社元素，改造成一個結合藝術燈飾、市集的景點，搭建日式鳥居、商店街、蝴蝶步道、免費公共浴室及泡腳池。目前園區內還新增了「水豚園區」，需購票入場，可近距離與水豚互動、餵食及拍照。

Map18-1/ C5

INFO

屏東縣車城鄉溫泉村路玉泉巷 30-10 號 | 1:30pm-8:30pm

鵝　鑾　鼻

交通策略

台鐵枋寮站 ——乘9188號公車—— 鵝鑾鼻

高捷美麗島站 ——乘9117號公車—— 恆春轉運站 ——乘墾丁街車101號—— 鵝鑾鼻

A
B
C
D
北
1
2
3
4
5
07
佳鵝公路
東海路
佳鵝公路
埔頂
東海路
08
坑仔內
埔頂路
蕃仔寮
坑內路55巷
屏鵝公路
砂島
砂島路
05
04
09
Google Map 下載
佳鵝公路
坑內路
砂島路
鵝鑾鼻半島
鵝鑾路
鵝鑾鼻屏鵝公路
坑內路
01
燈塔路
03
崌窿
鵝鑾鼻公園
02
鵝鑾鼻東部
番仔洞
白沙
燈樓港
06
MAP 19-2
鵝鑾鼻
01.鵝鑾鼻燈塔 19-3
02.鵝鑾鼻特產店 19-3
03.鵝鑾鼻公園 19-4
04.砂島 19-5
05.砂島貝殼砂展示館 19-5
06.台灣最南點 19-6
07.龍磐公園 19-6
08.龍磐餐飲 19-7
09.砂島海女咖啡 19-7

台灣最南端 鵝鑾鼻燈塔 01

Map19-2/ C4

台鐵枋寮站乘 9188 號公車至鵝鑾鼻，步行約 10 分鐘

位於台灣幾乎最南端的鵝鑾鼻燈塔，於清朝年間興建，當時一艘美國商船，在航行中遇上風暴迷失方向，在鵝鑾鼻附近的七星礁沉沒，船上人員在登岸後遇害，故美國政府遂要求在鵝鑾鼻建燈塔。

燈塔為白色鐵造，每4秒一閃，光力高達180萬支燭光，是目前台灣最強光力之燈塔，現今社會雖然科技發達，但鵝鑾鼻燈塔在台灣南部導航上，依然發揮其作用，現在亦成為墾丁最南面的觀光點之一。

INFO

屏東縣恆春鎮鵝鑾里鵝鑾路 301 號 | 886-8-885-1101 | 夏季：4 至 10 月 9:00am-6:00pm，冬季：11 至 3 月 9:00am-5:00pm；周一公休 | 成人 NT60，小童 NT30(含鵝鑾鼻公園入場票) | https://taiwandengta.webnode.tw/

禮多人不怪 鵝鑾鼻特產店 02

Map19-2/ C5

鵝鑾鼻公園內

鵝鑾鼻公園內的手信街，雖然要進入公園後才可進內，但一般遊客在遊覽燈塔後，也會順道到手信街一逛。這裡的手信重點是台灣手工藝品，以貝殼做出各式各樣形態的手信，買回香港，既特別又有心思。

由瑪瑙、貝殼、石頭等造成的手作品，是台灣的珍貴民間工藝，手工不但精緻，亦很有心思。

這隻以不同貝殼做成的雞。

海底巨石在眼前 Map19-2/ C5

鵝鑾鼻公園

03

台鐵枋寮站乘 9188 號公車至鵝鑾鼻，步行約 4 分鐘

鵝鑾鼻公園是南端一個小型自然教育公園，面積只有59公頃，包括燈塔兩小時多就能遊覽完畢。這裡風景優美，隔著巴士海峽與菲律賓遙遙相望。鵝鑾鼻的名字來自排灣族語的「帆」，因附近有一塊像帆船的石頭。鵝鑾鼻的地形像鼻子一樣突出，所以叫做鵝鑾鼻。鵝鑾鼻公園是珊瑚礁石灰岩地形，有許多奇特的巨礁、洞穴、石頭。這些都是遠古時代的海底珊瑚礁化石，是自然的奇觀。每年九月，還有紅尾伯勞鳥群飛過，非常壯觀。

公園面積不大，且沿途指示牌清晰，不用擔心迷路。

INFO

屏東縣恆春鎮鵝鑾里鵝鑾路 301 號 | 886-8-8851101 | 夏季：4 至 10 月 6:30am-6:30pm；冬季：11 至 3 月 7:00am-5:30pm | 成人 NT60、 小童 NT30

鵝鑾鼻公園 怪石景點捕捉

非非洞

一個小小的狹洞，入口只夠一個人進入，洞內別有洞天，縱使外面陽光猛烈，但非非洞裡卻十分涼快！

接吻石

由於海浪長期拍打、侵蝕而成的天然形狀，就好像兩個人在接吻一樣！

滄海亭看全景

登上滄海亭，可360度看看墾丁全景，遠至大尖山也可望到，風景堪稱一絕！

滿布白色星星的沙灘

砂島 04

Map19-2/ **B3**

台鐵枋寮站乘 9188 號公車至砂島站下車

在船帆石往鵝鑾鼻不遠，就可以到達墾丁貝殼海灘——砂島生態保護區，是墾丁以至全台灣唯一的一個貝殼海灘，為了保護這個天然沙灘，現當區已劃有管制區，部分區域禁止遊客進入，砂島約長290公尺、寬100公尺，面積僅約3公頃，早年來砂島，海灘上的貝殼砂多到堆積像座島山一樣而得名。

貝殼海灘的貝殼含量高達90%，大大小小不一，生態保護區除了貝殼海灘外，特有的珊瑚裙礁地形生態也非常特別，海灘上的植物以馬鞍藤為主，伴隨而生還有根藤、雙花蟛蜞菊，大一點的灌木是林投樹、白水木、黃槿、土沉香等，也設有貝殼海灘展示館供人欣賞。

貝殼海灘雖然現已不能進入，只能在外觀賞。

INFO

屏東縣恒春鎮鵝鑾里砂島路 221 號後方海灘 | 全日 | 免費

在顯微鏡下的貝殼砂

砂島貝殼砂展示館 05

貝殼海灘旁

Map19-2/ **B3**

雖然貝殼海灘不能入內，但位於旁邊屏鵝公路旁的貝殼海灘展示館，卻讓遊客能夠了解到貝殼海灘的成分。貝殼砂展示館期望遊客對貝殼砂有所了解及認識，進而珍惜資源。整座貝殼砂展示館佔地約30坪，展示內容主要為砂島位置簡介、貝殼砂灘形成原因、貝殼砂為何列入保護等主題。另外還有燈箱展示、珊瑚碎屑、貝類碎屑、貝殼砂形成示意圖及本國家公園各沙灘之碳酸鈣含量圖等。

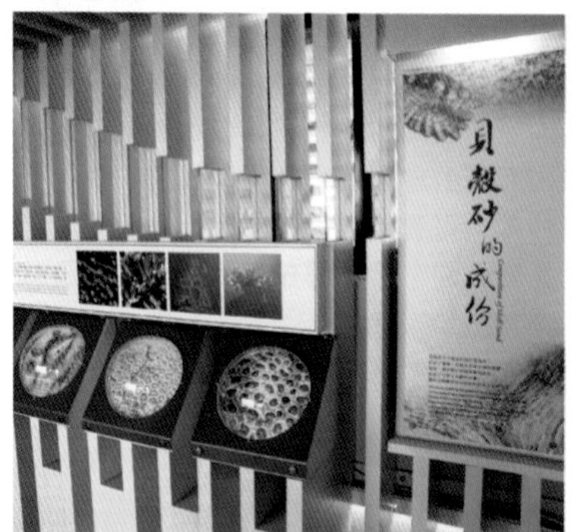

展示館內可用顯微鏡細看砂度中貝殼含量，十分珍貴。

INFO

屏東縣恒春鎮鵝鑾里砂島路 221 號 | 886-8-885-1204 | 8:00am-5:00pm | 免費

驚人的浪濤
台灣最南點

Map19-2/ C5

06

台鐵枋寮站乘 9188 號公車至鵝鑾鼻，步行約 20 分鐘

不少旅遊書錯誤地把鵝鑾鼻燈塔描寫為台灣最南點，其實在墾丁，最南端部分應該是距離鵝鸞鼻8.6海里的七星岩，也是台灣最南端的一個區域。沿著最南點的路牌從小徑步行而入，約15分鐘便可見到台灣最南點的標誌。

台灣最南點的經緯度東經120.50.0，北緯21.53.59，站在平台望出去可看到太平洋與巴士海峽的交界處，由於海洋地理關係，這裡經常波濤洶湧，大浪拍岸，但遠眺看到海天一色，藍天白雲，令人身心舒暢！

從指示牌步行15分鐘左右，500米後便可到達台灣最南點。

INFO

屏東縣恒春鎮鵝鑾里附近 | 全日（白天為佳）

星空燦爛
龍磐公園

Map19-2/ B1

07

由墾丁大街乘的士車程約 20 分鐘

龍磐公園是當地人觀日出和賞星的熱點之一，位於鵝鑾鼻及風吹沙之間，可看到一片草地中夾著崩崖、滲穴、石灰岩洞、紅土等地形，就是龍磐公園。在夏季，龍磐公園布滿了草地，一望無際綠油油一片，日間可遠眺曲折有序的海岸線、陡峭的崩崖，廣闊的視野正好在這裡看日出美景，而且由於龍磐公園沒有光害，晚上抬頭仰望，可看到無盡的星空，夏天時分來到龍磐公園，正好躺在草地上欣賞星星繁密的夜空，每年4至6月 的晚上則有 2小時可欣賞到南十字星，十分浪漫。

雖然拍攝時為冬天，沙地較多，但到夏天時分便會長出綠草，各式各樣生態也會盡情展現。

INFO

屏東縣恒春鎮佳鵝公路 (鵝鑾鼻與風吹沙之間) | 全日 | $ 免費

真正賓至如歸 08

龍磐餐飲

龍磐公園旁 **Map**19-2/ **C2**

餐廳主售恆春地方風味菜，款式極多，以價格便宜見稱，就以一個鬼頭刀魚炒飯為例，只售NT100！老闆熱情招待，食物質素完全出乎意料的叫好！鬼頭刀魚炒飯十分乾身，完全不油膩，加入鬼頭魚令整個炒飯進入另一個層次。筆者推介一味嗆飛魚，香港甚少能夠品嘗飛魚的鮮味，店主把飛魚以台灣特產鳳梨醃製後清蒸，帶出陣陣香味，飛魚不是每一次前來也可以點到，能否品嘗看你的運氣了！

香橙蝦球也是龍磐餐飲人氣菜式。

鬼頭刀魚主要產地為台東新港、宜蘭蘇澳及屏東，是當地著名食材

INFO

屏東縣恆春鎮鵝鑾里坑內路 13 號 | 886-8-885-1511 | 11:00am-2:300pm，5:00pm-7:30pm；周三公休 | https://www.facebook.com/Longpanrestaurant/

美食加無敵海景，絕對冇得輸。

休閒的美式享受 **Map**19-2/ **B3**

砂島海女咖啡 09

台鐵枋寮站乘 9188 號公車至砂島站下車

這裡附設民宿，保證戶戶向海。

從前在香蕉灣沙灘小酒館旁的玫瑰酒館，現時改名並搬進了砂島，同樣是擁有美麗的海景襯托，砂島海女咖啡以美式風格吸引顧客，故你可以看到美式擺設、美式吧枱、美式早餐等，且份量也是令客人滿意的。

假如在墾丁想找一個休閒地方，好好享受一杯飲品，品嘗美食，一邊悠閒地看著海邊，和朋友開懷談天，除了美式食物、意大利Pasta，甚至連BBQ也可以！老實説，玫瑰酒館一定不會讓你失望。

INFO

屏東縣恆春鎮鵝鑾里砂島路 212 號 | 886-975-303-976 | 8:00am-6:00pm | NT200-280 | 砂島海女咖啡

關山 紅柴坑

交通策略

高捷美麗島站 → 乘9117號公車 → 恆春轉運站 → 乘墾丁街車102號 → 紅柴坑

01.關山日落	20-1
02.海境度假民宿	20-1
03.山龍宮	20-2
04.墾丁小海豚半潛艇	20-2
05.紅柴坑漁港	20-3
悠活單車會館	單車-3
墾丁海芋Villa	H-9
悠活度假村	H-9
悠活兒童旅館	H-10
貝拉司漫民宿	H-11

浪漫景色

關山日落

Map20-0

01  

高捷美麗島站乘 9117 號公車至恆春轉運站，再乘墾丁公車 102 號至紅柴坑

關山日落為台灣著名的南台灣八景之一，不少人專程安排時間前往關山看日落，關山於恆春半島西南方，從前稱為「高山巖」，由於面對廣闊海洋，整個紅紫坑海岸線盡收眼簾，站在關山居高臨下，縱觀180度超壯麗的日落景色，實在不能不去。

最佳欣賞夕陽西下的地點，乃福德宮旁一座雙層涼亭，可謂是最佳眺望據點，北望大平頂傾斜台地，東眺恆春平原、龍鑾潭、南灣、鵝鑾鼻等海岸線及絢麗的晚霞夕照美景。附近關山蓮莊也設有茶座，讓遊客一邊品茗，一邊欣賞景色，同樣歡迎。

INFO

屏東縣恆春鎮山海里檳榔路 17-1 號 (關山福德宮)

看海的日子 02

海境度假民宿

Map20-0

每天下午 3 時有專車由恆春鎮恆春轉運站接載客人往民宿 (需事前通知)

海境度假民宿位於紅柴坑的山丘上，兩幢純白色的小屋共12間套房。這裡的交通雖然算不上方便，但居高臨下坐擁紅柴坑、萬里桐一帶無死角的靚景，無論看日出日落，甚至夜幕下觀星，都是絕佳地點。這裡不但向海的一面靚絕，向山的一面亦對著農場，一片綠油油的大草原點綴著一群悠閒的牛牛，同樣令人心曠神怡，讓心靈得著滋養。

VIP房設有海景浴室，在潮浪中、星光下悠閒地沐浴。

INFO

紅柴路 2-6 號 | 886-934-135-888 | 雙人房 NT5,800/ 晚起 | http://www.oceanparadise.com.tw/

守護後灣的小廟 **Map**20-0

山海山龍宮

03 

高捷美麗島站乘 9117 號公車至恆春轉運站，再乘 307 號公車至蟳廣嘴，步行約 4 分鐘

當地人普遍為漁民，出海捕魚有一定風險，故山龍宮就是後灣居民為祈求心安而興建的廟宇之一，不論是在岸邊垂釣，以至外出打魚，居民都會先參拜此廟，求得保佑。據説廟宇多次顯現神蹟，近年經修葺重建後，廟宇地方更大，遊客不妨參觀。

INFO

屏東縣恆春鎮山海里山海路 11-9 號

紅柴坑 04 **Map**20-0

墾丁小海豚半潛艇

高捷美麗島站乘 9117 號公車至恆春轉運站，再乘墾丁公車 102 號至紅柴坑

水質清澈的紅柴坑，最適合遊客感受墾丁美麗的海底。要欣賞水底世界，不一定浮潛或潛水才可以看到，只要乘坐小海豚半潛艇，便可安坐潛艇內欣賞美麗的珊瑚礁、珊瑚魚等。整個船程約30至40分鐘，卻可看到難得一見的海底世界！

安坐在潛艇內，透過玻璃窗觀賞海底世界！

店方已在登船前代買保險！

所謂小海豚半潛艇，是遊艇＋潛艇三合一的觀光船，外形像一條海豚般！

INFO

屏東縣恆春鎮山海里紅柴路 12-2 號 | 886-8-886-9697 | 每 30 分鐘一班，至 5:00pm | NT380 | https://xiaohaitun.wixsite.com/my-site-1

美麗的海底世界 **Map**20-0

紅柴坑漁港 05

高捷美麗島站乘 9117 號公車至恆春轉運站，再乘墾丁公車 102 號至紅柴坑

紅柴坑漁港為墾丁繼後壁湖遊艇港口外，第二個知名度較高的遊艇港口。由於得到天然的地理環境保護，有關山和西屏山作為天然的屏障，成為遊艇泊港避風的安全地。在紅柴坑，有著不少水上活動，而其海底世界亦十分有名，乃紅柴坑一個引以為傲的地方。

紅柴坑人口只約三百多戶，主要以捕魚維生，也會以紅柴坑海域下蘊藏的各式各樣珊瑚作飾物售賣，小小的紅柴坑，曾出現在電影《海角七號》中。當夕陽西落前，紅柴坑淺水的海面上會有不少遊客或居民在此浮潛，享受著生活。

紅柴坑有不少小漁船停泊，午後的港口每有漁貨交易。

紅柴坑海域下蘊藏了各式各樣珊瑚及五顏六色的熱帶魚，千變萬化的海底。

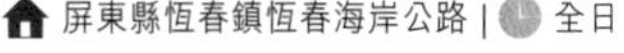

INFO

屏東縣恆春鎮恆春海岸公路 | 全日

交通策略

高捷美麗島站 → 乘9117號公車 → 恆春轉運站 → 乘墾丁街車101號 → 後灣

MAP 21-0

後灣

01.海洋生物博物館	21-1
02.鯨典館	21-2
03.華饌人文飲食餐廳	21-3
04.逅灣 Hou Wan	21-3
05.後灣漁港	21-4
06.後灣沙灘	21-4
後面有灣	H-13
後灣36	H-13

大開眼界 01 Map21-0

海洋生物博物館

高捷美麗島站乘 9117 號公車至恆春轉運站，再乘墾丁公車 101 號，於海生館站下車

海生館共有台灣水域館、珊瑚王國館、世界水域館及鯨典館等4個展示館，分布在三棟建築裡。館內海洋生物多不勝數，包括三層樓高的水族箱、海底隧道，由遠古至近代都可以細味，非常值得入內參觀。遊客甚至可以參加夜宿海生館，感受被海洋生物包圍的氣氛，詳情可以上官網了解。

各館簡介

台灣水域館

呈現台灣從高山溪流到海濱外洋的水域生態和物種多樣性。在大片玻璃後住了鯊魚、魟魚。每天有3場餵食解説秀，記得提前來找個好位置欣賞。

海生館內海洋生物種類繁多，部分是難得一見的深海生物。

珊瑚王國館

模擬珊瑚礁漂潛，有超長的海底隧道，無需潛水就能觀看海底生物和沉船景觀，了解珊瑚的重要性和保育觀念。

世界水域館

利用虛擬科技，探索無法或難以到達的水域，感受遠古海洋、海藻森林、深海水域和極地水域。超人氣的企鵝區，每日有兩場企鵝餵食活動。

海生館內最具人氣的打卡點「海藻森林」。

入口處的鯨魚親水廣場，有巨型鯨魚噴水池。

現場觀看飼養員餵食企鵝。

INFO

屏東縣車城鄉後灣村後灣路 2 號 | 886-8- 882-5678 | 9:00am-5:30pm(夏冬季開放時間有別) | 成人 NT450，小童 NTNT250(7 至 8 月票價) | www.nmmba.gov.tw/index.aspx

環保新地標 **Map**21-0

鯨典館

高捷美麗島站乘 9117 號公車至恆春轉運站，再乘墾丁公車 101 號，於海生館站下車步行約 4 分鐘

到後灣區遊玩的朋友，一定會被一隻巨型的玻璃鯨魚所吸引。這隻陸上的大鯨魚，就是建於海生館旁的鯨典館。鯨典館原本是濱海管理站，2010年經濟部能源局跟海生館合作打造鯨典館，更在外表使用了1,000片的多晶矽太陽能電池進行發電，成為恆春地區太陽能發電的典範。

鯨典館在2015年正式開幕，展館分兩層，一樓成為戶外探索活動的營運管理中心，舉辦以海洋生態為其特色的體驗活動，如獨木舟、浮潛及夜間探索活動等。二樓則為教育展示中心，舉辦各類兒童教育活動、定期特展等，透過這些活動教導兒童及民眾海洋知識。

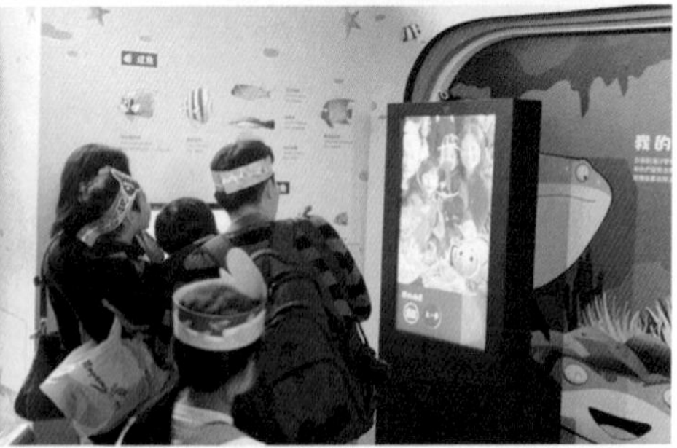

INFO

車城鄉後灣村後灣路 2 號 | 886-8-882-5678 | 9:00am-6:00pm | 憑海生館門票免費入場 | http://whale.nmmba.gov.tw/

原住民風情 03 **Map21-0**

華饌人文飲食餐廳

高捷美麗島站乘 9117 號公車至恆春轉運站，再乘墾丁公車 101 號，於海生館站下車

位於海生館內的華饌人文飲食餐廳，以原住民風格和海洋元素為主題，提供在地新鮮食材。菜單以意粉、日式蛋包飯、海鮮料理等為主，更有素食餐單供應。店內座位寬敞，有大面落地窗，可欣賞到館外的風光，配搭室內的原住民藝術品，增添了愜意的用餐氣氛。

INFO

屏東縣車城鄉後灣路 2 號 | 886-8-882-5678 | 9:00am-5:30pm | https://www.nmmba.gov.tw/

海景咖啡館 04 **Map21-0**

逅灣 Hou Wan

高捷美麗島站乘 9117 號公車至恆春轉運站，再乘墾丁公車 101 號，於後灣站下車

店名「逅灣」取自於「邂逅」的諧音，店主希望客人在這裡邂逅美好的時光。店面裝潢簡潔明亮，以木質地板和白色牆面為主。店內不僅有手沖咖啡，也有日式甜點和小吃，如抹茶糰子、烤飯糰等。逅灣鄰近後灣海灘，坐擁無敵海景，特別是二樓的窗邊座位，可以看到後灣海岸的全貌。

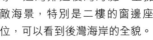

逅灣是一間適合放鬆心情、享受海風拂面的咖啡店。

二樓的座位視野開揚，可以盡情享受後灣海灘的風光。

INFO

屏東縣車城鄉後灣村後灣路 126-12 號 | 11:30am-6:30pm；周二公休 | https://www.facebook.com/HouWan.360/

人間天堂

Map21-0

後灣漁港

05  

高捷美麗島站乘 9117 號公車至恆春轉運站，再乘墾丁公車 101 號，於後灣站下車步行約 3 分鐘

後灣漁港是一個寧靜和諧的小漁村，就在墾丁國立海洋生物博物館附近，是一個天然岬灣。這裡居民人數不多，大家都悠然自得，白天，漁民乘船出海，港灣內不用出海的人們，大多在涼亭、拱橋上消遣自娛，到了晚上漁船歸來，小漁港變得熱鬧，黃昏時段漁船泊岸，配合漁村內的弧形沙灘和悠閒氣氛，好一個人間天堂的模樣。

後灣漁港景色十分優美，是城市人難得一見的畫面。

INFO

屏東縣車城鄉後灣村 | 全日（黃昏去為佳）

彎月形海岸

Map21-0

後灣沙灘

06  

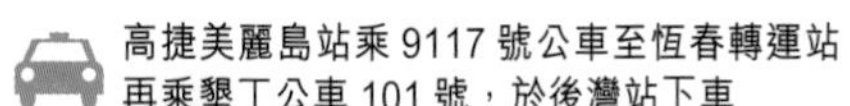

高捷美麗島站乘 9117 號公車至恆春轉運站，再乘墾丁公車 101 號，於後灣站下車

後灣沙灘沙質細膩柔軟，由珊瑚礫石組成，顏色潔白純淨。後灣的海水透明清澈，海底的珊瑚礁和魚群清晰可見，適合浮潛、划獨木舟等水上活動。這裡還是寄居蟹的樂園，有很多大小的寄居蟹在沙灘上走動。彎月形的海岸環抱著寧靜的海灣，夕陽西下時沙灘更顯浪漫，吸引著情侶和遊客前來欣賞。

INFO

屏東縣車城鄉後灣路 18 號

小琉球

小琉球位於南台灣屏東縣東港西南方，自東港搭船只需半小時即可到達，是台灣唯一的珊瑚礁島。島上觀光資源豐富，隨處可見的奇岩怪石、生態豐富的潮間帶、炫麗動人的琉球曉霞、夜晚的燦爛星空及螢火蟲，更有各種水上活動、浮潛。現在盛行假日單車環島，四處優遊欣賞漁村風光及沿途景致。

高雄往返小琉球交通

公營交通船航行時間約25~30分鐘，下船處為小琉球的東岸**大福渡船碼頭**。除了公營交通船，另有三間民營船公司提供航線來往東港至小琉球，每隔15分鐘至1小時一班船，民營碼頭落船處為北岸的**白沙尾**。

東琉線交通客船聯營處	
東港發船	小琉球發船
7:00am	7:40am
8:00am	9:00am
9:00am	10:30am
10:00am	12:00nn
10:45am	1:00pm
11:30am	2:00pm
12:36pm	3:00pm
2:00pm	4:00pm
3:00pm	5:00pm
4:30pm	5:20pm

線上訂票：
https://www.tungliu.com/

泰富航運	
東港發船	小琉球發船
7:20am	8:00am
9:00am	9:50am
10:30am	11:20am
12:00nn	12:50pm
1:30am	2:30pm
3:30am	4:10pm
4:50pm	5:20pm

線上訂票：
http://www.tfship.com.tw/taifu/

藍白航運	
東港發船	小琉球發船
7:20am	8:10am
8:50am	*9:30am
10:10am	11:10am
11:50am	1:00pm
1:30am	2:20pm
*3:20am	4:00pm
4:50pm	5:20pm

* 紅字為假日加開班次，平日不提供

線上訂票：
https://www.bwship.tw/

公營交通船	
東港 至 小琉球	小琉球 至 東港
8:00am	7:00am
11:30am	10:00am
4:40pm	3:00pm
6:45pm	6:00pm

*周末或連續假日前一天東港往琉球末班船為7:00pm

民營交通船琉球停靠港為**白沙尾港**，公營船琉球停靠港口為**大福漁港**。

公營船票價：全票NT200、兒童票NT110、來回票NT380
民營船票價：全票NT250、來回全票NT450
兒童票NT125、兒童來回票NT225
民營船船程約25-30分鐘，公營船船程約35-40分鐘

公營交通船聯絡電話： 東港站 886-(08)833-7493
886-(08)832-3184
民營交通船聯絡電話： 東港站 886-(08)832-5806
查詢網站： http://www.tfship.com.tw/

小琉球島上交通

小琉球島上有環島公車行走，但乘客以鄉民為主，較少停泊島上景點。遊客一般會租用單車、機車或包車暢遊島上景點，通常民宿負責人都很樂意提供幫助。

小琉球環島公車：https://www.ksbus.com.tw/bus_info.asp?id=131

遊覽車公司：真饡遊園車886-(08)861-2772、大成遊覽車886-(08)861-2217、
萬里巴士886-937-388223、富美巴士886-937-388223

行程建議

【行程一】

第一天

上午：搭船至小琉球觀光漁港
下午：探索海岸風情：海上環島；
　　　體驗海底世界：水上活動(浮潛、半潛艇)
黃昏：悠閒漫步在中澳沙灘，觀看落日
晚上：觀光漁港防波堤岸散步、夜遊

觀光漁港

第二天

上午：搭乘環島車(騎機車)，開始探索各景點，
　　　花瓶石→美人洞→山豬溝→蛤板灣沙灘→烏鬼洞
　　　→厚石群礁→龍蝦洞→觀光漁港
下午：生態體驗：杉福生態休閒廊道、潮間帶
黃昏：搭船離開，返回東港

山豬溝

大福漁港

蛤板灣

【行程二】

杉福生態
休閒廊道

第一天

上午：搭船至小琉球大福漁港，搭乘環島車(騎機車)，
　　　開始探索各景點，
　　　厚石群礁→白燈塔→觀音廟→觀光漁港
下午：花瓶石→美人洞→露營區→杉福生態休閒廊道
　　　→山豬溝→蛤板灣沙灘→烏鬼洞
黃昏：烏鬼洞觀看落日
晚上：觀光漁港防波堤岸散步、夜遊

半潛水艇

第二天

上午：探索海岸風情：海上環島；
　　　體驗海底世界：水上活動(浮潛、半潛艇)
下午：潮間帶生態觀察
黃昏：搭船離開，返回東港

＊租用機車或參與水上活動詳情可向民宿查詢

01.花瓶石	22-5	10.代福亭民宿	22-8
02. 龍蝦洞	22-5	11.海豚灣海景民宿	22-8
03.老鼠石/觀音石	22-5	12.海景三合院	22-8
04.紅蕃石	22-6	13.大野熱炒燒烤	22-9
05.烏鬼洞風景區	22-6	14.蘇媽媽手工麻花捲	22-9
06.竹林生態濕地公園/碧雲寺	22-6	15.相思麵	22-9
07.白燈塔	22-7	16.冰箱冰舖	22-10
08.美人洞風景區	22-7	17.洪媽媽早餐店	22-10
09.星月旅店	22-8	18.鄭記琉球香腸	22-10

小琉球最著名奇石

花瓶石 01  Map22-4

花瓶石因鄰近小琉球主要的出入港口 － 白沙港，所以常成為旅客第一個造訪的景點。花瓶石形成因為是原本的海岸珊瑚礁被地殼隆起作用所抬升，然後頸部受到長期的海水侵蝕，因此形成上粗下細，岩石上方又長滿植物，像極了花草插在瓶中，因此故名為花瓶岩。

白沙港附近

千奇百趣海蝕地貌 Map22-4

龍蝦洞 02   

在小琉球東北方的龍蝦洞這一帶擁有大量的海蝕溝、海蝕洞、海蝕凹壁與海蝕壺穴等自然景觀，且曾因其盛產龍蝦而得名。每當海浪進入溝中，潮聲如吼，頗為壯觀。而龍蝦洞一帶更是島上觀賞日落的熱門地點。

INFO

小琉球東北海岸一帶

扮豬定老鼠？  Map22-4

老鼠石 03

位於厚石裙礁海岸一帶，一顆岩石正面貌似老鼠、背面貌似山豬，故又名山豬石。

INFO

小琉球南端厚石裙礁海岸一帶

小琉球

戀人對望
紅番石  Map22-4

位於小琉球南端厚石裙礁海岸，有一顆珊瑚礁岩，頂端生長著枝葉茂密的榕樹，遠望有如印第安人頭。故被命名為紅番石。而在紅番石旁另一顆岩石，看似平平無奇，但在早晨時分，兩顆石背光而立，宛如戀人相望，十分浪漫。

INFO

🏠 小琉球南端厚石裙礁海岸一帶

不見天日
烏鬼洞風景區   Map22-4

位於琉球嶼西南方，天福村海岸的烏鬼洞，相傳明朝鄭成功光復台澎，驅走荷人，少數黑奴便被棄於此，令這裡充滿神秘色彩。整個區域遍布珊瑚礁形成的岩洞，亦包含了甘泉、碧濤亭、怡橋、冽池、幽情谷、別有天、浩然亭等名勝據點。因洞內黑暗，遊覽時謹記攜帶照明工具。

琉球鄉環島路

INFO

🏠 琉球鄉環島路 | 🕘 9:00am-6:00pm | $ 成人 NT120，小童 NT80

日與夜美景無間
竹林生態濕地公園   Map22-4

竹林生態濕地公園位於琉球嶼中央，公園引用碧雲寺前的竹林中一處不斷湧出的泉水，構築美麗的生態池塘，並將當地的特產「咾咕石」鋪在竹林的石板走道和木棧之下，竹林與庭園美景完美融合。夜幕低垂，公園在燈光照射下，伴著滿天星光，潺潺流水，又是另一番韻味。

INFO

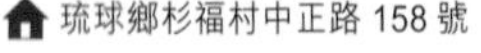

🏠 琉球鄉杉福村中正路 158 號

台灣之光 Map22-4

白燈塔

白燈塔位於琉球嶼東南尖山之頂，是1929年日據時代所興建。白燈塔是遠洋漁船航行之指針，引領著船隻往還台灣海峽及巴士海峽，屬國際性燈塔。燈塔高度雖只有10公尺，但由水平面至塔頂則有88公尺，為第四等閃光（每二秒二一，閃光一次），其光度射程可達二十浬之遠。「2010小琉球婚紗景點網絡票選」，白燈塔更是高票當選最熱門的婚紗景點，為燈塔加添了浪漫色彩。

INFO
琉球鄉杉福村東北側

別有洞天 Map22-4

美人洞風景區 08

小琉球美人洞風景區是著名的珊瑚礁地形景點，個位於小琉球西北角，由第一園區和第二園區組成。美人洞風景區的特色是天然的礁岩洞穴，有著「美人洞十三景」，包括天外天、蝙蝠洞、仙人泉、一線天等，還有傳說中的美人洞故事讓人津津樂道。

琉球鄉美人洞

INFO
琉球鄉美人洞 | 成人 NT120，小童 NT80

向高迪致敬 Map22-4

星月旅店

民宿坐落於白沙尾港附近，為島內最繁華的地段，食買玩超方便。其外形似西班牙建築怪傑高迪的作品，外觀充滿不協調的線條。室內布置亦貫徹西班牙的風格，充滿南歐的澎湃熱情，與小琉球的豪邁樸實氣氛成為絕配。

INFO

琉球鄉本福村中山路 116 號 | 886-8-8613703 | $ 雙人房 NT3,200 起 | http://www.msvilla.com.tw/

古宅成民宿 Map22-4

代福亭民宿

民宿坐落於白沙尾港附近的「瓦厝內」。瓦厝內是小琉球蔡家祖厝的舊稱，其獨特建築風格是台灣僅見的祖厝格局。民宿以這古宅改建，讓旅客了解小琉球人文變化與沿革，更會安排不同的活動，令旅客體會小琉球四季不同的自然風貌。

INFO

琉球鄉本福村中山路一巷 22 號 | 886-8-8612529 | $ 雙人房 NT2,500 起 | http://www.daifuting.com/

無遮擋海景 Map22-4

海豚灣海景民宿 ⑪

海豚灣離下船碼頭步行約一分鐘，民宿由古宅重修而成。VIP房間外有空中花園陽台，附有躺椅、造型搖椅，可看見台灣海岸的燈火。淋浴空間更設有向海窗戶，可以一邊看海一邊洗澡，真正讓人坦蕩蕩。

INFO

琉球鄉三民路 276 號 | 886-8-8612570 | $ 雙人房 NT2,200 起 | 小琉球海豚灣海景民宿

得獎民宿 Map22-4

海景三合院

民宿位於杉福生態廊道，建築以標準閩式三合院風格，復古整建彰顯古式建築之美。主體建築仍保有咾古石與土塳磚牆，冬暖夏涼，四周環境皆有深度綠化。民宿榮獲觀光局評為小琉球年度最具特色之建築，更設有3-8人房，一班人入住更盡興。

INFO

琉球鄉杉福村復興路 53 號 | 886 928 618 178 | $ 雙人房 NT2,100 起 | http://www.seashoy.com.tw/

罕見加網魚

大野熱炒燒烤 ⑬ Map22-4

大野料理總類有烤物、炸物、炒物、鍋物，除了鍋物價格落差較大之外，其他料理價格大約在NT100-200左右。其中罕見的是加網魚，魚肉含豐富蛋白質，且非常鮮嫩，如到小琉球旅行記得碰碰運氣看能否遇上。

椒鹽四季肥，大腸頭咬起來會咔滋作響。

加網魚對小琉球人來說是珍貴的魚種，小小一條價格非常昂貴。

什錦炒飯，蛋香四溢，米粒顆顆分明鬆軟，單純只用醬油稍為拌炒一下，就有如纏舌般讓人驚艷。

INFO

琉球鄉中山路 22 之 3 號 | 886-976-049520 | 10:30am-9:00pm

小琉球地道小吃 ⑭ Map22-4

蘇媽媽手工麻花捲

蘇媽媽的麻花捲採當天現做，賣多少就炸多少，客人手上的麻花捲絕對是新鮮，份量上也拿捏得很好，一包份量不會太多而浪費。

芝麻口味淡淡芝麻香與麵糰交錯在嘴裡。

五種口味中除了原味之外，開發了黑糖、海苔、芝麻、梅子共五種。

INFO

琉球鄉中山路 8-20 號 | 886-8-8612062 | 8:00am-9:00pm | 滿 30 包免運費 | https://www.facebook.com/sue0925710190/

原始地道氛圍

相思麵 ⑮ Map22-4

相思麵賣的是地道食品，最特別是店門口燒柴火的爐子，又在樹蔭下用餐，種種用餐經驗都非常特別。至於好吃或不好吃，全是很主觀的想法，東西基本都在水準之上，但留下的回憶才是最美好的 。

相思麵，菜單上的招牌之一，清爽的大骨湯配了一些油蔥，並沒有因此吃起來非常油膩。

麻醬乾麵，簡單來有鹹香油蔥味再加上麻醬加持後，麵條軟硬適中，以一般水準的確無話可說。

INFO

琉球鄉上杉路 31 巷 7 號 | 886-931-766862 | 7:00am-2:00pm

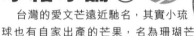

消暑極品 Map22-4

冰箱冰鋪 ⑯

台灣的愛文芒遠近馳名，其實小琉球也有自家出產的芒果，名為珊瑚芒果，因為靠海食海，栽種時竟用海藻加肥。珊瑚芒口感厚重、香甜味美。小琉球冰箱冰鋪主打就是小琉球在地生產芒果雪花冰，加上雪花口感綿密，色彩繽紛，成為夏日消暑聖品。在店內一邊遙望遼闊的海景一邊歎美味冰品，就算炎炎夏日都感到透心涼。

INFO

琉球鄉中正路 166-1 號 | 886 913 618 626 | 12:00nn-5:30pm，7:00pm-9:00pm | https://www.facebook.com/BingShiangBingPu/

Map22-4

小琉球早霸主 ⑰

洪媽媽早餐店

洪媽媽早餐店是小琉球人氣相當夯的店家。這裡既有傳統中式包點，又有小琉球地道小點，都是非常搶手，真正是手快有手慢冇。

琉球粿另一種比較健康的吃法是煎，香氣與口感比炸更佳。

香腸蛋餅，蛋餅內夾著香腸，外面的淋著自家製醬汁，還撒上菜脯，風味與口感獨特。

早餐採自助式，這白鐵架上的東西都是已經煎好放置在這裡讓客人自己挑選再算錢。

INFO

琉球鄉大福村和平路 28 之 5 號 | 886-8-8614105 | 5:30am-11:00am

黑胡椒香腸淡淡的黑胡椒味，香甜中帶有一些咬勁。

傳媒熱捧 ⑱ Map22-4

鄭記琉球香腸

鄭記在小琉球已將近有六十年歷史，總共有八組美食節目報道過，成為當地很知名的名產之一。鄭記原本是一家香腸老店，當初應該只賣香腸而已，可能後來才出現烤香腸攤子，香腸採用溫體豬後腿肉製造，將裡面多餘的筋或血管除去之後才會這麼彈。

黑胡椒香腸(上)、飛魚卵香腸(下)

飛魚卵香腸的飛魚卵吃在嘴裡會有啵啵的聲響，感覺會跳動一樣。

INFO

屏東縣琉球鄉中山路 204 號 | 886-8-8613499 | 11:00am-7:30pm | http://www.8613499.com

簽證

a) 持特區護照或BNO之港澳出生人士/於1983年以後曾赴台之港澳居民

凡符合以上第(a)項資格的港澳居民，就可以透過台灣入出國事務組網站免費申請入台證。填寫個人資料及提交後，一般可即時獲批核及打印出來。注意必須使用A4紙列印入台證，並且不要縮小列印，否則入台證將被視為無效。

到達台灣後，出示入台證列印本和有效的護照即可入境。入台證在簽發之日起3個月內有效，遊客可以在這段期間出入境一次，並最多停留30天。謹記，申辦網站不會核實申請者的資料，因此即使資料有誤，仍能成功列印入台證，但抵台後可能會被拒絕入境，所以提交資料前務必查核清楚個人資料。

港澳居民申請
臨時停留許可
(網簽)

b) 非香港澳門出生首次申請者，或在台灣停留超過30天

凡符合以上第(b)項資格的申請者，可透過「境外人士線上申辦系統」申請入台證，按指示上傳照片和相關文件。資料完整無誤的話，只要5個工作日(不包括周六及日、10月10日和台灣香港的公眾假期)，便會收到核准通知於網上以信用卡付款及列印入台證。

入台證申請費用如下：

單次入出境證	NT600
一年多次入出境證	NT1,000
三年多次入出境證	NT2,000

網址：
https://coa.immigration.gov.tw/coa-frontend/overseas-honk-macao

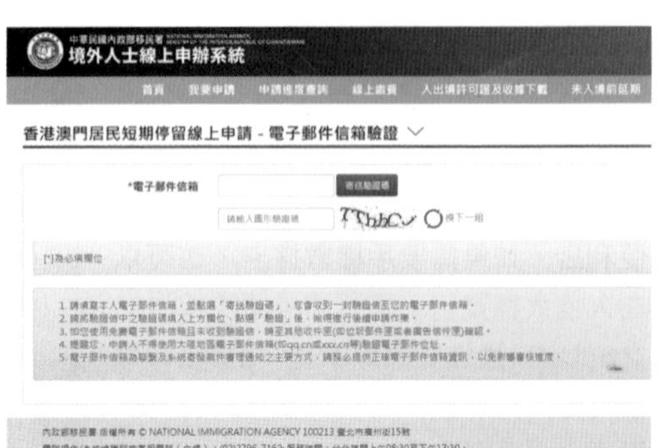

	港澳居民網路申請臨時停留許可(網簽)	境外人士線上申辦系統
申請資格	1.港澳居民曾經以港澳居民身分赴台或在港澳出生者，且持效期三個月以上護照者 2.香港居民持有BNO護照及澳門居民持有1999年前取得之葡萄牙護照	1.持有香港永久居留資格，且未持有英國BNO或香港以外護照 2.有澳門永久居留資格，且未持有澳門護照以外之旅行證照或澳門居民持有1999年前取得之葡萄牙護照 3.只持有香港居民身份證、中國護照及港澳通行證，或香港簽證身分書（DI）
有效期限	自許可日起3個月內可入出境1次，每次停留30天	1.單次：自許可日起6個月內可入出境1次，每次可停留3個月，可申請延期一次 2.一年/三年多次：有效期內入出境（不限次數），每次可停留3個月，可申請延期一次
費用	免費	1.單次入出境證：NT600 2.一年多次入出境證：NT1,000 3.三年多次入出境證：NT2,000
申請網址	https://tinu.be/Z4PFXujb4 *即日取得	https://tinu.be/EISjlIA22 *需時五個工作天

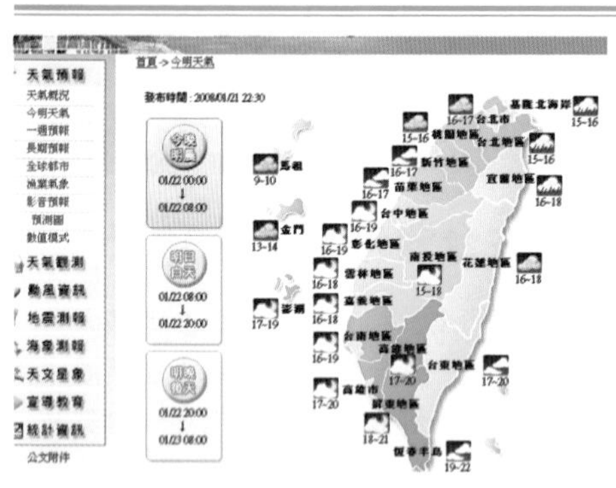

天氣及時差

台灣天氣跟香港非常相似，若要知道當地的天氣，可參考當地氣象局的網頁。另外，台灣跟香港是沒有時差的。

台灣氣象局網頁：
www.cwb.gov.tw

高雄國際航空站

在機場入境大堂，可以找到旅客服務中心、電信公司、銀行、提款機和便利店。如果需要手機數據卡，也可以在入境大廳買到。捷運高雄國際機場站之6號出口通往國際線航廈、2號出口可通往國內線航廈，另有四個出口位於機場停車場範圍內。

電壓及電話通訊

台灣電壓為110V，插蘇位為兩腳扁平頭。電話通訊方面，台灣的國家區碼為886，而高雄的城市區碼為07。各種致電方式表列如下:

由香港以IDD致電→高雄固網電話	886-7-234-5678
由高雄以手機漫遊致電→當地固網電話	07-234-5678
由高雄以固網電話致電→高雄固網電話	234-5678
由高雄以固網或手機致電→高雄手機	09-XXXX-6789
各台縣區碼：	(07)高雄 (08)墾丁、屏東

貨幣兌換

台灣流通的貨幣為新台幣(NT)，截至2024年3月，HK$1約兌NT4.03。

港幣兌台幣

高雄機場內（出海關前）有外幣兌換櫃位，其兌換率比香港的還要好。不論金額多少，每次港幣兌換台幣均扣取NT30的手續費。

帶備提款卡

只要提款卡上有「銀聯」標誌，出發前透過E-banking或提款機開啓「海外提款功能」，就可以輕鬆在台灣提取現金。台北市區的7-11或全家便利店、捷運站都設有提款機，每日提款上限為NT20,000，每次手續費約HK$$20-40(部分銀行另加0.5-1%手續費)。

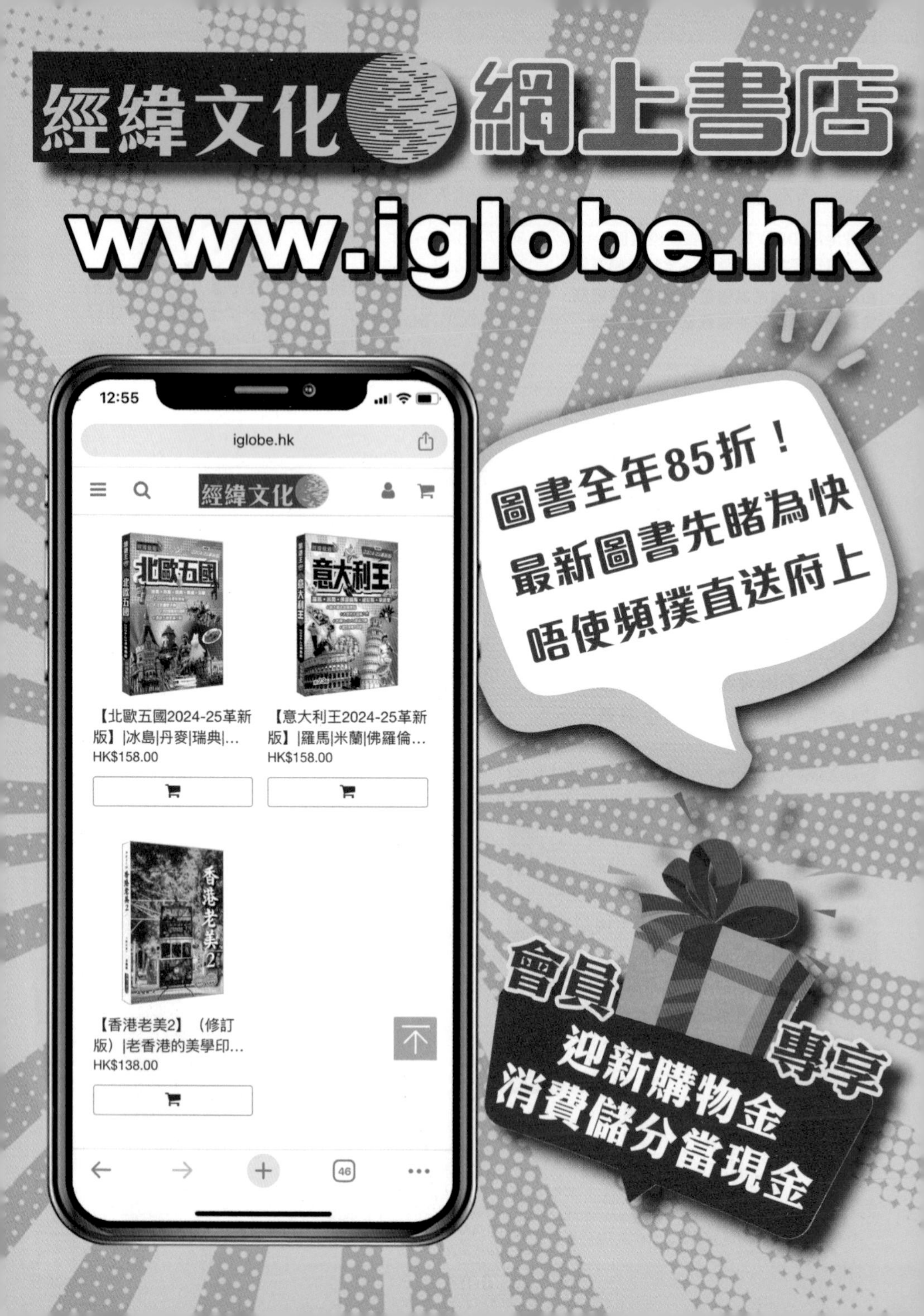
經緯文化 網上書店
www.iglobe.hk
圖書全年85折！
最新圖書先睹為快
唔使頻撲直送府上
12:55
iglobe.hk
經緯文化
北歐五國
【北歐五國2024-25革新版】|冰島|丹麥|瑞典|...
HK$158.00
意大利王
【意大利王2024-25革新版】|羅馬|米蘭|佛羅倫...
HK$158.00
香港老美2
【香港老美2】（修訂版）|老香港的美學印...
HK$138.00
46
會員專享
迎新購物金
消費儲分當現金